鉄道事業経営研究試論

京王電鉄を中心として

島原　琢

八朔社

序　文

　本書は，故 島原 琢君が，日本大学大学院商学研究科博士前期課程において私の指導の下で作成した修士論文に基づいて，御尊父の島原健三成蹊大学名誉教授が，ご子息の業績を世に問いたいという一念で実現・刊行された著書である。

　法政大学社会学部舩橋俊晴教授のゼミに参加された後，島原君が1997年4月，日本大学大学院に入学したのは，主として関東在住の交通権学会会員有志で構成されている交通研究会（小山徹埼玉大学名誉教授）に参加して，桜井と知り会ったのがきっかけである。修士論文作成に4年間を経過したのは，後述するような基本的分析視点の確立と資料の収集に時間を費さざるをえなかったという事情，さらには，私の指導力不足という問題にくわえて，病弱ということも大きな要因であった。もちろん，私の在外研究中に，コーポレート・ガバナンス（企業統治）研究に詳しい植竹晃久慶応大学商学部教授の指導を受けることができたことは，修士論文の内容を高めることになっている。2001年3月に修士論文「鉄道産業経営における市場・行政2元論の限界――京王電鉄を事例に」を提出した1年後，病に侵され享年32才の若さで帰らぬ人となったのである。

　本書の特徴と意義について簡潔に述べたい。特徴は，次の3点である。

　第1は，公共交通，鉄道事業の経営のあり方をめぐって，市場競争原理と行政計画原理の二つの相対立する考え方ないしは経営原則が表明されてきたという点に着目して，これらの原則が，現実の公共交通，鉄道事業の中にどのように具体的に現れ，そして，現実の交通問題である通勤輸送問題が解決しえたのかということを分析しようとしたことにある。

　第2は，この2側面の分析に，一般，特殊，個別にわたって論理一貫性を持たせようとしていることである。ここで，一般，特殊，個別というのは，まず，公共交通・鉄道事業という一般的レベル，次に，日本的特徴を

表現している大手私鉄という特殊レベル，最後に，ケース・スタディとしての京王電鉄分析という個別レベルという意味である。

　第3は，各レベルの分析をできるだけ事実の正確な把握に基づいて行おうとしているということである。公共交通の概念整理における先行研究業績のサーベイや時系列分析における『鉄道統計年報』や京王電鉄社史などの第一次資料の駆使がそれである。とりわけ，後者では，修士論文では1995年頃までしか扱っていなかったが，御尊父がこれを今日まで延長して，資料的価値を高めることにされたのである。

　周知のように，1987年の国鉄分割・民営化以降，わが国の交通政策は，市場競争原理が優位ないしは支配的になっている。本書は，そうした市場競争原理では，交通問題，とりわけ通勤通学輸送の混雑問題を解決し得ないことを解明しようとしているのである。だが同時に，行政計画原理は硬直的ではなく柔軟な誘導的な行政政策への変化を前提としても，行政計画原理だけでも解決せず，第3の道として，住民，利用者，広い意味のステークホルダー（利害関係者）の鉄道事業への経営参加の重要性を提起しているのである。

　したがって，本書は，いわゆる「市場の失敗」と「政府の失敗」の双方を克服するという視点を，大手私鉄と都市交通問題に焦点をあてて，具体的資料を駆使して分析しようとしたものである，ということができる。ここに，本書の最大の意義がある。もちろん，修士論文という限界もあって，その具体的な道筋が十二分に解明されているわけではないが，都市交通を担う大手私鉄経営のあり方に関して，重要な問題提起を行ったことは間違いない。この問題提起が，後進の研究者によって継承され。発展されることを願ってやまない。

　　　2003年5月15日

　　　　　　　　　　　　　　　　　　　日本大学教授　　桜井　　徹

目　次

序文　桜井 徹
はじめに　1

第1章　公共交通の意義と鉄道産業の特質 …………………… 5
I　公共交通とは何か ……………………………………… 5
1　交通の定義　5
2　公共交通の定義　7
II　交通産業の特質とその二面性 ………………………… 10
1　公共交通の特色　10
2　公共交通の公共性　14
3　公共交通産業の特質としての市場性　17
III　鉄道産業の特質とその二面性 ………………………… 19
1　鉄道の定義　19
2　鉄道産業の経済学的・経営学的特質　21
3　「被規制」・「産業」としての鉄道産業の二面性　24

第2章　私鉄経営と私鉄政策——大手私鉄の輸送にみる—— …… 41
I　私鉄の市場構造 ………………………………………… 41
1　国際的にみた日本の交通手段別分担率　41
2　日本国内における手段別分担率の変遷　43
3　手段別分担率の距離別変化　46
II　私鉄経営のあり方と二面性 …………………………… 49
1　日本の私鉄とその二面性　49
2　鉄道事業　57
3　兼業の位置づけ　62
III　輸送問題としての二面性 ……………………………… 69
1　外的要因　69

2 内的要因－営利的経営－ 78
   3 輸送問題解決のための課題 83
第3章 交通産業経営の市場・行政的側面
　　　──京王電鉄における市場と行政── ……………………… 115
  I 京王電鉄・京王グループの概要 …………………………… 115
   1 京王電鉄の歴史 115
   2 京王電鉄の現状 126
   3 京王電鉄の経営状況 130
  II 京王電鉄の経営にみる市場原理の例 ……………………… 146
   1 運賃・所要時間にみる中央線との競争 146
   2 新宿・聖蹟桜ヶ丘における商業展開と鉄道経営 151
   3 高尾線とめじろ台開発 154
  III 京王電鉄の経営にみる行政原理の例 ……………………… 156
   1 運賃政策 156
   2 京王線の複々線化 157
   3 相模原線と多摩ニュータウン建設 159
  IV 京王電鉄の経営課題 ………………………………………… 162
   1 輸送力の増強と設備投資 162
   2 ダイヤの改善 165
   3 駅設備の改善－連続性の確保－ 167
   4 利用者の経営参画 169

むすび 191

  参考文献 195
  事項索引 205
  人名索引 211
  後記　島原健三

装幀・髙須賀優

iv

図表一覧

第1章
図1　交通の分類 …………………………………………………………… 7

第2章
図2　国別の交通手段別分担率 …………………………………………… 42
図3　日本における旅客の手段別輸送量(人キロ)・分担率の推移 …… 44
図4　日本における貨物の手段別輸送量(トンキロ)・分担率の推移 … 45
図5　旅客輸送における手段別分担率と移動距離の関係(1990年度) … 47
図6　鉄道事業者の分類 …………………………………………………… 52
図7　鉄道事業者の細分類 ………………………………………………… 52
図8　京王沿線を主とした自治体の人口の推移 ………………………… 75
図9　特定都市整備計画の路線図 ………………………………………… 80
表1　東京周辺における事業所・従業者の分布(1960年と1991年の比較) … 70
表2　京王沿線を主とした自治体の人口の推移 ………………………… 75

第3章
図10　京王電鉄の路線図 …………………………………………………… 116
図11　京王線旅客輸送量(延べ人数)の推移 …………………………… 131
図12　京王線旅客輸送量(人キロ)の推移 ……………………………… 134
図13　京王線旅客平均乗車距離の推移 …………………………………… 134
図14　京王線営業距離・営業距離あたり旅客輸送量の推移 ………… 135
図15　京王線列車・車両走行距離の推移 ……………………………… 136
図16　京王線列車平均編成長・車両あたり平均旅客数の推移 ……… 137
図17　京王線旅客輸送収入の推移 ………………………………………… 138
図18　京王線旅客賃率の推移 ……………………………………………… 139
図19　京王線営業距離あたり収入の推移 ………………………………… 140
図20　京王電鉄鉄軌道業収支の推移 ……………………………………… 141
図21　京王電鉄自動車業収支の推移 ……………………………………… 141
図22　京王電鉄不動産業収支の推移 ……………………………………… 144
図23　京王電鉄「その他の兼業」収支の推移 …………………………… 144
図24　京王電鉄全営業収支・全事業経営損益の推移 ………………… 145
表3　京王電鉄の略年表(母体企業・関連事項を含む) ……………… 117
表4　京王線運輸成績・作業量の推移 ………………………… 132・133
表5　京王電鉄営業収支の推移 ………………………………… 142・143
表6　1963～1964年における京王電鉄の事業の主な展開 …………… 153

v

凡　例

1．著者名・編者名，論文・刊行物などの題名について。原則として原文どおりとした。ただし，中国語の簡体字は日本語の対応する現行漢字に置き換えた。
2．引用文について。仮名遣いおよび句読点は原文どおりとした。ただし，旧字体の漢字は現行漢字に置き換え，『』は「」で示した。引用文中の「／」は改行，「……」は一部省略を示す。
3．列車の種類・運行の表現について。各駅停車列車は，鉄道企業・路線によって「各停」・「普通」などと名称が異なるが，原則として「各停」に統一した。「各停」の語は，各駅に停車をする列車運行を表すのにも用いた。「快速」の語も同様で，列車の種類であるとともに，特定の駅にだけ停車する列車運行の意味にも用いた。したがって，「快速(列車)の各停区間」という表現は「快速列車の運行の中で各駅に停車する区間」の意味である。

はじめに

　交通は，近代以降の社会においては大きな意味を持っている。社会の中で重要な役割を果しているだけでなく，さまざまな問題も抱えてもいる。日本では，戦前から交通網充実・高速化・混雑緩和などのサービス向上が課題とされてきた。また近年では，通勤混雑などにみられるようにサービス改善がなかなか実現しないばかりか，交通企業の収支が悪化してサービス低下を引き起こしているし，交通行政の財政健全化や補助金問題も指摘されている。さらに，交通産業の経営改善そのものの他にも，大気汚染や地球温暖化・排気ガス問題などの環境問題，高齢化社会などの福祉問題もまたしばしば交通問題と関連づけて論議されるようになった。

　交通は主に陸運・海運・航空に分けられ，陸運はさらに鉄道・道路交通などに分けられる。これら多様な交通の中で，鉄道は産業革命の必要性の中で誕生して近代社会と共に発達してきた歴史があり，現在もなお交通の中で欠かせない存在である。とりわけ日本は鉄道輸送の比率が高く，交通手段としては欠かせないといえよう。また，日本最大の鉄道企業である国鉄が1987年に分割民営化されて外国の交通企業の経営にも影響を与えるなど，鉄道は交通全般に対してもさまざまな課題を投げかけている。それゆえ，鉄道について考察することは交通問題を研究する上で大きな意味があると思われる。

　さて，これら交通問題の原因は，企業のサービス精神や経営努力の不足にあるだけでなく，交通産業そのものの本質と深くかかわる構造的な資金不足や，交通計画策定の不充分さにもあるのではないだろうか。それらの原因を解明することは，交通産業経営を改善し，交通のサービス向上を通じて市民生活を向上させ，ひいては環境問題や都市問題などの緩和・解決に役立つであろう。

　鉄道を中心として交通産業の経営を改善しサービスを向上させるには，

従来から2つの相反する考えがある。
　(1)　交通に対して行政の手による規制を行い，総合的かつ計画的な交通政策を行う。すなわち，行政重視・計画重視の考え方。
　(2)　交通に対する規制はなるべく行わず，交通相互で自主的かつ積極的な自由競争を行わせる。すなわち，市場重視・競争重視の考え方。

　前者の論者としては，例えば清水義汎氏が挙げられる。清水氏は「人間の生命と健康を破壊してきている交通部門は，プライベート・キャリアはもちろん，コモン・キャリアにおいても交通手段の選択が必要な時期にきている。一国の経済成長の花形であるという理由や個々人の利便性や快適性の論理が，生態系のリサイクルを阻止する正当な理由にはなりえない。しかも，交通事故対策と交通公害対策は，必ずしも一致していない。事故，公害の両面が抑制されうるような対策が打ち出されてくることこそが，21世紀に向かっての大きな交通政策の課題ではなかろうか。そのためには，産業優先の交通政策から脱却して，交通の公共性と安全性，無公害性を基礎に置いた一元的な交通政策の確立が必要とされる。」[1]と述べている。これは交通政策の撤廃を行うのではなく，交通政策を従来から取られてきた「産業優先の交通政策」すなわち「経済成長」や「産業優先」の要素が強く行政性を帯びた交通政策と，「公共交通の公共性と安全性，無公害性を基礎に置いた一元的な交通政策」すなわち公共性を重視した交通政策とに分け，前者の行政性を帯びた交通政策を批判し，前者から後者へと転換すべきであるという立場に立つものである。

　後者の論者としては，例えば岡野行秀氏が挙げられる。岡野氏は「すべての交通手段について，事業者の参入・退出，投資，運賃・料金を集権的に規制して，交通市場を完全に管理するという意味での，集権的計画経済の発想に基づく「総合交通政策」は，「全能の神」が行うならば別であるが，Waltersがいみじくも「悪しきco-ordinationは何もしない場合よりもかえって悪い」と指摘したように，「政府の失敗」をもたらす可能性が大きい。かつて交通市場における諸規制の根拠にされた独占が，交通手段の

はじめに

多様化とともに実質的に消失した今日，交通部門においても市場競争に委ね，政府は市場の基本ルール（外部性についての調整，安全基準の設定）(ママ)の設定と維持さえ実施すればよい．たとえ市場競争に委ねた場合に「市場の失敗」が避けられないとしても，それは「政府の失敗」よりは社会的損失が小さいのではないか．今日，「総合交通政策」は終焉を迎えた.」と述(2)べている．規制のもととなる計画や規制を行うための管理が「全能の神」によって行われるものではなく，また従来から規制の根拠となってきた「独占」が「実質的に消失し」ている以上，交通市場に対する規制は基本的なものにとどめるべきであり，その結果として仮に市場の失敗が発生したとしても「「政府の失敗」よりは社会的損失が小さい」として，市場重視の主張をしている．政府の失敗を重要視するところに岡野氏の主張の特徴がある．

さて，この行政重視・計画重視と市場重視・競争重視という２つの考えのうちいずれかだけで交通産業の経営は改善され，サービスは向上するだろうか．改善されない問題点がないだろうか．相反する２つの考えの両方が必要であるならば，両者のバランスをどのように取るのか．また，この２つ以外の考えが必要になることはないだろうか．

これを考えるために，まず，前提として交通の本質を明らかにして，それに基づいて，公共交通がなぜこの２つの性格すなわち市場と行政の二面性を帯び，両方に影響されているかを第１章の前半で考える．そして，交通の１手段である鉄道が日本では重要な役割を果たしていることにかんがみ，鉄道もまたこの二面性を帯びて影響されていることを第１章の後半で考える．次に第２章では，日本の鉄道企業がいわゆる「日本型鉄道経営」と呼ばれる独自の性格を持つことを考慮しながら，日本の鉄道のもつ二面性について考える．そして第３章では具体的事例として，日本の大手私鉄の１社である京王電鉄を取り上げる．京王電鉄は多摩の中核都市である八王子と東京とを結ぼうとする鉄道として始まったのだが，通勤輸送の問題を抱え，ニュータウン新線の建設などで行政の介入を受けつつ，沿線開発

3

を中心として企業経営に努力し，ほぼ並行する JR 東日本中央線とは競争関係にある，と一般的には捉えられている。この京王電鉄を事例として，交通産業の経営とサービスについて考えてみたい。

注
（1）　清水義汎「現代日本の交通」清水義汎編『交通政策と公共性』日本評論社，1992年，29頁。
（2）　岡野行秀「総合交通政策」金本良嗣・山内弘隆編『講座・公的規制と産業④　交通』NTT 出版，1995年，408頁。

第1章　公共交通の意義と鉄道産業の特質

I　公共交通とは何か

1　交通の定義

　公共交通を論じる前提として，まず交通の定義について触れておきたい。

　日本語の「交通」に相当する英語は「transport」「transfer」「traffic」などであると考えられる。『Webster's New World Dictionary of American English』によると，それらの原文は注の通りであるが[1]，要約すると以下のようになる。

　「transport」には，人や物の輸送，感情の発露，といった意味があり，「transfer」には，運搬・移送，画像・図面などの転写，転校，地位の移動，交通機関の乗り換え，といった意味がある。また「traffic」には，商取引のための物品の移動，商業，車・人・船の動き，一定期間における輸送量・情報伝達量，などの意味がある。いずれの単語も物質の移動という意味を含んでいるほか，情報・地位などのような物質ではないものの移動の意味も持っている。これらの単語のうち，日本語の「交通」にもっともふさわしいのは「transport」であると思われる。

　『岩波国語辞典』の「交通」の項目は，「行きかうこと。行きかいの状態。㋑人・車の往来。通行。「――整理」「――事故」。また、人と人との意思疎通。㋺隔たった地点間の人の往来、財貨の輸送の総称。広義には通信も

含む。」としている。これによると，日本語の「交通」は，広義には物質・情報の両方の移動を扱うことになるのに対し，狭義には物質の移動のみで情報を考慮に入れずに考えることになる。

「交通」を広義の意味合いで捉える考えには，次のようなものがある。

例えば山上徹氏は，「わが国では，一般に交通（Verkehr）とは，輸送（transportation）と情報（communication）の2つの領域を含む考え方がなされている。」と述べ，「その根拠としては，戦前からのドイツ流の交通研究が継承されているという背景があるからであろう。」と，交通の広義での意味合いにドイツからの影響を見て取っている。そして山上氏は，「交通とは，交通手段（陸海空）を利用し，人間の意思的行為（単なる自然現象ではなく）のもとに，経済的距離（輸送費，移動時間）という視点から交通対象（人・物・情報）の最適な移転を研究対象とするものである。」としている。

『鉄道辞典』もまた「交通」を広義に扱っており，「われわれが社会生活，経済生活を営むに当っては，必然的に人と人との間に相互関係を生じ，その間のつながりが強固となり，かつ拡大せられるほど，それは充実したものとなる。しかるに，このことは空間的・距離的障害によってはばまれている。かかる障害を人・財貨および思想の場所的移動によって克服する行為を交通という。」と述べた上で，交通自体も「交通客体によって（1）人の交通（旅客運輸）（2）財貨の交通（貨物運輸）（3）思想の交通（通信）に……分たれる。」とするなど，「交通」は通信を含めるものであるという考えを明白にしている。

これに対し，「交通」を狭義に捉える考え方もある。例えば岡並木氏は，「交通とは何か。その問いに対して，さまざまな観点からの答えがあると思う。そのひとつの答えとして，つぎのように考えてみては，と思う。／「人間にしろ，物にしろ，どこかのドアから出てどこかのドアに入るまでの全行程が私たちにとっての交通である。そして私たちは，その全行程ができるだけ連続的に，できるだけ安い対価で移動できる道を選択しようと

第1章　公共交通の意義と鉄道産業の特質

している。その必要から生まれた道具が道路であり、乗り物であり、輸送機器である」。」と、人と物の移動のみを交通として考える解釈をしている。また，金本良嗣・山内弘隆両氏は『講座・公的規制と産業④　交通』において情報通信は扱わず，「交通は経済活動にとって不可欠のサービスを提供する．現代の経済の基礎は分業にあるが，分業は物の輸送，人の移動がなければ成立しない．経済自体が，交通という基礎的なサービスの上に成り立っているとも言えよう。」と述べ，さらに正司健一氏も「ここで，鉄道など交通業と電気・ガス・水道・電気通信などの産業とでは，若干の違いがある点に触れておく必要があるだろう。」と述べ，情報通信を交通に含めない立場をとっている。このような情報通信を扱わない「交通」は「輸送」と言い換えることもできよう。

　以上で述べた交通の定義と内容を図式化すると，図1のようになる。

　本論文では，「交通」は「輸送」と同義すなわち人・物の移動のみを扱うものとする。

図1　交通の分類

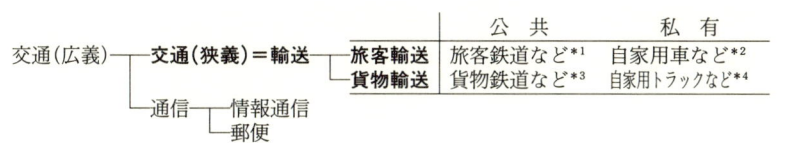

```
                              公　共              私　有
交通(広義)─┬─交通(狭義)＝輸送─┬旅客輸送  旅客鉄道など*1   自家用車など*2
           │                    └貨物輸送  貨物鉄道など*3   自家用トラックなど*4
           └─通信─┬─情報通信
                    └─郵便
```

＊具体例
　1：旅客鉄道・バス・タクシー・旅客航空機など。
　2：自家用車・自転車・バイクなど。
　3：貨物鉄道・営業用トラック・貨物船・貨物航空機など。
　4：自家用トラックなど。

出所：第1章注(3)～(10)の文献から作成。

2　公共交通の定義

　以上をふまえて，公共交通の定義をみてみよう。

　日本語の「公共交通」に相当する英語は「common carrier」であると思われる。『Oxford Advanced Learner's Dictionary of Current English』によ

ると，「common carrier」という言葉は「company or person that is allowed by law to charge money for transporting goods or people.」である。すなわちこの場合には，common carrier の条件は，

(1) 法による認可を受けていること，
(2) 有償であること，
(3) 物品・人間の移動を行う個人・団体であること，

である。

これに対し，『Webster's New World Dictionary of American English』によると，「common carrier」という言葉は「a person or company in the business of transporting passengers or goods for a fee, at uniform rates available to all persons」である。すなわち，この場合には，common carrier であるための条件は，

(1) 旅客・物品の輸送を行う個人・団体であること，
(2) 料金を徴収すること，
(3) 万人が同じ料金で利用できること，

である。

上記２つの条件のうち，前者(2)の「有償であること」と後者(2)の「料金を徴収すること」は同じ意味である。また前者(3)の「物品・人間の移動を行う個人・団体であること」と後者(1)の「旅客・物品の輸送を行う個人・団体であること」はやはり同じ意味である。残る条件である前者(1)の「法による認可を受けていること」と後者(3)の「万人が同じ料金で利用できること」は，表現は違うものの矛盾するものではない。すなわち，万人が common carrier を利用できることを保証するための法による規制があるからである。ただし，観光バスや貸し切りバスなどのように万人が利用できなくても法による認可が必要な産業もあることを考えると，前者の(1)よりも後者の(3)の方がより限定されていると考えられる。

さて，日本語の「公共輸送」の概念については，廣岡治哉氏は次のように述べている。「ここで公共輸送というのは、公衆の需要に応じて、誰で

も対価を支払えば利用できる輸送機関を指しているのであって、公共団体の経営する輸送機関とか大量輸送機関をさしているのではない。あくまで自家用輸送に対立する概念である。」[14]これを要約すると，

(1) 輸送を行う機関であること，
(2) 誰でも利用できること，
(3) 有償であること，

となる。これらは common carrier と同様の意味と考えられる。

村井藤十郎氏は，法学者の見解として「(二) 自由契約の排除　交通・運輸機関を一般の公衆の利用に提供している運輸・交通業者をコモン・キャリアーという」と，コモン-キャリアーの第1の定義は公衆の利用に供する交通機関であることを述べている。そしてコモン-キャリアーの内容として，「コモン・キャリアーは，つねに，その交通・運輸機関を公衆の利用に供することを業務とするものであるので，公衆から利用の申込があった場合は，正当，かつ，やむなき事由なきかぎり，これを拒否しえないという，契約(承諾)の強制をうけ，その利用の対価(料金)は，公共料金として，その業務の公共性に鑑み，利用者にたいして，公平・均等であることを要し，その金額は契約自由の原則によらず，所轄庁の認可を必要とする。」[15]と，コモン-キャリアーは営業・料金の点で自由ではなく，営業に関しては原則として利用者の求めに応じなくてはならないこと，また利用の対価は利用者との間の契約の自由にはよらずに公の規制によるものであることを述べている。交通機関に対する規制は「(三) 営業の許可制　運輸・交通業は，社会の動脈作用を荷負っている公共的事業であるので，その営業の開始，廃業，計画の樹立及び実施などは，所轄庁の認可を必要とし，その事業主体の資格にも制限がある。」[16]と述べているように，料金に限らず営業全般に関して広くわたっている。

これらをまとめると，「交通・運輸機関を一般の公衆の利用に提供している交通・運輸業者」すなわちコモン-キャリアーの条件は，

(1) 交通を公衆の利用に供する業者であること，

(2) 原則として利用の要請を拒めないこと，
(3) 利用の対価が必要であること，
(4) その対価は公平であり，また契約自由の原則によらないこと，
(5) 料金や営業項目などについて認可が必要であること，
である。
　以上のことから，公共交通の定義は，
(1) 不特定多数の物品・人間の移動を対象としている個人・団体であること，
(2) 有償であること，
(3) 法による規制を受けていること，
であると考えられる。

II　交通産業の特質とその二面性

1　公共交通の特色

　他の産業と比較して，公共交通の特色は以下のようなものである。

公益性と公平な利用可能性

　前に述べたように，交通産業は万人が等しく利用可能でなくてはならず，利用にあたっての公平性も確保されなくてはならない。また，交通産業は公益事業とされている。たとえば労働関係調整法では「この法律において公益事業とは、左の事業であつて、公衆の日常生活に欠くことのできないものをいふ。／一　運輸事業／二　郵便又は電気通信の事業／三　水道、電気又は瓦斯供給の事業／四　医療又は公衆衛生の事業」と定めている。また古川哲次郎氏は，「公益事業学会が個別に掲げた事業は12種であるが、これをサービス（用役）の種類によって纏めると、公衆運輸サービス事業，公衆通信サービス事業，電気ガス水道などの一般供給サービスの３種類に

分けることが出来る。[18]」と，公共交通を公益事業学会で取り扱う対象にしていることを述べている。この「公衆運輸サービス事業」の内容は，鉄道のほか，定時・定路線を運行するバス・海運・航空としている。[19] 実際に，公共交通は公益事業としての規制を受けている。たとえば鉄道は電力供給・都市ガス事業と並んで私的独占事業法の適用除外とされ，公共交通は，郵便・通信・電気・ガス・水道・医療などと並び，ストライキ行為に対して制限を受けている。

生産・消費の不可分性

交通は生産・消費が不可分である。山上徹氏が「場所的変更」という表現を用いているように，[20] 交通は人や物の移動そのものがサービス内容である。したがって生産と消費は一対であり，切り離すことはできない。また交通を蓄積することはできないし，交通の供給能力の余剰している時間帯や地域から不足している時間帯や地域へと補充することも不可能である。これを廣岡治哉氏は，「交通サービスの即時性・即地性」と呼んでいる。[21] この交通における生産・消費の不可分性について，富永祐治氏は，「利用効果にあっては、その有用性は何らかの物の諸属性としてでなく、労働過程そのものの作用として現れ、従ってその労働過程と切り離すことができず、労働過程の継続する間だけ有効である。[22]」と述べている。

対象の場所的移動性

交通によって移動する人や物はその場所が変わるだけであり，その移動する人や物自体には原理的には何の変化も起きない。これについて富永祐治氏は，「これらの労働対象は労働過程を経ることによって何らかの形態的変化をも蒙らない、新しい使用価値として転生しない。変るのはそれらの位置する場所だけである。[23]」と述べている。そして，基本的に交通の利用者は移動そのものを目的として利用するのではなく，何か他の目的を達成するための手段として移動するために利用する。したがって，交通は基

11

本的には本源的な需要ではなく派生需要である。特に物の輸送は全て派生需要である[24]。この，交通の目的が派生需要を基本にしているという事情のために，特に都市交通においては都市計画との間に密接な関連が生じる。これについて廣岡治哉氏は，「都市交通を計画する場合に、都市の土地利用、住宅や職場や学校その他の公共施設の配置計画が同時に決定されなければ十分な計画とならないのは、交通需要が施設利用から派生する性質をもっているためである。」と，交通の目的が派生需要を基本にしているために都市計画にまで影響を与えることを述べている[25]。ただし，客船による遊覧旅行のような観光旅行などでは，移動そのものが効用を持つ本源需要としての交通が見られる[26]。

　交通の場所的移動性の性格は，利用者だけではなく従事者にも影響を及ぼしている。すなわち運転士・船員・操縦士のように，交通システム内に分散してなおかつキャリアとともに移動する従業員が多数存在しており，交通特有の労働環境下に置かれている。このことについて古川哲次郎氏は，「交通事業では車輛，船舶，航空機など交通手段そのものが移動し，他の一般産業のように固定した作業労働とは違った特別な困難な労働環境にある（たとえば騒音，振動，動揺，排気ガス，気温，気圧の変化，その他の悪条件）。」と述べている[27]。またこのため，従業員には交通需要に応じた勤務が求められる。これについて古川氏は，「乗客や荷主の需要のあるときは場所に応じて他律的に車輛を運転しなければならない。朝夕のラッシュ時には，全従業員が出勤しなければならないし，夜間，車の運休のときには保安要員は出勤して働かなければならない。」と述べている[28]。この交通需要に応じた勤務のために従業員の労働条件は悪くなりがちであり，古川氏は「さらに偶発的阻害条件が発生し易く，災害発生の可能性が大きい。」と，また「運搬具とともに移動する労働者は，作業場がたえず移動し，また夜間作業に伴う不規則な労働時間が睡眠，食事，休息など生活全般にわたる不規則性を余儀なくされる。」と述べている[29]。富永祐治氏は，「そしてこの現象は、交通用役の生産＝消費過程の特殊性からいって、交通需要者

の利便を尊重する限り、また技術的要請たる生産過程の連続（長距離輸送における）を中断しないためには、ある程度不可避なのである。」と、これらの労働条件の悪さの原因は上で述べた交通産業のもつ性格によるものであり、交通というものの性格からいって「ある程度不可避」であることを指摘している。

インフラの重要性

交通にはターミナルや通路などのインフラストラクチャーが必要である。特に、通路については、それが明確な構造物になっている鉄道や道路交通に限らず、自然界にすでに存在している空や海を通路として利用している航空や海運にとっても、空域や海域という形で重要性を持っており、管制などが必要である。村井藤十郎氏は「運輸・交通運動は、通路以外の空間で恣意的にこれをおこなうことはゆるされず、もっぱら、一定の通路を専用するよう拘束をうけるのであって、……通路は、もっぱら運輸・交通運動のために供せられるものであるから、なにびとも、運輸・交通運動のため以外の目的をもって、運輸・交通以外の運動を通路でおこなうことは制限される。」と、また富永祐治氏は「交通においては他の場所への移動に対する位置的関係だけが問題となる。そこで交通においては「通路」が唯一の重大事であり、他の凡ゆる歴史的運動に較べて土地の不平坦が遥かに大なる意義をもってくるのである。」と、交通に使われる通路は基本的に交通専用に近く、交通は通路以外の空間で勝手に行うことはできず、また通路において交通以外のことをすることは制限されると述べている。また通路以外の施設についても、村井氏は「施設といっても、直接、通路の利用関係に属するものではなく、通路を利用するについて、その効率をあげ、便宜をはかる目的で、通行の事前、事後の運動のために特設された施設（例、ターミナル、操車場など）」と、通路以外にもターミナルなどの施設が存在することを述べている。

2　公共交通の公共性

　まず，公共交通に要求される条件は何であろうか。

　富永祐治氏は「交通論の教科書を開くと、サービスの要件として（時として前述の、低廉性という異質の項目と共に）安全性・速達性（又は迅速性）・快適性及び（大量輸送について）正確性・規則性・頻発性等が挙げられていることは周知の通りである。(34)」と述べている。そして実際に「交通論の教科書」には，例えば次のように記されている。

　山上徹氏は「需要者の欲求に適合する交通サービスの質の優劣の技術的な指標として，一般には，次のようなものがあるであろう。」として，以下を挙げている。「①安全性(safety)／②迅速性(swiftness)／③大量輸送性(massiveness)／④普及性(extensiveness)／⑤最適な連結性(good junction, networking)／⑥正確性(punctuality)／⑦快適性(agreeableness)／⑧経済性(economical efficiency)(35)」。

　このうち「普及性」とは，「広範囲にわたって広く利用が可能である」という意味であると考えられる。

　村井藤十郎氏は，「「運輸・交通法」の目的」として，以下の項目を挙げている。(36)「安全化の目的」「円滑化の目的」「能率化の目的」「確実化の目的」「適正化の目的」。

　岡並木氏は，「計画や行政の盲点になっていたこのサブシステムの連続性が低いがために、利用者は長い間、不便な移動を強いられるか、自らの知恵でそれをうめるか、あるいは自動車のように連続性のより高い他の手段を選択してきたといえるのではないか。(37)」と，「連続性」が従来の公共交通にとって盲点であるとし，連続性の重要さを強調している。

　また，前述した交通の生産・消費の不可分性に伴って，必需性と緊急性が高いことを指摘する論者もいる。中西健一氏は，「交通業の生産物が一般の物財と異なって、貯蔵と輸送のきかない無形のサービスであり、需要は特定の地域空間と結合している交通手段によって、その時、その場で充足されねばならないということである。つまり、需要充足の時間的空間的

第1章　公共交通の意義と鉄道産業の特質

選択の範囲がかぎられていて、ストックや他の場所からの移送によって需要をみたすことができないことと、たとえば、レジャーへの需要をおさえて家庭用電機器具を充足するといったようには、交通需要を他のものに代替することが困難なため、必需性と緊急性が高い。」と，交通の「必需性と緊急性が高い」ことを公益性に関連させて述べている。

　交通機関の運用の「統一性」を指摘する論者もいる。上野正紀氏は，交通権の内容として「大量性」「広域性」「連続性」「統一性」「高速性」「安全性」「快適性」「平等性」を挙げている。このうち「広域性」とは，上記の「普及性」に相当する概念であり，岡並木氏も重要性を指摘している「連続性」は，山上徹氏のいうところの「最適な連結性」に相当するものであると考えられる。上野氏はさらに，「統一性」は「交通権の要求する交通機関が、大量、広域、連続の要素を必要とするならば、その運用は統一した体系の下になされなければならない。鉄道が、神戸－大津間に走っていても、京都で運用体系が分断されるならば、交通権の実現を阻害するからである。たとえば、神戸－大津間にて、京都を境に、貨物についての扱い方、料金計算方法、貨物規格等が異なり、旅客について運賃計算方法等が異なる事態となれば、国民の移動に多大の障害を与えることが明白である。」と，大量性・広域性・連続性の前提であるとしている。

　交通を利用するにあたっての「わかりやすさ」も重要である。岡並木氏は「せっかくある公共交通網が、使い方がわかりにくいために利用されないでいる。」としている。しかし，この「わかりやすさ」は，

(1)　交通を利用するにあたって必要な情報が正確にわかりやすく公開されていること，

(2)　交通のシステム・運転などそのもの自体が簡潔でわかりやすいこと，

の2つに分けるべきであろう。

(1)は「情報開示性」と言い換えることができ，一方で(2)は「システム単純性」と言い換えることができよう。この2つが揃わないと，交通の利用者にとっては「わかりやすさ」に欠けることになる。「情報開示性」が欠

15

けると，交通のサービス内容が利用者に判らなくなってしまう。例えば，駅構内の案内図や路線図・時刻表が利用者に判る位置にない，事故の際に状況の情報が利用者に伝わらない，などがそれである。また「システム単純性」が欠けると，たとえ「情報開示性」が充分にあったとしても，サービスを利用するにあたって複雑で判らなくなってしまう。例えば，ダイヤが不規則で次の列車がどの駅で何に抜かれるのか判らない，同じ列車種別でも停車駅がまちまちで，どの列車に乗っていいのか確認しないと判らない，などである。「わかりやすさ」のためには「情報開示性」と「システム単純性」の両方が必要である。

以上に挙げた諸点は，交通の公共性にかかわる事項である。

また，交通は次の観点による規制や指導を受けるなどの，行政的側面も持っている。

(1) 公共性の重視。
(2) インフラの重要性。
(3) 国際交通の存在。
(4) 政治・外交・軍事との関係。

(1)は，交通はその公益性と公平な利用可能性のために，採算が取れないなどの理由で単純に市場から退出することはできない，ということである。交通の公益性のために，外部不経済の防止や安全基準などの形での社会的規制のみならず，運賃・路線に対する認可に代表される経済的規制の形でも，行政の指導・介入をもたらしている。経営にかかる費用を軽減したり安全性を確保するために，補助金などの行政的助成措置が取られることもある。

(2)は，前述したように交通はインフラを必要とするが，それに関してである。これらのインフラはしばしば大規模であり，しかも多くは他の目的に対して経済的有用性がきわめて低い[42]という特性を持っている。しかも，インフラ施設は社会資本としての性格を持つ。前述したように派生需要としての交通の性質のみならず，インフラが必要であること，宅地開発や関

第1章 公共交通の意義と鉄道産業の特質

連産業立地などの外部経済の発生も考慮して，交通の位置づけを都市計画やそのほか全国総合開発計画などの開発計画の中で行うことが多い。これはすなわち，交通の持つ行政的側面を意味している。この他，空港・港湾への連絡交通など，他の交通との連続性を持たせる必要があることもあり，やはり総合的な計画や行政的な意志決定が行われる。

(3)は，航空の国際線，海運の国際航路，鉄道の国際列車などのことであり，国境をまたぐ交通については国家・政府間の外交が関係してくる。現在の日本では鉄道の国際輸送はほとんどないが，国際航路や航空の国際線は乗り入れているし，ヨーロッパやアジア大陸などでは鉄道においても国際列車が多数運転されている。

(4)は，日常的ではない事柄であるが，軍事統制や軍事輸送・要人輸送など政治・外交・軍事に直結するものである。軍事輸送や要人輸送は不特定多数が対象ではないから公共交通ではないが，輸送手段としてキャリアやインフラを使用する上に，鉄道や航空など公共交通の手段を利用することもあるから，企業や利用者への影響は免れられない。さらに極端な例になると，後述するように，軍事統制のために私鉄を買収して国有化することもある。

3　公共交通産業の特質としての市場性

交通は，今まで述べたように公益性や行政性があるといっても，次のように他の産業と同様の市場的側面も持っている。

(1)　金銭による代価の支払い。
(2)　他の交通手段との競争。
(3)　私的所有の交通の存在。

(1)は，前述したようにサービスが有償であるために金銭による売買が行われることである。たとえ見かけが無料の場合でも，利用者ではない第三者が費用を負担している。また，規制により限度があるとはいえ，需給関係による価格の変動もあるし，価格によっては交通を利用しないという選

択も，交通の目的によってはないわけではない。

　(2)は，すなわち，交通市場の中で他の交通との競争がみられることである。例えば，鉄道路線同士の競争など同種の交通機関の間での競争，鉄道と高速バスなど異種の交通機関の間での競争，また鉄道と自家用車など公共交通と私有交通との間の競争がみられる。とりわけ近年に目立つのは，自家用車と航空のシェア拡大であろう。

　なお，交通市場外でも，郵便・電気通信などの情報との間での競争もみられる。これらに対応して，競争に勝つためのサービス向上や商品開発・コスト削減などが主張されたり行われることも多くなってきている。

　(3)は，交通企業のうち，私鉄や私営路線バスなど私企業の運営する交通は，公共性がありながら企業自体やキャリアなどが私的所有であることである。後述するように，鉄道では通路も企業の所有であることが通例である。

　私企業の運営する交通は収益を確保することも必要であるし，公企業の運営する交通といえど独立採算制度を取る以上は収益性を考慮した運営が求められる。独立採算制の下で収益性を考慮しない運営を行うと，かつての国鉄のように借入金に頼ることにならざるを得ない。近年は特に企業形態を問わずコスト削減が望まれるようになり，例えば鉄道ではワンマン運転・無人運転や自動改札の導入，保守の省力化・簡素化など，自動化や無人化が行われている。

　さて，過疎地の交通に典型的に見られるように，交通産業の経営の厳しい現代の状況では，とりわけ公共性と市場性との間に矛盾が発生しやすい。ほぼ1980年代以降は，経済全般の市場・競争重視への流れや国家財政の負担増大回避のために，世界的にみて経済政策全般が営利性・市場性を重視する方向へと向かっているが，交通産業もその例に漏れず，運賃や路線に対する許認可の緩和や企業の裁量権の拡大などの規制緩和を行い，また企業間での競争を容認・奨励するなど，世界的に市場重視への流れが主流となっている。

第1章　公共交通の意義と鉄道産業の特質

　このほか，過疎地では近年は交通企業の経営はますます困難になってきているのが実情であり，企業によっては過疎地の市場からの撤退に力を向けている場合すらある。
(45)
　ただし，ごく最近(1990年代末期以降)になって，競争重視や規制緩和の経済政策に対する疑問が投げかけられ，具体的な社会的・政治的現象としても現れるようになっている。交通についても，競争の激化や民営化な
(46)
どで安全性やサービスの低下が指摘されており，とりわけ航空ではそれによる利用者の不満も高まっているという。鉄道についても，イギリスでは故障の増加や運行の乱れ，また運賃の上昇が問題視されている。

III　鉄道産業の特質とその二面性

1　鉄道の定義

　鉄道産業について論じる前提として，まず鉄道の定義について触れておきたい。『鉄道辞典』では，「鉄道」について次の通り述べている。
　「鉄道という言葉はわれわれの日常生活において，盛んに用いられているが，その意味は必ずしも明瞭ではない。あるときには鉄道経営者を指し，あるときには鉄道施設を指し，あるいはまた鉄道の人的および物的設備を総称するなどいろいろである。しかしながら一般的に考察するときには広狭2つの意味をあげることができる。すなわち広義の鉄道というのは，軌道を敷設した通路上で動力を用い車両を運転し，人と物とを運搬するものであるといえる。狭義には軌条を敷設した通路のみを指す場合が多い。軌条を敷設した通路というのは，鉄道特有の性質を表わすもので，鉄道・鉄路・railway(英)，railroad(米)，Eisenbahn(独)，chemin de fer(仏)等の文字はいずれもこの意味を表すものである。この点では鉄道は他の陸上交通機関，たとえば人車・馬車・自動車・自転車等と区別することができる。鉄道が独占的性質を有することはこの軌条を敷設した通路の上を使う結果

19

である。」と，鉄道には通路として軌道が存在していることを重視し，さらに次の通り述べている。「すなわち鉄道とは軌条を敷設した通路上で機械力によって車両を運転し，一般輸送の用に供するいっさいの施設であるといってよい。」「鉄道の路線と車両とは技術的設備の主要なものであるが，鉄道用地・停車場・隧道（ずいどう）・橋梁等いっさいの設備も包括して鉄道と称するのである。」

 以上が『鉄道辞典』における鉄道の定義である[47]。

 さて，日本国内の鉄道事業は，「鉄道事業法」や「軌道法」などの法令により規定されている。「鉄道事業法」に基づく鉄道と「軌道法」に基づく軌道は，「路面電車のように道路に敷設されるものが「軌道」であり，それ以外のものが狭義の「鉄道」として鉄道事業法で取り扱われる[48]」と，基本的に道路との関わり合いにおいて区別されている[49]。

 鉄道の種類は，「鉄道事業法施行規則」の第四条に「法第四条第一項第五号の運輸省令で定める鉄道の種類」として次のように定められている。すなわち，

 (1) 普通鉄道，
 (2) 懸垂式鉄道，
 (3) 跨座式鉄道，
 (4) 案内軌条式鉄道，
 (5) 無軌条電車，
 (6) 鋼索鉄道，
 (7) 浮上式鉄道，
 (8) 前各号に掲げる以外の鉄道。

 このうち，懸垂式鉄道と跨座式鉄道はまとめて「モノレール」と，案内軌条式鉄道は「新交通システム」と，無軌条電車は「トロリーバス」と呼ばれるようである[50]。

 鉄道に関する法令には鉄道の定義はないが，上記のうち普通鉄道の施設や車両の構造は「普通鉄道構造規則」により，懸垂式鉄道から浮上式鉄道

までの 6 種類の鉄道の施設や車両の構造は「特殊鉄道構造規則」によりある程度は明らかにできる。また軌道法には種類の規定はないが,「軌道建設規定」では「普通鉄道構造規則」や「特殊鉄道構造規則」の条文の一部を準用している。[51]

他人の需要に応じて営業として営む鉄道は, 鉄道事業法における「鉄道事業」として, また軌道法の第 1 条第 1 項として規制を受ける。これがすなわち公共交通としての鉄道であると考えられる。ただし遊園地にあるような遊戯物の鉄道は「鉄道事業」でもなければ「専用鉄道」でもなく, 鉄道事業法の適用からは除外されている。[52]

村井藤十郎氏は「鉄道・軌道運送業」を分類する中で,「〔1〕鉄道運送／（一）国有鉄道による運送業／（二）地方鉄道による運送業 地方鉄道は、都道府県その他の公共団体または私人が公衆の用に供するための鉄道をいう。／（三）軌道による運送業 一般交通の用に供する為めの軌道をいう（同法一条、二条）」と, 地方鉄道・軌道が公共交通であることを明確にしている。[53]

2　鉄道産業の経済学的・経営学的特質

鉄道産業は交通産業の一分野であるからⅡ-1（10～13頁）で述べた交通の特質を持つのは当然だが, 加えてさらに鉄道独自の特質をもっている。

巨大資本の固定性

鉄道は大規模な設備を必要とする。これについて『鉄道辞典』は,「鉄道事業に固有な特質としては, 巨大資本の固定性・事業の独占性・統一性・公共性等をあげることができる。」と述べている。同文献が特に重視しているのは「巨大資本の固定性」である。事業の独占性・統一性は, 公共性と巨大資本の固定制から導かれるものとしている。[54]

交通施設は, 斎藤峻彦氏が「鉄道, 道路, 空港, 港湾などの交通施設は, 上下水道, 光熱, 通信などの各種サービス施設とならんで, 典型的な社会

資本の取り扱いを受ける場合が多い。」と述べているように，社会資本として扱うこともできる。都市計画や開発計画の中で鉄道の位置づけや整備方針がなされることも多い。しかし道路などは公的な資金によって建設されるのに対して，日本において鉄道は基本的に鉄道事業者の資金によって建設される。ただし鉄道の建設・整備にあたっても，都市部を中心として公的助成を導入する動きも，近年になって日本でも一部にはみられるようになってきている。

　さらに，富永祐治氏が「輸送手段としての鉄道の大きな特性は、位置の決まった駅間を固定した軌道の上で行われる積合せ輸送である点である[56]。」と述べているように，航空など他の交通手段とは異なり，鉄道の通路は原則として物理的に固定された専用の軌道である。この特色は鉄道の高い信頼性・安全性や大量輸送を可能にする反面，施設建設や運営に入念な計画が必要になるなど，鉄道の運営が軌道に影響されやすくなる。軌道の建設・維持管理には高い費用がかかり，また前述したようにインフラが必要であることも伴って，鉄道企業の収益を悪化させがちである。

　鉄道に莫大な資本が必要である結果として，鉄道事業は自然独占の性格をもつ。これについて古川哲次郎氏は，「鉄道事業を例にとれば、まず鉄道事業というものは巨額の固定資本の投入を必要とするから、この点からも独占とならざるを得ない（公益事業の各企業は設備産業といわれるように、大部分が固定資本が巨大であり、その比率は高い）、固定資本が総資本に占める比率が大きいということは、逆にいえば流動資本が小さいということである。鉄道事業のように固定資本が大きいということは、鉄道事業の性質からくるもので、公益事業は「事業に固有な財産」の性質から独占にならざるを得ない性質を持っている。」と述べた上で，「固定資本費が益々巨額に達することで、このような事業は誰でもやれるというものではない。自然と経営は少数に限られてくる。そして多かれ少なかれ独占の傾向を示すものである[58]。」と，鉄道事業が莫大な資本を必要とすること，またそのために自然独占となることを述べている。

22

第1章　公共交通の意義と鉄道産業の特質

インフラとキャリアの一体性

　鉄道施設は道路や空港などと同様に交通施設である。しかし，道路交通や航空産業・水運においては，道路や空港・港湾などのインフラの所有と車両・航空機・船舶などのキャリアの所有とが分離しているのに対し，鉄道産業においてはインフラとキャリアの双方を同一の鉄道事業者が所有しかつ運営することが多い。廣岡治哉氏は，「自動車、航空、海運が通路施設を国や自治体の供給に依存しているのに対し、鉄道は自ら通路施設を建設、維持しなければならない。」と，通路の所有・供給方式が他の交通産業と異なっていることを述べている。

　しかし近年になって「上下分離」と称してインフラとキャリアの所有・運営を分離する動きが世界的にみられるようになってきており，たとえばヨーロッパの例では，ECの理事会指令である「共同体鉄道の発展についての91年7月29日の理事会指令（91／440／EEC）」には上下分離の主張が含まれている。また，ドイツにおける鉄道改革でも，近距離旅客輸送部門・遠距離旅客輸送部門・貨物輸送部門と並んで通路部門が置かれるなど上下分離の方向を打ち出している。日本でも鉄道事業法における鉄道事業者免許を3種類に区分し，近年に建設された関西空港・成田空港への連絡鉄道においてこの区分が実際に採用されるなど，上下分離の制度を採用する向きがみられる。しかし，桜井徹氏は「たしかに，それは整備新幹線の場合と同様に「上下分離」の一形態であるけれども，鉄道線路が国家所有であるかどうかは別にしても，それが独立して経営されることは想定されていないし，実際にも，旅客輸送事業を経営しているJR旅客会社が鉄道線路を保有しているので，JR貨物会社にとってその利用条件が不利に設定される可能性がある。」と述べ，上下分離後にそれぞれが「独立して経営されることは想定されていない」とその不充分さを指摘している。また逆にJR貨物も一部の路線では第一種鉄道事業すなわちインフラ・キャリア双方を運営する免許を保有するなど，上下分離の形としては不徹底なものと考えられる。

23

外部経済効果

鉄道を建設することにより，周囲の宅地・商業開発が進んだり地価が変動したり都市計画に影響を与えるなどの外部経済効果が起きる。この外部経済効果は沿線の第三者に限らず，鉄道企業がこれを利用して利益をあげ，また鉄道自体の収益を改善したり投下資本を回収することもできる。

この外部効果の内部化を積極的に行っている典型例が，後述する日本の私鉄である。日本の私鉄は「大手私鉄」に典型的にみられるように，本業である鉄道業以外に不動産業・流通業・観光業などの兼業を本社・系列企業ともに多角的に営みコンツェルンを形成しているのが特色である。

3 「被規制」・「産業」としての鉄道産業の二面性

先に述べたように鉄道事業は公の規制を強く受けている。この規制には2種類の形態が存在している。

(1) 国有・公有化する。もしくは，当初から事業を公企業形態で手がける。近年までの日本・ドイツなどがこの形態。
(2) 形態は私企業のままで経済的規制を行う。アメリカが典型例。

この両者の違いは国・地域や歴史的事情によって影響を受けたものであるが，いずれにしても，鉄道産業が公企業形式が主流であったり国家による指導・介入が強く見られたりする点については，次に述べる理由が考えられる。

(1) 公共性・公益性の重視。
(2) 自然独占への対処。
(3) 軍事的重視・国威発揚。
(4) 産業の育成。

(1)は，鉄道のもつ公共性を重視し市民の利益を実現するために行われる規制である。例えばイギリスの鉄道統制がその例であった。島恭彦氏は「私有鉄道の公益的統制の原則が最初成立した国もまたこのイギリスであつた。(一八四四年グラッドストン内閣の鉄道運賃統制令) 産業資本の順

第1章　公共交通の意義と鉄道産業の特質

調な発展をみた国国では、鉄道の如き公共的性格のつよい事業に於ては、生産力の社会的性質と所有の私的性格という資本主義的生産に内在する矛盾が早くも表面化し、鉄道資本の特殊的利益よりも交通網及び運賃の整備統一を必要とする国民総資本の共同利益――これがNational Utility 或はPublic Utilityと呼ばれるものである－の方が前面に押し出されるに至つた。これに加えて産業革命の進行過程から生み出される賃銀労働者の運賃引下げの要求も、鉄道政策に反映し、こゝに一名"Poor Travellers' Charter"と呼ばれる一八四四年のグラッドストンの法案が提出されたのであつた。」[67]と，イギリスの鉄道運賃統制が公共性・公益性を重視したものであることを述べている。

またこのために，企業体の国有化・公有化などの経営形態の変更を行うこともある．私企業が運営していた東京の路面電車が東京市に買収され東京市電になったのがその例で，「1906年，事業不振を受けてそれまでの3銭均一運賃を5銭に値上げする案を，当時営業していた3社が一斉に申請したことに始まる．広範な反対を受けたこの案は最終的に内務省が認めなかったが，これを受けて3社は，先の値上げ申請の際東京市議会が提示した4銭均一（東京市）への値上げを伴った3社合併案を申請し，結局認められることとなった．しかし運賃をめぐる市民の不満は大きく，1908年値上げの動きに対してついに市有化が具体化（1911年実現）した．これは独占企業のまま企業行動の規制を強化するのではなく，市有化するといった企業形態の変更まで行うことで解決を図ったと解釈できるだろう．」[68]と正司健一氏は述べている．

(2)はすなわち，前述したような鉄道の持つ自然独占の性格に対処する規制である．古川哲次郎氏は「このように独占が認められる反面，独占の弊害に対して，地域社会の消費者公衆から，特別の権利意識すなわち合理的な料金だとか，良質のサービス供給が，一定水準で供給されなければならないとする社会的要求が起こってくる．換言すれば，このような合理的供給をするから，独占を認めるということにもなる．このような社会的欲求

25

というものには，政府，地方自治体から各種の規制が加えられることになる。このような規制も，言葉を替えていえば「生産者と消費者との間に公平取引を保持させよう」ということにほかならない。これを図式化すると，／一般企業…独占排除(公正競争)…公正取引／公益企業…独占容認(政府規制)…公正取引／そして結果的には「消費者保護」につながるというものである。」と，自然独占と公的規制との間に関連があることを述べている。また北畠佳房氏は，「長期の内部経済の存在する場合，競争的条件下で供給するよりも，単一(ないし少数)の企業で供給する方が所定の生産量をより安く供給しうるから，その方向で公的介入していった方がよい．料金設定や事業免許等に種々の規制を課せられる代わりに独占禁止法の対象とはならない電気事業，鉄道事業などにこの種の公的介入の例がみられる。」と，経済的効用との関連もふまえて自然独占と公的規制を肯定視している。

(3)は，政府が鉄道に対して軍事的価値や権力志向の実現を見いだしていたことである。例えば(1)で挙げたイギリスの鉄道統制とは異なり，ドイツの鉄道国有化は軍事的色彩と権力志向の強いものであったことを，島恭彦氏は以下のように述べている。「このビスマルクの鉄道国有化政策は、鉄道を軍隊輸送の手段とし、また普仏戦争の退役将校を鉄道官僚に送り込むという軍事的意図の外に、早くも独占化せんとしていた鉄道資本におぶさつてその独占利潤の割前を獲得しようとする財政的意図をも持っていた。ビスマルクの鉄道国有政策は「社会政策」とか「社会主義」とか呼ばれ、またそう呼ばれねばならない段階に成立したことは事実だが、むしろこれはプロイセン絶対主義の権力目的が露骨に現われていることに注意しなければならない。」

日本に関しても，富永祐治氏は「「富国強兵」を最大の且つ緊急の課題として負わされ，その不可欠な前提条件であり又維新の変革によって醱酵しつつあった政治上社会上の不安に対する軍事的用意のための手段でもあった運輸通信機関整備の必要は，政府の早くから痛感するところであ

第1章　公共交通の意義と鉄道産業の特質

った。[72]」と,「富国強兵」政策や明治維新の社会環境とも関連させて述べている。その後の日本においても鉄道に対する軍の介入は根強く存在し,戦争などの際に軍事輸送が強制されるなどの現象がみられた。

原田勝正氏は,鉄道の運用やあり方に対して軍が強い影響力を行使したことを次のように述べている。「日清戦争,日露戦争ともに,厖大な本数の軍用列車が運行され,一般の列車は削減された。[73]」「定例化した毎年の陸軍大演習は,このような列車計画にもとづいて,実際に軍用列車の運行を実験するという面でも,国鉄にとって重要な行事とされていった。[74]」

これらがすなわち鉄道が軍事面から戦前に受けた介入の実例である。

さらに,後述するように十五年戦争期には軍事輸送をも理由の1つとして,私鉄の大規模な国有化が行われた。このような鉄道に対する軍の介入は第二次大戦後の占領軍にもみられ,「太平洋戦争当時を上まわる規模の軍事輸送が,戦後においても強行されたのである。[75]」と原田氏は指摘している。現在でも行われている在日アメリカ軍のための燃料輸送も軍事輸送といえる。

(4)の例として,鉄道官僚であった井上勝氏について,原田勝正氏は「創業当時から計画されていた政府主導型の鉄道のイメージ,すなわち中央集権制の強化をはじめとする政治的機能や,政府の殖産興業政策の推進者としての経済的機能など鉄道のもつ機能を,政府の統御のもとにおくこと,このような鉄道のイメージを,井上は常に描いていたのであろう。[76]」と,鉄道に対する行政による統制を重視する人物として捉えている。

鉄道事業の始まった当初の日本では,富永祐治氏が「日本の鉄道を官私何れのものとすべきかについて,明治二年政府にその敷設を勧説したパークスも国有を奨めており,当初政府はその方針をとって,財政難のために建設資金を民間に仰ぐ計画（四年の関西鉄道会社案に関連する五年正院に対する山尾工部小輔の伺書）においても建設経営は政府が当る方針であった。[77]」と述べているように,鉄道は国有とする方針であった。その理由の1つには,前述したように鉄道が軍事的に有益であると政府がみなした

27

ことも挙げられる。その後の一時期は，政府の資金難や民間の私設鉄道建設の機運などにより私設鉄道を認めることになり，幹線鉄道においても日本鉄道や山陽鉄道のような私設鉄道と東海道線などの官営鉄道とが併存していたが，不況による私鉄の経営難や企業体間での連絡の難しさがあり，また，「このように今や鉄道官僚の意識は，鉄道国営問題に於て日本資本主義の帝国主義的発展段階に於ける軍事上経済上の利害を総合的に考慮するところにまで達したのである。」と島恭彦氏が指摘しているように，私設鉄道の鉄道国有化問題に関して関係者が軍事的・経済的な事情を考慮するようになったこともあって，1906年公布の鉄道国有法による買収やその後の戦時買収により，私設鉄道の多くは国有となった。大島藤太郎氏は「私鉄は、明治の中期以降、国鉄とともにわが国陸運の幹線輸送をやっていたが、一九〇五-六年(明治三八-九年)の鉄道国有法によって「一地方の交通を目的とするもの」に限定された。／鉄道国有法により大手私鉄は政府に買収され、キロ数において三七%にすぎなかった国鉄は、買収の結果、九一%を占めるに至った。大手の私鉄で買収されなかったのは東武鉄道くらいである。」と，鉄道国有法施行後は日本国内の鉄道において国鉄が圧倒的な地位にあったことを述べている。

さらに，戦時中には私鉄の買収が大規模に行われた。「戦時中国鉄に買収された私鉄は、信濃、芸備、横荘、北九州(以上一九三七年)、富士身延、白棚、新潟臨港、留萌(以上一九四一年)、北海道、鶴見臨港、富山、伊那、三信、鳳来寺、豊川、播州、宇部、小野田、小倉、産業セメント、胆振、宮城、南武、青梅、奥多摩、相模、飯山、中国、西日本(一部)、南部(以上一九四三年)の各鉄道であり、中でも一九四三-四年買収のものは、炭坑・セメントその他の軍需産業地帯、臨港、本土縦貫等軍事上・戦争目的完遂のための買収であった。」と，大島氏は，この時期に私鉄の国有化が大々的に行われたこと，それらのうちかなりの割り合いが軍事上の理由によるものであったことを述べている。

そののち1949年までの間は，幹線鉄道は基本的に国の現業機関とされ，

28

第1章　公共交通の意義と鉄道産業の特質

　1949年に公共企業体として日本国有鉄道が発足してから1987年の国鉄分割民営化までは，幹線鉄道と多くの都市鉄道・地方鉄道は国の現業機関ではないものの国有中心であり，都市部を中心として国鉄以外は公営鉄道・私鉄が併存している状態であった。現在は国鉄が分割民営化されて形式は私企業になったものの，JR株は一部分の上場以外の多くは政府が保有し，基本的な所有状況は公有のままである。

　これら規制的側面に対して，前述したように，交通の市場的側面は鉄道についても存在している。特に鉄道固有の特徴である巨大資本の固定性やインフラ・キャリアの一体性のために，インフラ整備・管理についての資金調達が困難になりやすい。そのため，輸送力増強のために資本投下を必要とする通勤鉄道も，企業運営に支障をきたすような収益性の低い地方鉄道も，ともに企業の経営が困難になってきている。また，前述した交通企業同士の競争の存在が，企業収益悪化の要因となる一方で，ワンマン化・無人化・自動化などのコスト削減を行い，サービス向上や新商品開発など競争に対する対応策を企業自身が採るなど，企業経営に影響を及ぼしている。

　さらに，所有形態をも含めて行政の強い影響下にあった鉄道産業も，企業自体の収益改善や世界的な規制緩和の流れを受け，だいたい1990年代以降になって，既存の私企業に対する規制緩和・規制撤廃や，あるいは日本やドイツの国鉄の民営化にみられるような，公企業の私企業への移行や株式会社化などのような市場重視への流れが起きている。これについて桜井徹氏は，「幹線鉄道事業は，アメリカ・カナダなどのごく少数例を除いて多くの国では国有鉄道として経営されてきたが，わが国の国鉄の分割・民営化以降，その方法は多様ながらも，アルゼンチン，ペルー，マレーシアなどの発展途上国だけでなく，スウェーデン，イタリア，オーストラリア，ニュージーランドおよびイギリスなどで，経営形態の変更という広い意味での「民営化」が行われつつある。」と，多くの国で何らかの形での民営化が広く行われるようになってきていることを述べている。日本では国鉄[81]

が1987年に分割・民営化されたほか，それ以前から一部の過疎地方路線を国鉄の経営から切り離して第三セクター化する動きが続いているし，現在は全額公的出資の交通営団を民営化する動きもある。

しかし日本の国鉄分割民営化は，分割自身にも批判があったばかりでなく，その過程において保守・検査体制の縮小や職員の配置転換など安全や労働上の問題があると指摘され，実際に分割民営化の直前から列車の脱線・衝突などの重大な事故，またホーム監視要員の削減による安全性の低下や事故の発生が相次いで起きた[82]。また，職員の思想や所属組合による採用差別が行われて，現在もなお解決していないばかりか[83]，分割民営化の根拠の1つとなった累積赤字も，国鉄清算事業団へ債務を移し替えただけで解決していない。第三セクターの過疎路線も多くは厳しい経営に直面している[84]。これらの状況を考えると，鉄道の市場重視の流れが現実的かつ利用者の利益にかなうものであるとは，とうてい言い難いのが実情である。

注

（1） *Webster's New World Dictionary of American English,* 3rd college ed., Prentice Hall, 1994. 原文は，

transport(p. 1422): **1** the act, process, or means of transporting; transportation ; conveyance **2** strong emortion, esp. of delight or joy; rapture **3** a ship, airplane, train, etc. used to transport soldiers, fraight, etc. **4** a convict sentenced to transportation

transfer(p. 1420): **1** *a*) a transferring or being transferred *b*) a means of transferring **2** a thing or person that is transferred; specif., a picture or design transferred or to be transferred from one surface to another ☆**3** a ticket, provided free or at a small extra charge, entitling the bearer to change fron one bus, train, or streetcar to another as specified ☆**4** a place for transferring ☆**5** a form or document effecting a transfer, as from one post or position to another ☆**6** a person who transfers or is transferred from one school, post, position, etc. to another **7** *Law a*) the transferring of a title, right, etc. from one person to another *b*) the document effecting this

第 1 章　公共交通の意義と鉄道産業の特質

traffic (p. 1417): **1** orig., *a)* transportation of goods for trading　*b)* trading over great distances; commerce　**2** buying and selling; barter; trade, sometimes, specif., of a wrong or illegal kind [*traffic* in drugs]　**3** dealings, business, or intercourse (*with* someone)　**4** *a)* the movement or number of automobiles along a street, pedestrians along a sidewalk, ships using a port, etc.　*b)* the automobiles, pedestrians, ships, etc. so moving　**5** the number of passengers, quantity of freight, etc. carried by a transportation company during a given period　**6** the volume of telegrams, calls, etc., transmitted by a communications company during a given period　**7** the number of potential customers entering a retail store during a given period

（2）　西尾実・岩淵悦太郎・水谷静夫編『岩波国語辞典（第4版）』岩波書店，1991年，368頁。
（3）　山上徹『現代交通サービス論』地域産業研究所，1996年，2頁。
（4）　同上書，5頁。
（5）　日本国有鉄道編『鉄道辞典　上巻』日本国有鉄道，1958年，501頁。郵便については，「思想を伝えるものであるから通信であるが，書状という有体物となるから，その送達は運輸機関によるもの」と，通信の中でも性格が異なることを述べている（同上書，同頁）。ただし，郵便事業の中でも小包などの扱いには触れていない。
（6）　岡並木『都市と交通』岩波書店，1981年，iii頁。
（7）　同シリーズでは，「通信」は「交通」とは別個に，林敏彦編『講座・公的規制と産業③　電気通信』NTT出版，1994年，として扱っている。
（8）　金本良嗣・山内弘隆「序章」金本良嗣・山内弘隆編『講座・公的規制と産業④　交通』NTT出版，1995年，3頁。
（9）　正司健一「鉄道輸送」同上書，100頁。
（10）　山上徹，前掲書（3），2頁。
（11）　*Oxford Advanced Learner's Dictionary of Current English,* Encyclopedic ed., Oxford University Press, distributed by Kaitakusha, 1992, p.181.
（12）　前掲書（1），281頁。
（13）　ただし，規制緩和の中でこれらの規制も撤廃しようとする動きもある。
（14）　廣岡治哉『市民と交通』有斐閣，1987年，29頁。
（15）　村井藤十郎『運輸・交通法の基本問題』成文堂，1968年，33〜34頁。
（16）　同上書，34頁。

(17) 星野英一・松尾浩也・塩野宏編『ポケット六法（平成2年版）』有斐閣，1990年，908頁。
(18) 古川哲次郎「公益事業の概念」古川哲次郎・秋山義継『公益事業論』成山堂書店，1986年，7頁。
(19) 同上論文，7頁。
(20) 山上徹，前掲書(3)，33頁。
(21) 廣岡治哉，前掲書(14)，3〜4頁。
(22) 富永祐治「交通労働の生産性」富永祐治著作集刊行会編『富永祐治著作集　第三巻　交通研究ノート抄』やしま書房，1990年，54頁。
(23) 同上論文，54頁。しかし，実際には「何の変化も起きない」どころか，交通によって移動するにあたり，旅客は疲労を感じたり無益な時間を空費することが多く，また貨物も時には新鮮さを失ったり破損するなど，むしろ何らかの形での損失を蒙ることすらあるのが実状ではないだろうか。交通が基本的に派生需要であることを考えると，交通に要する時間は基本的に無意味であると考えられる。
(24) 廣岡治哉，前掲書(14)，4頁。
(25) 同上書，4頁。
(26) 山上徹，前掲書(3)，36頁。
(27) 古川哲次郎「公益事業と労働政策」古川・秋山，前掲書(17)，147頁。
(28) 同上論文，148頁。
(29) 同上論文，147頁。
(30) 富永祐治「交通労働の時間的構造」富永祐治著作集刊行会編，前掲書(22)，89頁。
(31) 村井藤十郎，前掲書(15)，31頁。
(32) 富永祐治「交通における自然」富永祐治著作集刊行会編，前掲書(22)，10頁。
(33) 村井藤十郎，前掲書(15)，32頁。
(34) 富永祐治「「鉄道業におけるサービス」のむずかしさ」，同上書，166頁。
(35) 山上徹，前掲書(3)，37頁。
(36) 村井藤十郎，前掲書(15)，15〜24頁。
(37) 岡並木，前掲書(6)，iv頁。
(38) 中西健一『現代日本の交通政策』ミネルヴァ書房，1973年，27〜28頁。
(39) 「交通権」とは人間の移動の自由を示した権利であり，交通権の内容はすなわち交通に必須な条件であると考えられる。

第1章　公共交通の意義と鉄道産業の特質

(40)　上野正紀「交通権――その法律上の根拠」，交通権学会編『交通権――現代社会の移動の権利』日本経済評論社，1986年，65～68頁。
(41)　岡並木，前掲書(6)，142頁。
(42)　斎藤峻彦『交通市場政策の構造』中央経済社，1991年，50頁。
(43)　現在でも「日韓共同乗車券」と称し，日本と韓国の間で国際航路を介して鉄道の連絡乗車券を発売している例はある（中島廣・山田俊英『韓国の鉄道』JTB，1998年，115頁）。戦前には，航路を介した日本－ヨーロッパ間（例えば新橋－ロンドン間）の乗車券を販売し，日本国内でも国際連絡を意識したダイヤ編成を行ったことがある（原田勝正『日本の国鉄』岩波書店，1984年，55，68頁）。
(44)　例えば，中国はロシア・カザフスタン・モンゴル・朝鮮・ベトナムとの間で国際列車を運転している。2000年現在の運転状況は以下の通りである（国際聯運『全国鉄路旅客列車時刻表1999－2000』中国鉄道出版社，1999年，1～4頁，参照）。
　　　1．北京－ウランバートル－モスクワ：週1往復。
　　　2．北京－満州里－モスクワ：週1往復。
　　　3．北京－平壌：週4往復。
　　　4．ハルビン東－ウラジオストック－ハバロフスク：週3往復。
　　　5．北京－ウランバートル：週1往復。
　　　6．ウルムチ－アルマトイ（カザフスタン）：週2往復。
　　　7．フホホト－ウランバートル：週2往復。
　　　8．昆明北－ハノイ：週2往復。
　　　9．北京西－ハノイ：週2往復（ただしベトナム側国境駅で乗り換え）。
　　なお，中国の国際列車は1980年代と比べて増加している。これは，新線開通のみならず，ベトナムとの関係改善が大きく影響していると思われる。1987年当時の国際列車はソ連・朝鮮・モンゴルとの間で運転されており，運行状況は次の通りであった（国際聯運『全国鉄路時刻表87.6』中国鉄道出版社，1987年，20～21頁，参照）。
　　　1．北京－ウランバートル－モスクワ：週1往復。
　　　2．北京－満州里－モスクワ：週1往復。
　　　3．北京－平壌：週4往復。
　　　4．北京－ウランバートル：週2往復。
(45)　典型例として，1990年代前半の松本電鉄が挙げられる。塩原三郎氏（同社代表取締役副社長）と田中幸徳氏（取締役）は，「ユーザー訪問21

33

松本電気鉄道」『バスラマインターナショナル』第5巻第5号，1994年8月，で，「人々がマイカーで自由に移動できるようになることは生活の向上を意味します。」(51頁)，「長い目で見たバスの再生は，マイカーの乗り入れ規制の強化や範囲の拡大のほかには妙案がないように思います。バスしか使えないという状況なら利用者数が確保でき，なんとか生き残れると思います。けれども交通手段の選択の自由という観点ではどうでしょうか。」(55頁)，「自治体と一緒にバス利用の実態調査を行い，利用者がほとんどない状態を理解していただいて休・廃止した路線もあります。」(51頁)　と，自家用車の普及を肯定する立場に立って路線バスの休止・廃止を行ってきたことを述べている。

　　　もっとも，過疎地の交通企業が全てそうであるわけではない。地域による事情の違いはあるが，例えば信楽高原鐵道は，中野和夫氏(同社専務取締役)が「信楽高原鐵道の前途は非常にきびしいものがあるが，全社員が一丸となって，いつまでも止まるところの知れない車社会への挑戦を社是として，新しい鉄道文化の創造を目指して……」と述べているように，松本電鉄とは対照的な姿勢を取っていた（中野和夫「信楽高原鐵道の開業と車両」『鉄道ピクトリアル』第37巻第11号，1987年11月，68頁)。しかし，信楽高原鐵道は1991年に線内で衝突事故を起こしてしまった。

(46)　今まで規制緩和の手本であるかのようにいわれてきたニュージーランドでは，1999年11月の総選挙で労働党が勝利し，政権交代が実現することとなった。その理由として，規制緩和・競争重視の政策の結果として行政部門における格差が広がったこと，またその政策が国内産業の振興につながらずに外国資本の流入を招くだけに終わったこと，などが挙げられ，政権交代の結果として今までの規制緩和政策が後退するのではないかとの観測も見られる（『朝日新聞』1999年11月28日)。また，2000年1月21日に発生したエクアドルでのクーデターは，その背景に，市場と競争を重視してきた経済政策に対する先住民・貧困層の不満もあると見られている（同上紙，2000年1月23日)。このように，競争重視・規制緩和の経済政策を疑問視し方向転換を求める潮流が現れはじめているが，このような状況が続くようであれば，交通政策にも世界的にみて今後は何らかの変化が起きるかもしれない。

　　　イギリスの鉄道については，同上紙，1998年10月2日，参照。

(47)　日本国有鉄道編『鉄道辞典　下巻』日本国有鉄道，1958年，1165〜1166頁。また，久保田博氏は「鉄道」を広義と狭義にわけてつぎ

第1章　公共交通の意義と鉄道産業の特質

のように定義している。「狭義の鉄道とは「陸上交通機関として一定の敷地を占有し，レール・まくら木・道床などによって構成される軌道上に，機械的・電気的動力を用いた車両を運転して，旅客や貨物を運ぶもの」とされている。／広義の鉄道は「一定のガイドウエイに沿って車両を運転して，旅客や貨物を運ぶものすべて」として，狭義の鉄道のほかにミニ地下鉄・路面鉄道・モノレール・新交通システム・ケーブルカー・ロープウェー・浮上式鉄道などが包含される。」（久保田博『鉄道工学ハンドブック』グランプリ出版，1995年，9頁）。
(48) 和久田康雄『やさしい鉄道の法規（四訂版）』成山堂書店，1999年，11頁。
(49) 実際には，大阪市営地下鉄やかつてのいくつかの関西の私鉄のように，外見は普通鉄道や地下鉄でありながら軌道法に基づいたり，東急砧線（現在は廃止）のように地方鉄道法に基づく鉄道でありながら自前の車両がなくて軌道（玉川線）から軌道所属の車両が直通していた路線が存在していたなど，両者の区別は実質的には曖昧である。
(50) 運輸省鉄道局監修『数字でみる鉄道'99』運輸政策研究機構，1999年，では，モノレールを「跨座式」と「懸垂式」という形式に（48〜51頁），新交通システムを「側方案内軌条式」，「中央案内軌条式」，「懸垂式」という形式に（52〜55頁）分類している。なお，スカイレールサービス広島短距離交通瀬野線は「新交通システム」の「懸垂式」に分類されているが，これはむしろケーブルカーに近い構造である。
(51) 和久田康雄，前掲書(48)，16〜17頁。
(52) 同上書，13〜14頁。
　　なお，当初の遊戯物が後に運輸省監督下の地方鉄道になった例として，軽便鉄道時代の西武山口線がある。西武山口線の変遷は以下の通りである。小林尚智・諸河久『日本の私鉄⑫　西武』保育社，1990年，146〜148頁，および，西尾恵介・井上広和『日本の私鉄②　西武（重版）』保育社，1984年，52〜53頁，による。
　　1950年8月1日：「おとぎ電車」多摩湖ホテル前－上堰堤間営業開始。
　　1951年9月16日：上堰堤－ユネスコ村間営業開始。
　　1952年7月15日：地方鉄道に変更，線名を山口線とする。
　　1972年6月　　　：蒸気列車運転開始。
　　1984年5月14日：営業休止。
　　1985年4月25日：新交通システムとして営業開始。
　　また，三井三池炭坑のように，かつては地方鉄道だった路線が専用線

になった事例もある。
(53) 村井藤十郎，前掲書(15)，107～108頁。
(54) 日本国有鉄道編，前掲書(47)，1166頁。
(55) 斎藤峻彦『私鉄産業――日本型鉄道経営の展開』晃洋書房，1993年，56頁。
(56) 富永祐治，前掲論文(34)，167頁。
(57) 工学的な視点からの鉄道の特長として，久保田博氏は「レールで案内されるため長大な列車を編成できて大量輸送が可能である。」「鉄のレールの上を鉄の車輪をもつ車両が走行するため，走行抵抗が非常に少なくてすむ。」「レールに案内されて外部から給電できるため，動力効率のすぐれた電気運転が可能である。」「専用のレールで案内され，保安設備も設けられるため高速運転が可能である。」「定時性が確保される。」などの点を挙げている（久保田博，前掲書(47)，22～24頁）。
(58) 古川哲次郎「公益事業の独占と消費者保護」古川・秋山，前掲書(18)，22～23頁。
(59) 廣岡治哉，前掲書(14)，9頁。
(60) 実際には，島恭彦氏が「この最初の契機となつたものはストックトン・ダーリングトン鉄道である。従来の鉄道は炭坑業乃至運河会社の付属鉄道であり，郵便馬車其他車両に軌道を提供するに過ぎぬ一種の「公道」であつたが，軌道以外にスチブンソンの機関車，車両等高度の技術と資本構成をもつこの鉄道会社は自己の計算の下に運輸業務を営んだ。」と述べている（島恭彦『日本資本主義と國有鐵道』日本評論社，1950年，51頁）ように，「ストックトン・ダーリングトン鉄道」以前のごく初期の鉄道には軌道だけを所有しているものもあった。
(61) 桜井徹『ドイツ統一と公企業の民営化――国鉄改革の日独比較』同文館，1996年，204～205頁。
(62) 同上書，242頁。ただし，上下分離の発想そのものは古くから存在していた。例えばプロイセンの銀行家であり政治家であったダーヴィド-ハンゼンマン氏の主張がそれで，我孫子豊氏は，「彼は鉄道事業について，その輸送業務と輸送の通路を形成する鉄軌道の建設維持の業務とを明確に区別し，その後者については，舗装道路や運河と同様に，国家がその高権的任務（Hoheitsaufgabe）として，責任を負うべきものであるという見解を明らかにしていたのである。」と，彼が上下分離を主張していたことを指摘している（我孫子豊『交通問題の法的研究』運輸調査局，1971年，41頁）。

第 1 章　公共交通の意義と鉄道産業の特質

(63) 桜井徹，前掲書(61)，25頁。
(64) 和久田康雄，前掲書(48)，22頁。実際には，こうした上下分離は一部の私鉄では以前から行われていた。線路を東急に貸していたこどもの国協会(東急こどもの国線)，阪急電鉄などから車両を借り受ける形で運行を行っていた神戸高速鉄道などがこれである（同上書，22～23頁，参照）。国鉄分割民営化の直後には新幹線保有機構による新幹線上下分離が行われたが，これは短期間で中止となった。
　　なお，運輸政策審議会が2000年にまとめた答申案「中長期的な鉄道整備の基本方針及び鉄道整備の円滑化方策について」では，従来のように建設費を鉄道企業や運賃で負担するのは限界があるとして，上下分離の導入を提案している（『朝日新聞』2000年 7 月28日）。
(65)「外部経済」という概念をはじめて用いたのはマーシャルであった。マーシャルは，個々の企業とその企業の関わる産業にとっての効用を取り上げて「内部経済」と「外部経済」という語を用いた。これらについて，井手口一夫氏はつぎのように解説している（井手口一夫『経済学者と現代⑥　マーシャル』日本経済新聞社，1978年，143頁）。「この組織のもたらす経済につき，彼は，次の二つの面を区別し，それぞれ「内部経済」，「外部経済」と呼び，これらを定義して次のようにいう。／「ある任意の種類の財貨の生産規模の増大から生じる経済は，……二つの種類に分けられる。その一つは，その産業の一般的発展に依存する経済であり，他の一つは，その産業にたずさわる個々の事業体の資源と，それらの組織，経営上の能率に依存する経済である。われわれは，前者を外部経済，後者を内部経済と呼ぶ」。」
　　しかし，マーシャルの「外部経済」の概念にはまだ不充分な点があることを，井手口氏は次のように指摘している（同上書，同頁）。「マーシャルが「外部経済」について語る場合，当該産業部門と，外部関連産業部門のいずれの成長にもかかわる概念としてこの概念を定立している点に理論的に不明確な点はある。」また，ミシャンは以下のように述べて，マーシャルの考えの対象となっているものが正の外部経済だけであることを批判している（ミシャン（都留重人監訳）『経済成長の代価』岩波書店，1971年，53頁）。「専門の経済学者は，いままでのところ大体において，産業間の問題として外部効果を論じてきた。彼らが好んで用いた例というのは，ある産業または企業の生む外部効果が他の産業または企業に及ぶ場合である。」「この外部性の考え方の創始者であるアルフレッド・マーシャルは，新たな一企業が特定の産業に入ってくる結果として

この産業が享受するであろうような好ましい効果だけを問題にした。」

(66) 日本以外でも行われていないわけではない。例えば，廣岡治哉氏が「ホンコンで注目されるのは，政府が地下鉄に純粋に商事原則に従って経営することを要求していることである。したがって，地下鉄は，コストの切下げに努める一方，都心駅の上に超高層のオフィスビル，郊外の車庫の上に超高層の住宅や商業コンプレックスを開発するなど，日本の郊外私鉄に劣らぬデベロッパーとしての役割を演じ，開発利益の吸収に努めている。」と述べている(廣岡治哉，前掲書(14)，149頁)ように，香港の地下鉄事業者も開発による収益向上に取り組んでいる。また日本では，私鉄以外にも，かつて大阪市営地下鉄が，地下鉄の建設によって地価の上昇が見込まれる沿線の住民から受益者負担金を納入させ，これを建設費の一部に当てたことがあった（和久田康雄『日本の地下鉄』岩波書店，1987年，33頁）。

(67) 島恭彦，前掲書(60)，80～81頁。

(68) 正司健一，前掲論文(9)，105頁。

(69) 古川哲次郎，前掲論文(58)，35頁。

(70) 北畠佳房「外部不経済論アプローチ」植田和弘・落合仁司・北畠佳房・寺西俊一『環境経済学』有斐閣，1991年，73頁。

(71) 島恭彦，前掲書(60)，81頁。

(72) 富永祐治「近代的交通手段と外国勢力」富永祐治著作集刊行会編『富永祐治著作集　第二巻　交通における資本主義の発展──日本交通業の近代化過程』やしま書房，1990年，45頁。

(73) 原田勝正，前掲書(43)，76頁。

(74) 同上書，77頁。

(75) 同上書，154頁。

(76) 同上書，27～28頁。

(77) 富永祐治「鉄道国有化の意義と効果」富永祐治著作集刊行会編，前掲書(72)，164頁。

(78) 島恭彦，前掲書(60)，101頁。

(79) 大島藤太郎『現代日本の交通政策』新評論，1975年，143頁。

(80) 同上書，143～144頁。

(81) 桜井徹，前掲書(61)，6頁。

(82) 例えば，立山学『JRの光と影』岩波書店，1989年，147～184頁，参照。このほか防護無線による列車妨害や線路への置き石，はなはだしい例では新幹線のレールに鎖が巻きつけられるなどの悪質な事件も発生し

たことがある（小林峻一「JR東日本，四つの怪事件」『世界』第629号，1996年12月，209～210，216頁，参照）。

(83) なお，元総評事務局長の富塚三夫氏は「中曽根康弘氏は後に「国労を崩壊させようと思った。国労が崩壊すれば、総評も崩壊することを明確に意識してやった」と、国鉄改革の裏の狙いを明言している。」と述べている（富塚三夫「政府は国労への「約束」を守れ」『朝日新聞』2000年10月26日）。

(84) 1984年開業の三陸鉄道が当初から黒字と予想外の業績をあげたこともあって，いわゆる国鉄赤字ローカル線の第三セクター転換が相次いだが，実際には経営の苦しい企業が目立ち，現在では三陸鉄道自身も赤字に転落している（斎藤貴男「国鉄第三セクター化の悲劇」『世界』第635号，1997年5月，150～159頁，参照）。

第2章　私鉄経営と私鉄政策
　　　　－大手私鉄の輸送にみる－

I　私鉄の市場構造

　これまで第1章では交通・公共交通と鉄道の定義について分析を行ってきたが，第2章では私鉄を中心とした鉄道の置かれている状況と鉄道政策を把握し，また第3章では具体的事例として京王電鉄という私鉄を取り上げる。その前提として，鉄道を中心とした交通産業の市場構造を把握することがまず必要である。

1　国際的にみた日本の交通手段別分担率
　日本・アメリカ・フランス・西ドイツ・イギリス・中国・韓国の旅客・貨物それぞれについてみた交通手段ごとの分担率は，図2のようになっている。[1]
　これからは，次のようなことがうかがえる。
　旅客輸送については，日本は道路輸送の比率が約60％と全体の過半数を占めているとはいえ，欧米4カ国よりも相対的に低い。4カ国は80～90％を道路輸送に頼っている。鉄道は，ヨーロッパ3カ国が10％以下でアメリカは1％以下なのに対し，日本は35％と比率が高い。航空は，日本は約5％で，アメリカの約17％には及ばないもののヨーロッパ3カ国の3％以下よりは比率が高い。中国・韓国の鉄道・道路・航空の比率は日本に似通っ

図2 国別の交通手段別分担率

2-1 旅客輸送(人キロ)分担率

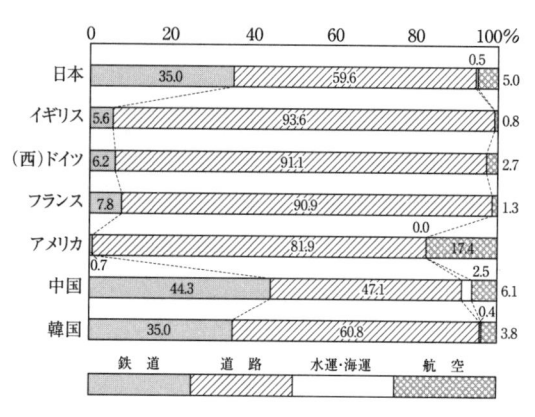

国	鉄道	道路	水運・海運	航空
日本	35.0	59.6	0.5	5.0
イギリス	5.6	93.6	—	0.8
(西)ドイツ	6.2	91.1	—	2.7
フランス	7.8	90.9	—	1.3
アメリカ	0.7	81.9	0.0	17.4
中国	44.3	47.1	2.5	6.1
韓国	35.0	60.8	0.4	3.8

凡例：鉄道　道路　水運・海運　航空

2-2 貨物輸送(トンキロ)分担率

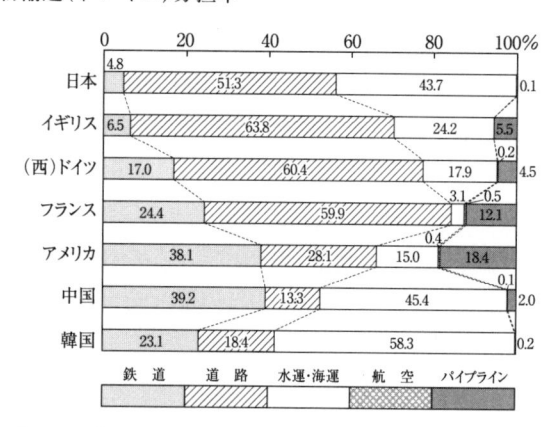

国	鉄道	道路	水運・海運	航空	パイプライン
日本	4.8	51.3	43.7	0.1	—
イギリス	6.5	63.8	24.2	—	5.5
(西)ドイツ	17.0	60.4	17.9	0.2	4.5
フランス	24.4	59.9	3.1	0.5	12.1
アメリカ	38.1	28.1	15.0	0.4	18.4
中国	39.2	13.3	45.4	0.1	2.0
韓国	23.1	18.4	58.3	0.2	—

凡例：鉄道　道路　水運・海運　航空　パイプライン

注：1．日本は1993年度，他は1993(韓国は1992)暦年の数値。
　　2．(西)ドイツは，1989年以前にドイツ民主共和国であった地域を除く。
　　3．旅客輸送に関してはイギリス～フランスは水運・海運の数値を，貨物輸送に関してはイギリスは航空の，日本および韓国はパイプラインの数値を欠く。
　　4．数値は小数2桁目を四捨五入。したがって，合計はかならずしも100％になっていない。
出所：日本～アメリカは，運輸省鉄道局監修『数字でみる鉄道'99』運輸政策研究機構，1999年，19および21頁，中国は，国家統計局編『中国統計年鑑　1996』中国統計出版社，500頁，韓国は，経済企画院調査統計局『韓国統計年鑑』，40号，経済企画院調査統計局，5頁，から作成。

第2章　私鉄経営と私鉄政策－大手私鉄の輸送にみる－

ている。しかし道路輸送の中身は，中国・韓国ではバスの比率が高くて乗用車の比率が低い可能性がある。

　貨物輸送については，日本は鉄道が約5％と旅客とは対照的に比率が低く，道路・海運の比率が高い。日本に比べると他の6カ国の貨物輸送は鉄道の比率が高い。ドイツ・フランス・韓国は17～25％程度であり，またアメリカ・中国は約40％ととりわけ高い。イギリスは鉄道の分担率が低く，自動車の分担率が高くなっている。ただし水運・海運ではアジア3カ国に共通性がみられ，いずれも40％以上と比率が高くなっている。[2]

　日本の旅客輸送において鉄道の分担率が高い理由としては，下に述べるように地域的な特性が鉄道にとって良好な市場に結びついているという意見がみられる。

　日本は，鉄道の旅客輸送密度がドイツの6倍も高い[3]など，旅客の輸送量が大きい。今城光英氏は，日本の鉄道の平均的な旅客輸送密度がヨーロッパのそれよりも高いことを，次のように述べている。「日本の旅客輸送密度は欧州の四～五倍に達している[4]。」「ヨーロッパの鉄道の輸送密度水準は日本のJR三島会社の水準に相当する[5]。」

　また，後述するように日本は人口密度が高く，これについて廣岡治哉氏は「おそらく日本の大都市は，世界でもっとも鉄道経営にとって恵まれた地方であろう。鉄道に沿って住む人口の密度はヨーロッパに例をみないほど高い[6]。」と，その人口密度の大きさが輸送密度に反映して鉄道輸送にふさわしい条件をもたらしていることを指摘している。[7]

2　日本国内における手段別分担率の変遷

　図3のように，1950～1960年頃は旅客輸送において鉄道の分担率が極めて高かったのに対し，1965年頃から自家用車による輸送が急激に増加している。これは，日本国内における道路の発達や自家用車の普及によるところが大きいと考えられる。また，貨物輸送は図4のように1950～1955年頃は鉄道の分担率が極めて高かったのに対し，1955～1975年頃にかけて内航

図3　日本における旅客の手段別輸送量(人キロ)・分担率の推移

3 – 1　手段別輸送量

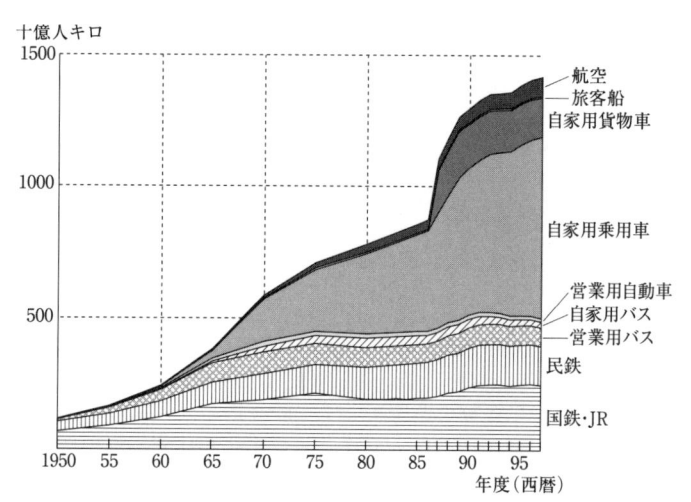

3 – 2　手段別輸送分担率

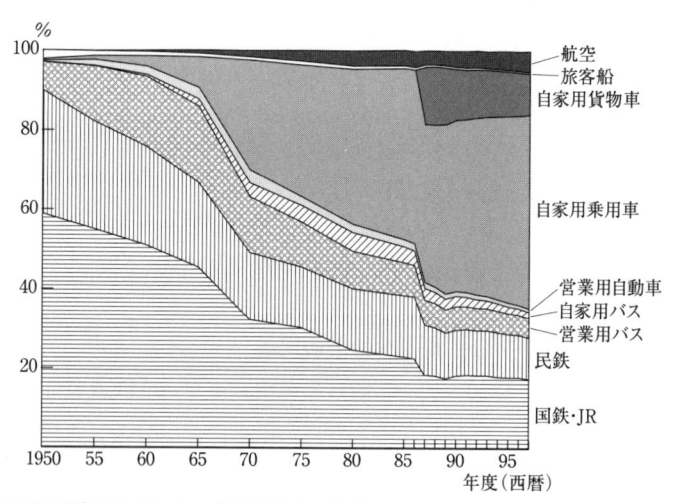

注：1985年以前は5年おき，以降は毎年の統計。
出所：運輸省運輸政策局情報管理部編『運輸経済統計要覧（平成10年版）』運輸政策研究機構，1999年，22～25頁，から作成。

第2章　私鉄経営と私鉄政策－大手私鉄の輸送にみる－

図4　日本における貨物の手段別輸送量(トンキロ)・分担率の推移

4－1　手段別輸送量

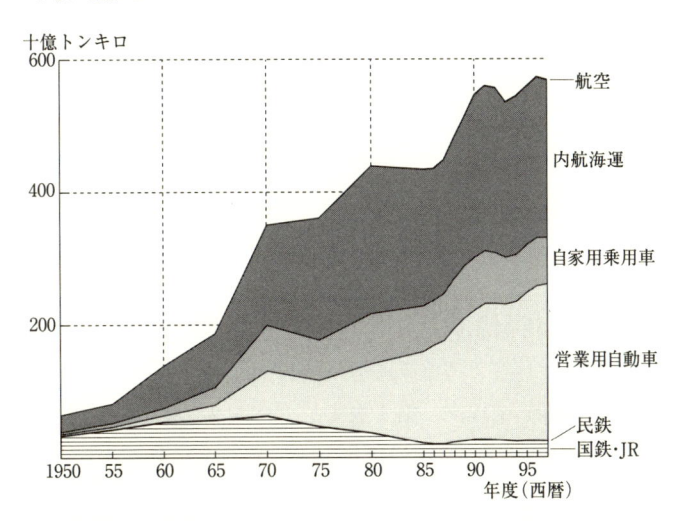

4－2　手段別輸送分担率

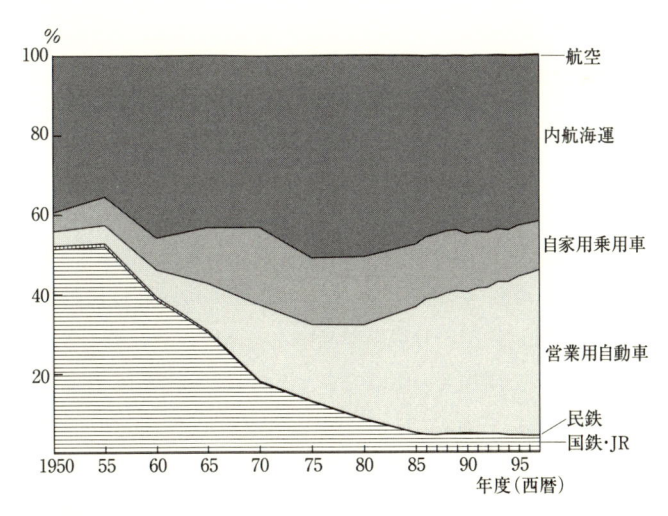

注：図3に同じ。
出所：前掲書（図3の「出所」），16～19頁，から作成。

海運による輸送が急増している。また1960年以降現在に至るまでトラック輸送は一貫して増加し続けている。その反面，鉄道輸送は1970年以降は分担率だけでなく絶対量も減少していたが，1985年以降はやや増加に転じている。

このように，旅客・貨物のいずれも1960年代から道路輸送の比率が大幅に増加している。これについて山内弘隆氏は「道路交通の発達は，輸送手段としての自動車の増加だけでなく，道路整備が伴ってはじめて可能となる。この点でも昭和40年代は大きく前進した時期であった。全国的な道路整備計画の指針を示す道路整備5カ年計画は，この時期，増大する道路ニーズに対応するため計画満了を待たずに新規計画が立てられた。また，道路整備の象徴的な存在である高速道路延長は，1963(昭和38)年に名神高速道路の一部が開通して以来，第1次オイルショックなどの影響を受けたものの順調に延長が伸び，65年の189kmが76年末には10倍の1,888kmとなっている。」[8]と，この時期に道路への投資が積極的に行われたことがその一因であることを述べている。

3　手段別分担率の距離別変化

図5のように，鉄道・自動車・航空の交通手段の選択と移動距離との間には関連がみられる。これについて山内弘隆氏は，「自動車輸送は100km前後のトリップまでは約70%のシェアを持つが，それを超えると急速に低下する。鉄道は500km程度の輸送距離で70%程度を占め，1,000kmに近づくと航空輸送の割合が増加する。」[9]と，比較的短距離は自動車，遠距離は航空，その中間は鉄道の分担率が高いという住み分けができていることを述べている。また同程度の距離であっても，交通機関の整備状況によって分担率は変わる。これについて山内氏は，「500〜750kmの区間でも，新幹線が整備されている東京都－岡山県，東京都－岩手県，大阪府－福岡県などは鉄道(新幹線)のシェアが圧倒的であるが，新幹線が存在しなければ，所要時間や利用の便宜の差によって航空機がシェアを広げる。また，

第2章 私鉄経営と私鉄政策－大手私鉄の輸送にみる－

図5 旅客輸送における手段別分担率と移動距離の関係（1990年度）

5－1 距離帯別分担率

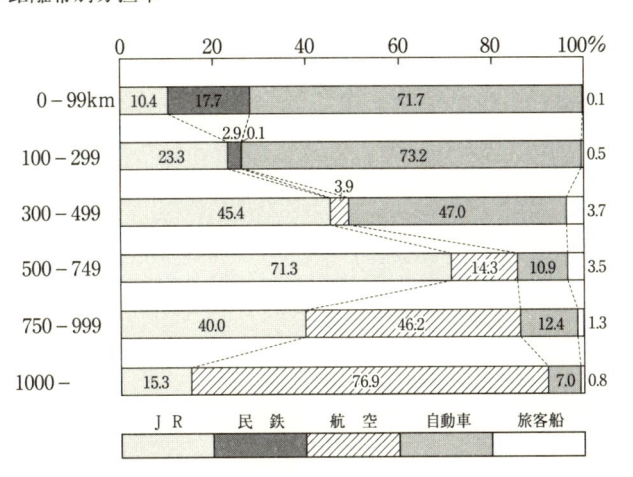

距離	JR	民鉄	航空	自動車	旅客船
0－99km	10.4	17.7		71.7	0.1
100－299	23.3	2.9	0.1	73.2	0.5
300－499	45.4		3.9	47.0	3.7
500－749	71.3		14.3	10.9	3.5
750－999	40.0		46.2	12.4	1.3
1000－	15.3		76.9	7.0	0.8

5－2 発着地域別分担率

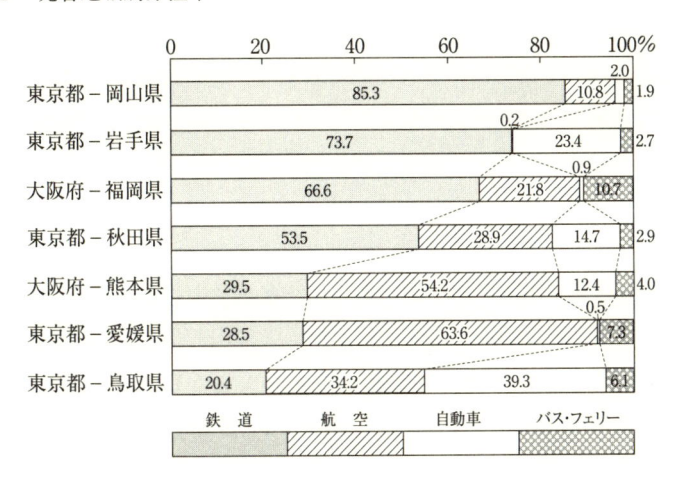

区間	鉄道	航空	自動車	バス・フェリー
東京都－岡山県	85.3	2.0	10.8	1.9
東京都－岩手県	73.7	0.2	23.4	2.7
大阪府－福岡県	66.6	21.8	0.9	10.7
東京都－秋田県	53.5	28.9	14.7	2.9
大阪府－熊本県	29.5	54.2	12.4	4.0
東京都－愛媛県	28.5	63.6	0.5	7.3
東京都－鳥取県	20.4	34.2	39.3	6.1

注：出典では距離「1000km以上」の「航空」の数値は「70.9％」となっているが，この数値では合計が94.0％にしかならないこと，および出典のグラフの読みから，「76.9％」の誤植であろうと判断した。
出所：距離帯別は，運輸省編『運輸白書（平成4年版）』大蔵省印刷局，1992年，44頁，地域別は，同『運輸白書（平成5年版）』，1993年，26頁，から作成。

この距離帯でも道路整備の状況次第では自動車の割合が高くなる。[10]」と，新幹線の存在や道路の整備状況によって分担率が変化することを述べている。

　山内氏は「交通の大きな特徴は，自家用車の運転や自家用トラックの利用，あるいは徒歩や自転車のように，輸送サービスを自ら作り出して消費する割合が大きいことである。[11]」と，サービスの自己生産の比重が大きいことを交通の特徴と指摘している。この結果，交通市場内には異種の公共交通の間の競争が存在するだけではなく，私的交通すなわち自家用車や自転車のように交通サービスを自己生産して消費する交通も存在し，公共交通はそれら私的交通とも競争する。

　鉄道に関しては，山内氏が「大都市内やその周辺部への輸送を除けば，鉄道の独占性はかなり薄らいでいる．近距離の都市間輸送については自家用車，高速バス等の代替交通手段が存在し，中距離以上で航空機との競争にさらされている」[12]と述べているように，大都市圏の内部での鉄道の輸送分担比率は高いものの，都市間や中距離輸送は航空との競争だけでなく自家用車との競争も激しい。さらに都市間・中距離輸送でも公共交通の一種である高速バスの進出が最近は目立っている。これに対して鉄道企業も，列車の高速化や快速列車の運転，割り引き切符の販売など，競争を意識した戦略を取っている。

　また地方都市や農山村では自家用車の輸送比率の増大が著しく，路線バスばかりか鉄道の輸送比率も減少し，中小私鉄を中心とした多くの鉄道企業の採算が悪化し，廃止になる鉄道企業も多数出るなどの問題が発生・深刻化している。また部分的な公的補助の制度もあるものの，過疎地を中心として旅客の減少によって運賃収入が減少し，採算の悪化による路線の廃止が続いているのが実情である。

第 2 章　私鉄経営と私鉄政策－大手私鉄の輸送にみる－

II　私鉄経営のあり方と二面性

1　日本の私鉄とその二面性

鉄道企業の分類

　日本の鉄道は，1980年代後半にいわゆる国鉄改革すなわち国鉄分割民営化と，それに先立つ一連の法改正が行われる[13]までは，国鉄とそれ以外の鉄道との2つに大きく分けることがでた。法的にも，国鉄に対して日本国有鉄道法・国有鉄道運賃法，それ以外の鉄道に対して地方鉄道法・地方鉄道軌道整備法と，別個の法令が存在していた。国鉄改革によってこの区別は形式的にはなくなったものの，現在もなお JR とそれ以外の鉄道それぞれ片方にのみ関係する法令が存在している[14]。また鉄道関係の統計もこの区別に従っているものがある[15]。

　国鉄(JR)以外の鉄道をどのように呼ぶかは論者によって違いがみられ，国鉄以外の鉄道を全て一括して「私鉄」と呼ぶ論者と，国鉄以外の鉄道のうちで純粋に私企業形態の鉄道に限って「私鉄」と呼び，国鉄以外の鉄道を一括して呼ぶのには「民鉄」という語を使う論者とがある。和久田康雄氏は，「日本の私鉄について語る前に、まず「私鉄」という言葉について考えてみよう。私鉄とか国鉄というのは、もちろん鉄道の経営主体の違いによる分類である。鉄道の経営形態には、国有国営(戦前の鉄道省)、国有公社営(現在の日本国有鉄道)、公有公営(都営、市営など)、民有民営(株式会社など)といった区別があり、そのほか国の特殊法人(営団、公団など)や第三セクター(公共団体と民間の共同出資)といわれるものもある。／このうち国有の鉄道が「国鉄」で、それ以外の鉄道が一般に「私鉄」と呼ばれるものである。……このように一般にいう私鉄の中には、純粋の民営のほか、公営や営団なども含まれるわけであるが、経営論などの

観点からは、純粋の民間資本によるものだけを狭義の私鉄として分析の対象とする場合がある。……この本では、通俗的な用法に従って、広義の私鉄、すなわち現行法にいう地方鉄道と軌道のことを「私鉄」としてとりあげることにしたい。／なお、こうした私鉄と同じ意味で最近関係者の間によく使われるのは、「民営鉄道」とか「民鉄」という言葉である。監督官庁の運輸省で国鉄以外の鉄道を所管しているのは鉄道監督局民営鉄道部である。経営者の団体も、かつては私鉄経営者協会（私鉄経協）と称していたが、いまでは日本民営鉄道協会（民鉄協）と変っている。しかし、一般には私鉄という言葉ほど親しまれておらず、また公営までを含めて「民営鉄道」と呼ぶことにはいささか違和感がある（現に公営の事業者は民鉄協に加わっていない）。わたくしとしては、あえて従来どおり「私鉄」という言葉を使わせていただくことにする。」と述べているように，国鉄以外の鉄道を全て「私鉄」と称している。それに対して斎藤峻彦氏は，この区別について「日本の鉄道事業は，長いあいだ国鉄と国鉄以外の鉄道事業者＝民鉄に二分されてきた．国鉄が民営化された今日でも，鉄道事業者の基本区分は「JR」と「民鉄」の二本柱であり，民鉄には私鉄，公営，営団，および第三セクター事業者が含まれる．鉄道運輸統計もこの分類法にもとづくため，民鉄と私鉄を混同してはならない．」と，「私鉄」と「民鉄」とを区別している。確かに和久田氏のいうように，私企業ではない公営鉄道なども含めて「民営鉄道」や「民鉄」と呼ぶのはおかしいが，「狭義の私鉄」と公営鉄道などとはやはり区別するべきであると考えるので，本論文では斎藤氏のいうように「私鉄」と「民鉄」とを区別し，「私鉄」の語は純粋な私企業としての鉄道企業を意味し，JR（国鉄）・私企業以外の公営鉄道などの企業は原則として含めないことにする。

　ところで，鉄道企業は上述した国鉄（JR）・民鉄の2大区分のみならず，さらに細かい分類が可能である。運輸省は，国鉄改革後の日本の鉄道企業を『鉄道統計年報』において次のように分類している。

　「2．民鉄で用いる分類／(1)業態別分類／①大手／東武鉄道、西武鉄道、

第2章　私鉄経営と私鉄政策－大手私鉄の輸送にみる－

京成電鉄、京王帝都電鉄(1998年に「京王電鉄」と社名変更——筆者注)、小田急電鉄、東京急行電鉄、京浜急行電鉄、相模鉄道、名古屋鉄道、近畿日本鉄道株式会社、南海電気鉄道、京阪電気鉄道、阪急鉄道、阪神電気鉄道及び西日本鉄道の15事業者を総称する。／②中小／大手、営団、公営以外の鉄道、軌道事業者をいう。／③営団／帝都高速度交通営団をいう。／④公営／地方公共団体である鉄道、軌道事業者を総称する。／(2)機能別分類基準／①大都市高速鉄道……／大都市通勤圏において、旅客の輸送を主として行い、最混雑区間が複線以上となっている鉄道線(高速軌道線を含む。)及びこれに接続する同一経営の地域輸送を行う観光鉄道以外の鉄道線をいう。／②路面電車……／高速軌道線以外の軌道線をいう。／③地方旅客鉄道……／旅客の地域輸送を主として行う鉄道線(高速軌道線及び同一経営の付属貨物線を含む。)で、大都市高速鉄道及び観光鉄道以外のものをいう。／④観光鉄道……／観光旅客の輸送を主として行うモノレール、無軌条電車及び鋼索鉄道の各線をいう。／⑤貨物鉄道……／貨物の地域輸送を専ら行う鉄道線をいう(貨物運賃収入が運賃収入の80％以上のもの。)／(2)の備考／①大都市通勤圏とは、首都交通圏、京阪神交通圏及び中京交通圏並びに札幌、北州及び福岡の各交通圏における平均的通勤範囲をいう。即ち、首都及び京阪神交通圏については、東京駅及び大阪駅を中心とする乗車時間1時間以内、その他の交通圏については、中心JR駅より概ね乗車時間45以内の各通勤範囲を指すものとする。／②高速軌道線とは、軌道線のうちモノレール線及び鉄道運転規則の準用される新軌道線をいう。／③同一経営の鉄道及び軌道線で、常時、相互に直通運行により一体的に運営されいるものは、営業キロの長い方の路線をもって全線の機能とする。」(誤字・脱字も原文のママ。なお相模鉄道が日本民営鉄道協会から大手として承認されたのは1990年5月31日である[21])これを図式化すると図6のようになる。

　運輸省はさらに、『数字でみる鉄道'99』では図7のように細分類している[22]。

　これらの分類は、特に後者の細分類は、経営主体別(公営・私鉄など)・

図 6　鉄道事業者の分類

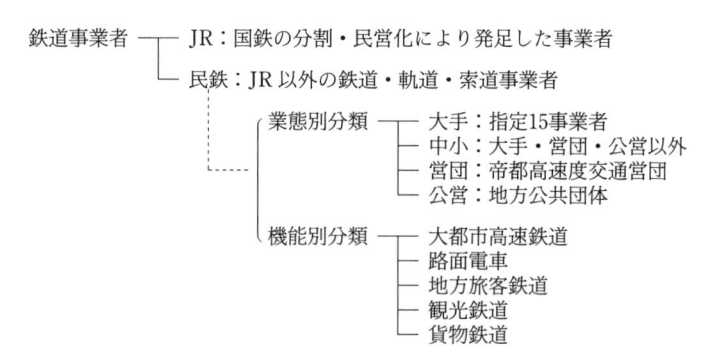

```
鉄道事業者 ─┬─ JR：国鉄の分割・民営化により発足した事業者
            └─ 民鉄：JR以外の鉄道・軌道・索道事業者
                    ├─ 業態別分類 ─┬─ 大手：指定15事業者
                    │              ├─ 中小：大手・営団・公営以外
                    │              ├─ 営団：帝都高速度交通営団
                    │              └─ 公営：地方公共団体
                    └─ 機能別分類 ─┬─ 大都市高速鉄道
                                   ├─ 路面電車
                                   ├─ 地方旅客鉄道
                                   ├─ 観光鉄道
                                   └─ 貨物鉄道
```

出所：運輸省鉄道局監修『平成2年度　鉄道統計年報』政府資料等普及調査会，1992年，「凡例」，から作成。

図 7　鉄道事業者の細分類

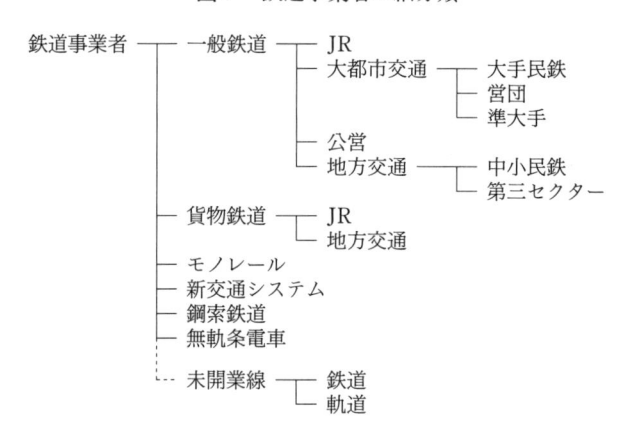

```
鉄道事業者 ─┬─ 一般鉄道 ─┬─ JR
            │            ├─ 大都市交通 ─┬─ 大手民鉄
            │            │              ├─ 営団
            │            │              └─ 準大手
            │            ├─ 公営
            │            └─ 地方交通 ─┬─ 中小民鉄
            │                         └─ 第三セクター
            ├─ 貨物鉄道 ─┬─ JR
            │            └─ 地方交通
            ├─ モノレール
            ├─ 新交通システム
            ├─ 鋼索鉄道
            ├─ 無軌条電車
            └─ 未開業線 ─┬─ 鉄道
                         └─ 軌道
```

出所：運輸省鉄道局監修『数字でみる鉄道'99』運輸政策研究機構，1999年，8～9頁，から作成。

第 2 章　私鉄経営と私鉄政策－大手私鉄の輸送にみる－

地域別(大都市・地方)・規模別(大手・準大手・中小)・目的別（一般・貨物）・経歴別（JR・第三セクターなど）・構造別（一般鉄道・モノレール・新交通システムなど）という全く異なった次元の基準を併用している。また分類基準や用語そのものに曖昧さがあったり，基準に従わない分類をしているところもある。そのために例えば次に挙げるような混乱がおこっている。

　「公営」の項目は公企業ではなく地方公共団体を意味している[23]。また「営団」という項目が存在し，帝都高速度交通営団は営団に分類されているのに対し，「公団」や「特殊法人」という項目はなく，営団と同様に特殊法人である都市基盤整備公団（住宅・都市整備公団から改称）は他の中小私鉄と一緒に「中小民鉄」に分類されている[24]。項目名には「民鉄」の語が使われているので厳格には誤りではないものの，「中小民鉄」に分類されているそれ以外の企業はほとんどが私企業であることを考えると，分類の点で明確さを欠いているといわざるをえない。JRの子会社も「中小民鉄」[25]に分類されている。

　地下鉄事業者（大阪市・神戸市など），ゴムタイヤ地下鉄事業者（札幌市），公営の路面電車事業者（函館市・熊本市など），それらを兼業している事業者（東京都など）は事業内容にかかわらず一括して「公営」に分類されており，「路面電車」や「軌道」を営業していることは一覧中に記号（◎印）で表しているだけである。その一方で，モノレール・新交通システム・鋼索鉄道・無軌条電車（トロリーバス）については，それぞれ「モノレール」・「新交通システム」・「鋼索鉄道」・「無軌条電車」という独自の項目があり，東京都・大阪市・小田急・西武・箱根登山鉄道などのような，一般鉄道とモノレール・新交通システムの双方を営業している事業者は，公営・民営を問わず双方に重複して分類されている。

　一般的に第三セクターとは公的・私的の双方に出資を受けている企業体を指すが，この分類での「第三セクター」とは，「第三セクターとは，旧国鉄地方交通線の経営又は計画を継承した鉄道事業者をいう。」[26]とある

おり，国鉄から路線の経営を引き継いで運営を続け，または計画を引き継いで鉄道として開業した，いわゆる転換鉄道を意味している。したがって，国鉄大畑線を引き継いだ下北交通も「第三セクター」として分類されている。しかし，従来から運営していた弘南線・大鰐線に加えて国鉄黒石線を引き継いだ私鉄である弘南鉄道や，国鉄地方交通線ではなく幹線である信越本線の経営を引き継いだしなの鉄道も，「第三セクター」ではなく「中小民鉄」に分類されている。(27) また，南部縦貫鉄道などの，転換鉄道ではないが公的な出資を受けている元来の意味での第三セクター企業も，「中小民鉄」として分類されている。このように，本来の定義とここでの分類基準とが合っていないところがある。

地下鉄事業者は事業の規模が大きくかつ大都市交通を担っていることがあるにもかかわらず，「大手民鉄」には含まれない。それに対して「大手民鉄」は，「民鉄」という分類名称にもかかわらず，純粋な私企業しか含んでいない。

中小私鉄の中にも都市鉄道と地方鉄道の違いや経営規模の格差があるにもかかわらず，一括して「地方交通」中の「中小民鉄」として扱われ，区分されていない。

第1種～第3種鉄道事業者の区分が曖昧で，第3種鉄道事業者のみが記号(☆印)を付けることによって示されている。

また今後も，上下分離が積極的に行われたり，整備新幹線建設に伴ってJRから経営分離する事例ができてきたり，地方私鉄が臨海鉄道のような貨物鉄道への脱皮をはかるなどの情勢変化が考えられ，(28) その場合には上の分類はさらに適切さを欠くようになって，分類の方法や項目を変えることが必要になるのではないかと思われる。鉄道の経営形態や規模などの区別をすることは鉄道産業の運営状況を考える上で重要であるから，実態に即し，かつより整合性のある分類がなされるようになることを望みたい。

日本型鉄道経営

第2章　私鉄経営と私鉄政策－大手私鉄の輸送にみる－

　近年の公企業民営化の流れが始まる前は，ヨーロッパなど多くの国では国鉄や公営鉄道が鉄道輸送をもっぱら担い，アメリカのみ例外的に私鉄が中心であったのに対し，国鉄改革以前の日本では第1章で述べたように国鉄と私鉄とが併存し，それぞれが鉄道輸送の上で大きな役割を果たしてきた。アメリカを別にすると，日本の私鉄は鉄道産業としては特異な存在である。

　前述したように，本来，日本は鉄道国有法を実施したり私鉄に対する戦時買収を行うなどして，幹線の鉄道輸送は完全な国有化はしないものの主に国鉄がまかなう政策を採ってきた。それにもかかわらず日本では私鉄が発達し，特に大都市近郊の地域旅客輸送の中で大きな役割を果たしている。もちろん通勤輸送における慢性的な混雑といった問題は抱えているものの，大手私鉄を中心として大規模に旅客輸送を行い，さらに設備投資が必要であるにもかかわらず外部補助があまり行われていない悪条件下において株式の配当すら行っている。これについて和久田康雄氏は「鉄道国有法は幹線鉄道を全部国有化し，私鉄には地方的な交通だけを担当させることにしたのである。もっとも，その後の私鉄の発達は，中距離の都市間輸送で国鉄と対抗するほどになったが，現在の全国の路線延長でみると……約二万一千キロの国鉄に対し，私鉄は約五千六百キロと，ほぼ四分の一の勢力を占めるにすぎない。ただ，大都市圏では，私鉄が国鉄をしのいで通勤通学の大動脈を形成しており，東京，大阪，名古屋の三大都市圏の一九七八年度輸送分担率では……私鉄が約三五％に対し国鉄は約一九％（自動車は約四六％）となっている。／こうした鉄道国有主義の下での私鉄の発達というのは，外国ではあまり例をみないものである。社会主義国はもちろんのこと，イギリス，フランス，西ドイツといった資本主義国でも，かつての私鉄が現在ではほとんど国有化されて特殊会社や公社の経営になっており，国鉄以外の鉄道は，大都市の地下鉄を除いては微々たる存在である。とりわけ，日本のような近郊電車，都市間電車の発達は，ほとんどみられない。」[29]と，日本では「鉄道国有主義」にもかかわらず，また路線長は劣

るものの，大都市輸送や都市間輸送を中心として私鉄の比重が高いことを述べている。

このように大都市輸送を主とした市場において私鉄が活動し，さらにそれなりの収益を挙げているのは，世界的にも珍しい。これについて斎藤峻彦氏は，「地域旅客輸送に活躍する日本の私鉄産業は，世界的にみても珍しい存在なのであるが，このことは日本では意外と知られていない．／世界に存在する私鉄企業の代表的なタイプといえば，アメリカ大陸の大陸横断鉄道タイプ，世界各地で観光地輸送を行う観光鉄道タイプ，および日本の大都市通勤鉄道タイプ，の3種類であろう．日本には大陸横断鉄道タイプは存在しないけれども，観光鉄道を営む私鉄企業は多数存在する．ただし，多くの観光鉄道は企業規模が小さく，交通政策上の論点も少ない．日本の私鉄産業が世界的にみても珍しいのは，日本の私鉄の中心的な活躍舞台である大都市輸送が，諸外国では不採算公共輸送の代名詞のようになっているからである．」[30]と，日本の私鉄の主要市場が，諸外国では採算の取りにくい大都市輸送であることを述べ，その背景としては「アメリカや多くのヨーロッパ諸国の場合とはちがい，日本の鉄道産業は，旅客輸送面で恵まれた輸送市場をもっている．新幹線輸送をはじめとする主要都市間輸送および東京・京阪神のような高密大都市輸送は，その双璧をなすものである．国鉄民営化が実施され，その後順調な経過をたどっていること，また大都市輸送を行う私鉄企業の経営が非常に安定していることは，いうまでもなく，わが国における恵まれた鉄道輸送市場の存在に関係がある．」[31]と，日本の旅客輸送の市場が鉄道に適したものであり，いわゆる日本の国鉄改革はその市場の性格によって裏付けられたものであることを指摘している。

また日本の私鉄は，事業として本来の業務である鉄道業のみならず，自社内の兼業や系列企業の形で積極的な事業の多角化を行い[32]，路線バス・高速バス・タクシーなどの鉄道以外の交通業や，不動産業，スーパー・百貨店などの商業，観光・ホテルなどのサービス業などを幅広く営んでいるの

第2章　私鉄経営と私鉄政策－大手私鉄の輸送にみる－

が特色である。事業を行う地域も自社沿線に限らず遠隔地に及び，はなはだしい場合には国際的な事業展開も見られる。典型例としては東急電鉄や西武鉄道がしばしば引き合いに出されるが[33]，後述するように東急や西武以外の私鉄も事業の多角的経営を行っており，中小私鉄も例外ではない。

　地方の中小私鉄が大手私鉄グループの系列下にある場合もある。例えば，伊豆急行・上田交通は東急の系列企業であり，伊豆箱根鉄道・近江鉄道は西武の系列企業，豊橋鉄道・福井鉄道は名鉄の系列企業である[34]。また，京王グループの系列企業である高尾登山鉄道のように，観光鉄道が大手私鉄グループの系列下にある場合もある。

　鉄道業として大都市輸送を積極的に手がけ，また経営の多角化を積極的に行う日本の私鉄の経営方針について，斎藤峻彦氏は「日本の私鉄は，アメリカやカナダの大陸横断鉄道タイプの私鉄とかスイスやイタリアの観光鉄道タイプの私鉄とはちがい，大都市の通勤輸送に代表される，どちらかといえば地味な輸送分野に活路を見いだしてきた．さらに，私企業の特色を生かした積極的な経営多角化の展開を通じて，今日の地歩を築いてきた．このような日本スタイルの私鉄経営のことを本書では"日本型鉄道経営"と呼ぶことにする[35]。」と，日本の私鉄が大都市輸送を主な対象とし，また積極的な経営の多角化を行っていることを述べ，そのような私鉄経営のあり方を「日本型鉄道経営」と呼んでいる。

　私鉄ほどではないにせよ，東京市電のような公営鉄道事業においてすら，配電事業などの兼業を行っていた例がある。それに対して，日本の国鉄は規制により事業の多角化に強い制約があり，実際問題として分割民営化の直前に至るまでは多角的な事業展開はできなかった。したがって，この「日本型鉄道経営」は，むしろ「日本型民鉄経営」と呼ぶべきものであるのかもしれない。

2　鉄道事業

私鉄間の格差

　日本の私鉄は，前述したような優れた市場に恵まれている大都市の私鉄と，乗客の減少とそれに伴う経営難に苦しむ地方中小私鉄との格差が大きく，また年々それが拡大している。特に地方中小私鉄の経営状態は非常に厳しく，廃止に追い込まれる鉄道事業者が今も相次いでいる。

　大島藤太郎氏は「私鉄問題として，とくに重要なのは大手と中小の経営の格差である。戦前にはなかった問題であるが，敗戦後，この傾向が現われ，高度経済成長の中で決定的になった。とくに地方の中小私鉄は経営の危機に直面するものが続出し，地域住民の不可欠の足として現代の重要な交通問題の一つである。経営の格差が生まれる土台にはなんといっても，旅客輸送量の相違がある。……一九三六年(昭和一一年)を基準にして七二年(昭和四七年)には大手は六・八倍の増加にたいして，中小は二・九倍にすぎない。戦前は現在の大手の方がはるかに劣勢で，一九三六年(昭和一一年)には大手は中小の六五％にすぎなかった。敗戦後も五五年(昭和三〇年)まではまだ中小のほうが多かった。しかし六〇年(昭和三五年)に逆転し，その後大手の方はグングン増加し続け，最近はさすがに増加率はにぶってきた。これに反して中小は六四年(昭和三九年)をピークとして減少しはじめ，最近に至り，若干上向いてきた。」[36]と，戦前にはなかった大手と中小との間の輸送量の格差が，戦後になって現われて高度成長時代以降に著しく増大していることを述べている。

　大都市の私鉄のうち，中でも大手私鉄(大手民鉄)の15社は業績が優れて企業の規模も比較的大きい。斎藤峻彦氏は大手私鉄について，「資本金，輸送量，運賃収入，兼業収入，従業員数のいずれをとっても，わが国の私鉄企業のなかでは群を抜く上位15位を占める企業グループである．路線の営業キロでは中小私鉄を下回る企業が含まれるものの，大量高密度輸送の点で中小私鉄をはるかに上回り，とくに輸送密度では地方中小私鉄を圧倒している．」[37]と，企業の規模や業績が私鉄の中で群を抜いて大きいことを，また「大手私鉄グループにみられるいま１つの特徴は，鉄道輸送の規模だ

第2章　私鉄経営と私鉄政策－大手私鉄の輸送にみる－

けでなく，兼業部門の事業規模や経営多角化の中身の点でも，中小私鉄グループを圧倒していることである．大手私鉄各社は自社の兼業部門の拡大やグループ企業形成を通じて，沿線の都市開発や鉄道ターミナル周辺の都市再開発を推進し，その結果，すでに述べたような地域生活産業と呼ばれる大規模な都市型複合産業を形成してきた．」と，それら大手私鉄が前述した「日本型鉄道経営」を積極的に推進してきたことを述べている．

　ただし大手私鉄も全てが大都市輸送に特化しているわけではない．東武や名鉄のように地方路線を保有している私鉄も存在していて，単に「大手私鉄」といっても，大都市輸送を主として行っている私鉄と，路線延長が大きく地方輸送をも手がけている私鉄とが存在している．これについて斎藤氏は「大手私鉄企業は，広域鉄道網を営む私鉄，大都市輸送特化型の私鉄，およびその中間型の3つのタイプに大別されよう．／広域鉄道網を営む私鉄企業の代表格は，東武，近鉄，名鉄の3社である．このタイプの私鉄は，大都市輸送はもちろん，広域鉄道網を利用した都市間輸送，観光地連絡輸送，ルーラルな輸送など，多様多彩な鉄道輸送を行う．都市間輸送や観光地連絡輸送では，有料特急列車をはじめ，高品質を売り物にする輸送サービスを提供する場合も少なくない．ただし，広域鉄道網は地方部にもまたがるため，平均輸送密度は相対的に低水準となりやすい．／都市輸送特化型の私鉄企業はもっとも数が多い．首都交通圏の東急，京王，京急，相模，京阪神交通圏の阪急，京阪，阪神が代表格である．これらの私鉄企業は高い輸送密度を有し，輸送効率も非常に高い．輸送の種類や輸送サービスの中身はやや単純である……．／小田急，西武，京成，南海，西鉄の5社は両者の中間型で，大都市輸送を基調としながらも，都市間輸送や観光地連絡輸送などの要素も混入するといった多様な輸送を行うのが特徴である．……小田急の観光地連絡輸送，西武秩父線(都市間輸送や貨物輸送)輸送，京成の空港連絡輸送などが中間型の分類理由である．」と，大手私鉄の中にも大都市輸送に特化している企業やそうでない企業が存在していることを述べている．

中小私鉄のうち，大都市に路線を持つ私鉄たとえば新京成・山陽などは，大手私鉄ほどではないものの市場に恵まれ，斎藤氏が「資本金や輸送量の規模では大手私鉄をかなり下回るものの（以前は相鉄のみが例外であった），輸送量の伸びや輸送密度の点では大手私鉄に十分比肩するほどの有望な鉄道輸送市場に恵まれる。」と述べているように，優れた実績を上げている企業も存在している。それに対して，路線が大都市以外にある地方中小私鉄でも，斎藤氏が「静岡，広島，江ノ島，長崎のように1万人台後半の輸送密度を確保している企業もある。」と述べているように比較的優れた実績を納めている私鉄も存在しているし，また伊豆急行のように観光を意識した車両設計を行うなど積極的な努力を行っている企業も存在してはいるが，やはりそれらは全体の中では多くはなく，石井晴夫氏は「中小私鉄は大手私鉄と比べて総じて営業距離も短く，一部の大都市中小私鉄は別として，大方は地方都市に路線を有することから輸送密度も低位にあり，とりわけ収入面での経営条件が厳しい。」と環境の厳しさを指摘している。路線の長さが大手私鉄よりも長い企業も存在してはいるが，輸送密度は低くて経営の改善にはつながっていない。このように，多くの中小私鉄の経営状況は良くないのが実情である。私鉄企業間におけるこのような経営格差を，斎藤氏は「両極化現象」と表現している。

大手私鉄の問題点

　大手私鉄や都市部の中小私鉄のうちで，名鉄のように地方輸送を行っている路線をも保有している企業は，自社の支線・過疎路線における輸送密度の低下やそれによる採算の悪化などの問題も抱えているが，大手私鉄によって代表される都市部の私鉄が抱えている問題の代表的なものは，むしろ通勤輸送に典型的にみられる慢性的な混雑と輸送力の不足，および，線路の容量不足に起因する列車の運転速度の低下である。また，線路の立体化が進んでいないために，通勤時間帯を中心として踏み切りが開かなくなる「開かずの踏み切り」問題も，利用者に与える不利益としても，また沿

第 2 章　私鉄経営と私鉄政策－大手私鉄の輸送にみる－

線に与える外部不経済としても，深刻である。これら大都市の輸送問題を解決するために私鉄各社は線増や列車編成長の延長などの設備投資を行っているものの，投資の資金的な制約が厳しく，採算に悪影響を及ぼしかねないともいわれる状況にある。その反面で，私鉄の設備投資は不充分であるという指摘もなされている。

　国鉄は1960年代から1970年代にかけて，「5方面作戦」と称し，常磐線や総武線などの首都圏周辺の幹線鉄道を数十kmの長距離にわたって複々線化を行ったり，貨物新線の建設を積極的に行った。5方面作戦にはさまざまな問題点はあるものの(45)，国鉄の投資が大手私鉄に比べれば積極的に行われたことは確かであろう。貨物新線も，後には通勤時間帯をはじめとして旅客輸送への転用が図られている。それに対して私鉄の複々線は，東武・京阪以外はせいぜい数km程度にとどまっており(46)，1980年代後半から西武・東急・小田急などで特定都市鉄道整備積立金制度を利用した複々線化に着手したところである。それ以外の設備投資も，大規模なものは，東急東横線・目蒲線などに関する路線の切り替え工事と，目蒲線(現在の目黒線)・営団南北線・都営三田線直通運転関連工事が目立つ程度である。

　このような国鉄と私鉄との投資の違いについて，森谷英樹氏は，「この当時に「大都市通勤対策」が必要であったことは、国鉄も私鉄も五十歩百歩でほとんど似たようなものであり、この時に大手私鉄が積極的な複々線化等の、基幹投資を実施するに足る条件を作ってやれなかったことが、後々で大きな禍根を残した。これに対して国鉄の場合、大都市における多くの線増工事が、当時において輸送力の増強(特に貨物)を大義名分に実施されたが、これは後になって大都市通勤対策に、大いに役立ったのは歴史の皮肉である。／国鉄は自らの命運と引き換えに複々線を残した。それに対して大都市私鉄は兼業を美田として残して、複々線の投資機会を失った。この当時にいくつかの私鉄各社が、時を逃すことなく用地の買収を含む基幹投資に本気で着手していたら、否そのための投資環境を行政がきちんと

61

整備していたら，現在われわれが直面している，混雑緩和のための巨額な投資金額よりも，より小さなものですんだことであろう。」と述べ，大手私鉄が「大都市通勤対策」に対して積極的な投資をしなかった原因を行政などの外部の環境に求めつつも，混雑緩和のための私鉄の投資が国鉄よりも不充分であったこと，そしてまたこの当時に投資が充分であれば，現在になってから巨額の投資を行うよりも投資額が少なくてすんだことを指摘している。

このほか，基本的に公共交通は出発地から目的地への乗換なしの直結移動が不可能であることから，私鉄に限らず鉄道全般の抱える問題点として，乗降や乗り換えのしやすさなどのバリアフリー・シームレス輸送が近年になって取り上げられてきた。このうち運営面では，乗り継ぎ割り引き・共通運賃制度がなかったり不充分であるために乗り換えると割り高になったり，地下鉄などの路線の増加に伴って路線全体が複雑で判りにくくなり，交通網が全体として利用しづらくなることが指摘されている。設備面では，乗り換え駅の通路が利用者の動線に合わずに複雑な経路になっていること，中間改札があること，階段が増えていることなどが挙げられよう。階段に関しては，高齢者・身障者対策として近年になってエスカレーター・エレベーター・スロープなどを設置することが多くなってきている。

3　兼業の位置づけ

種類

日本の私鉄が「日本型鉄道経営」と呼ばれる形でさまざまな事業を幅広く展開しているのはすでに述べた。このさまざまな事業は，現存しないものも含めると以下に挙げるような種類がある。

(1)　運輸業。
(2)　建設・不動産業。
(3)　流通業。

第2章　私鉄経営と私鉄政策－大手私鉄の輸送にみる－

(4) レジャー・サービス業。
(5) 教育・文化事業。
(6) 砂利採取事業。
(7) エネルギー供給事業。

(1)の運輸業については，鉄道業自体すら，本社直営以外に系列企業による鉄道会社という形で持つことがある。また，鉄道以外の運輸業である路線バス・観光バスやタクシー・ハイヤーなどを，本社直営や系列会社の形で持っている。例えば，京王グループにとっての京王電鉄バス・京王バス・西東京バス・京王自動車などである。

(2)の建設・不動産業は，土木・建設やそれにまつわる設備工事，また，不動産の売買・仲介，駐車場の経営などを，本社直営や系列企業の形で行っている。このうち，特に不動産業は，鉄道会社の行う兼業の典型例として取り上げられることも多い。(50) 京王グループでは京王建設・京王不動産などが事業を行っているし，運輸業の子会社である西東京バスも不動産事業を手がけている。さらに規模が大きくなると，都市計画・開発を総合的に手がけることもある。

(3)の流通業としては，百貨店やスーパーなどを事業展開している。京王グループでは京王百貨店・京王ストアなどである。また近年では日曜大工・家庭工作用品などの加工・販売を手がける系列企業もある。東急ハンズが有名であるが，京王グループでは京王アートマンが事業を手がけている。

(4)のレジャー・サービス業では，観光事業・ホテルや飲食業などを展開している。京王グループでは京王プラザホテルや京王観光などである。また，スポーツにかかわる事業を展開している例もある。京王テニスクラブなどのスポーツクラブのほか，スポーツ観戦事業として，西武や阪神など野球を初めとするスポーツチームや球場を保有する私鉄企業が存在する。ただし野球は球団自体の売買がしばしばあり，今まで保有していた球団を手放したり，新たにグループに納めることも多い。私鉄に限らず，国鉄も

63

球団を保有していたことがある。野球以外では，例えば西武鉄道とコクドがそれぞれアイスホッケーチームを保有している。

(5)の教育・文化事業としては，例えば東急グループや東武グループは五島育英会や根津育英会の形で学校法人を持ち，大学すら経営している。通常の意味での学校とまではいかなくても，自動車教習所を系列下に置いている例もある。[51]

(6)の砂利採取事業とは，多摩川などの川原の砂利を採取して都市へと輸送する事業であり，かつての多摩地域では兼業の花形であった。

(7)のエネルギー供給事業のうち，配電事業は戦時中の配電統制令のために鉄道会社の兼業としては姿を消したものの，かつては電化鉄道の兼業の花形であった。京王電鉄の前身である京王電気軌道もその例に漏れず，電力会社から電力の供給を受け，沿線の一般家庭に対して配電事業を行っていた。また，ガス供給事業は現在も行っている企業もあり，東武グループは東武ガスを経営下に置いている。京王は1961年4月に京王ガスを設立して桜ケ丘分譲地や隣接地区でのガス供給事業を行ったが，1966年5月に東京ガスへ事業を譲渡した。[52]

歴史と展開

前述した兼業のうち，砂利採取事業と，エネルギー供給事業のうちの配電事業は，鉄道企業の兼業としては現在では姿を消している。まず先にこの2つについて触れておきたい。

砂利採取事業については，1910年頃に開業した私鉄各社の多くが兼業として砂利の採掘と販売を行っていた。鉄道会社によっては砂利採取事業によって多額の利益を挙げていて，『京王帝都電鉄三十年史』では，「なかには，旅客収入より砂利販売で利益をあげていた会社もあって，いずれが本業か分らぬほどであった。」と，一部の鉄道会社の利益のうちで砂利事業によるものの比率が高かったことに触れている。[53] これは，当時の東京では道路・建築用として砂利の需要が多かったことも背景にあると考えられる。

第2章　私鉄経営と私鉄政策－大手私鉄の輸送にみる－

砂利の輸送を行う鉄道として，多摩地区では多摩川に向かって多摩鉄道（現在の西武多摩川線）・玉川電気鉄道（玉電）などいくつもの鉄道が引かれ，なかには東京砂利鉄道のように砂利輸送そのものを目的とする鉄道すら存在していた。[54] 京王電気軌道も早くから砂利の採掘をも計画していて，後に相模原線の一部となる調布－多摩川原間の支線の当初の目的は多摩川の砂利の採掘と輸送であった。[55] しかしいずれの各線も，川砂利の採掘が問題化されたことによる採取制限などにより，路線の性格は旅客中心へと変わっていった。1964年3月に，多摩川・相模川・入間川・荒川などでの砂利の採掘は全面的に禁止された。[56]

　配電事業については，動力源として電気を使う電気鉄道は私営・公営ともに電力と密接な関係を持つことから，1920年頃から1942年の電力国家管理に至るまでは兼業として配電事業を行うことが多かった。また逆に，電力会社が鉄道会社を系列下に置くこともあった。このことについて和久田康雄氏は，「初期の電気鉄道は自前の発電施設を持つのが普通だったから，同時に沿線での電灯電力の供給事業も兼業するようになり，場合によってはどちらが本業か解らないような会社も出てきた。公営の市内電車も電気局と称して配電事業と同一の組織になっているのが通常だった。地方の小電鉄の場合は，しだいに供給区域の拡大を図る大手の電力会社の傘下に入ることになる。また，電源開発のために鉄道が建設されたり，余剰電力の消化のために電気鉄道の新設や既設線の電化が行われた場合もあった。／電気鉄道は当時の電気事業法の規定により逓信省の監督も受けていたが，……最初は電気鉄道専門の会社より電気供給事業と鉄道を兼営するものの方が多かった。」[57] と，電気鉄道事業と配電事業が密接な関係を持ち，時にはほとんど一体のものとして行われることもあったことを指摘している。しかしその後，1942年に電力国家管理が行われ，配電事業は全国9社に統合され，私鉄が兼業として配電事業を営むことはできなくなった。このため，兼業として営んできた配電事業を私鉄各社は取りやめ，「電気局」と称した公営の市街電車は「交通局」と名称を改め，電力会社が経営してい

た私鉄は独立することになった。その後配電事業を鉄道会社が再開することはないまま現在に至っている。なお，配電事業が一部の私鉄の兼業部門でいかに大きな比重を持っていたかについては，和久田氏が，京王帝都電鉄が成立する際に元来の京王電気軌道の路線に加えて系列の違う帝都電鉄の路線を加えたことについて「兼業の電力部門がなくなった京王線だけでは自立がむずかしいとみたため」とまで述べているほどである。

　これに対して，運輸事業や不動産事業を初めとするその他の各種の兼業は現在も存続し続けている。

　当初のバス事業は電車路線が開業するまでの代行としての性格もあり，京王電気軌道では，笹塚－調布間の電車開業と同時に，未開業の電車路線の代行として東京では最初のバスの営業を新宿－笹塚間と調布－府中－国分寺間で開始している。また，当時は個人企業的や地元資本的なバス事業も数多くみられたが，京王などいくつかの私鉄企業は，戦前・戦後を通じて規模拡大や買収などによって直営バス事業を広げた。その理由として『京王帝都電鉄三十年史』では「鉄道の復旧・改善は、バスのそれよりも多くの費用と年月を要する。そこで、この間の会社再建の柱をバス部門におき、これの充実に力を入れたのである。言葉を換えれば、鉄道の復旧計画を裏で支えたのはバス事業であったということができるだろう。だが、バス事業の強化に力を注いだ最大の理由は……／その第一は、バスの将来に大いなる発展性をみたからにほかならない。きたるべきバス時代の到来を予見したのであるが、同時に、復興にともなう都市の広がりを敏捷に負い、あるいは、それをリードし得る〈足の便〉としてバスに有効な力を確信していたからである。／第二の理由は、バス部門の優先強化は、復旧なるまでの鉄道を防衛することでもあったからである。京王・井の頭両線はバス路線と競合する位置関係にある。京王線は甲州街道、井の頭線は水道道路と並行して走っており、いずれの道路も交通上の幹線である。当然ここに他社のバス路線が早急に開かれるであろうことは予想されていた。特に京王線は、軌道から地方鉄道への過渡期にあり、加えて多大の戦災を受

第2章　私鉄経営と私鉄政策－大手私鉄の輸送にみる－

けている。3編工(3両編成車両運転のための改良工事——筆者註)のスタートは24年の春からであり、全線完成は数年を要するとみられていた。甲州街道を他社のバスがさきがけて走るならば、鉄道の(つまりは当社の)利用客が奪われてしまうことは火を見るより明らかであった。」と，自社のバス事業の拡大が，鉄道の復旧の足がかりと，交通市場における企業防衛を目的とするものであったことを述べている。

そのほか，私鉄各社は多くのバス事業者を傘下におさめ系列企業としている。例えば京王グループの西東京バスは，元来は八王子・五日市地区のバス企業である高尾自動車・奥多摩振興・五王自動車を，小田急や東京都との間の買収合戦を経て傘下に収め，1つの会社としたものである。それら私鉄系列のバス会社には，南武鉄道(のち立川バス)など，戦時中に国有化された私鉄の系列下にあったバス事業者もあった。

私鉄企業が，交通ではない不動産・宅地開発や遊園地・百貨店に進出して経営の多角化をはかったのは，日本では箕面有馬電気軌道専務の小林一三氏が考案・実行したのが始まりとされているが，実際には阪神が1905年の開業後10年間に観光・電力・貸し家業など多数の兼業を行っており，阪神の方が先行したようである。のちの阪急となる箕面有馬電気軌道の兼業は，もともとは鉄道事業において都市間輸送があてにできないために乗客の誘致に努めたのが始まりのようで，和久田康雄氏は，「大阪と箕面、宝塚を結ぶ箕有(箕面有馬電軌電鉄——筆者註)は京阪のように都市間輸送をあてにすることができず，専務(のち社長)の小林一三のアイデアで沿線に住宅地や遊園地を開発して乗客の誘致につとめた。」と，鉄道事業が先行して，その需要を増やすために兼業が行われたことを述べている。このような収益を目的とした宅地開発は広くみられた。

また，箱根土地株式会社が開発した小平学園分譲地(現在の西武多摩湖線一橋学園駅から西側)は，むしろ土地投資を目的とするものであった。これについて越沢明氏は「すぐれた街並みの形成というよりも、鉄道経営の付帯事業、収益事業として分譲地経営を行っている性格の方が強くなっ

ている。……小平学園分譲地（七〇万坪）では大学の誘致はしているものの、宅地割についてはとくにアーバンデザイン上の配慮は何もされていない。分譲地の案内リーフレットには街並み形成のルールについても何も書かれず、〝土地投資に就て〟という文章が書かれている。」と、この小平学園分譲地を含めて都市計画の観点のない単なる兼業としての不動産・宅地開発事業が行われたことを述べている。

それに対して、宅地開発事業や都市開発事業が先行し、鉄道事業は都市計画事業と一体あるいは都市計画事業を補うものとして行われる事例もある。典型的な例は、1918年9月に渋沢栄一氏らが晩年の最後の仕事として理想的な宅地開発を行うために設立した、田園都市株式会社であった。用地買収を行った地域は洗足・大岡山・多摩川台（現在の田園調布）であったが、交通の便を考えて鉄道を併せて建設することとし、目黒蒲田電鉄・東京横浜電鉄を設立した。すなわち、事業の中心はあくまで宅地開発にあり、鉄道事業はその派生需要を考慮したものといえよう。

戦後にも同様の事例はあり、東急が手がけた多摩田園都市開発が典型例である。この開発事業は1953年に当時の東急社長である五島慶太氏が「城西南地区開発趣意書」として発表したもので、趣意書によると、当初は鉄道ではなく高速道路を建設し、飽和状態になってから鉄道を建設することとなっていた。またそれにより、1954年3月には渋谷－江ノ島間の有料高速道路の計画を申請した。しかし高速道路計画が建設省の要請で取り下げになったことと、高速道路よりも鉄道を望む意見が地元では強かったために、現在の田園都市線に相当する鉄道の建設を申請した。その後田園都市線の沿線は東急の手によって大規模な都市開発が行われている。

遊園地やスポーツ観戦事業は、二子玉川園（東急、現在は廃止）・向ケ丘遊園（小田急）や西武球場（西武）・甲子園球場（阪神）が典型例で、それらの施設の利用者が鉄道も利用する形になっている。特に西武は、西武園・ユネスコ村・西武所沢球場など狭山丘陵において大規模な事業展開を行って、レジャーランドとしている。また観光事業は、施設を自社の手で作るとは

68

限らず，百草園のように買収したり，高尾・陣馬ハイキングコースや野猿峠のように従来からある土地に手を加えて観光地としたり(以上，京王)，あるいは外部の事業者として提携して輸送を行う事例もある。例えば多摩動物公園は，管理・運営者は東京都であるが，建設工事の全てや運営の一部を京王が行っている。[70]

百貨店・スーパーなどの商業事業については，直営の百貨店や食堂が渋谷などで戦前からみられたが，現在では新宿・渋谷など都心拠点駅のみならず，聖蹟桜ケ丘などの郊外ターミナル駅や，そのほか京王線北野の京王ストアー，小田急線成城学園前のOXストアーなどのように，沿線でも商業施設の立地・経営が行われている。

III 輸送問題としての二面性

今まで述べてきた混雑をはじめとする都市鉄道の輸送問題の原因は，その現象を引き起こす環境である外的要因と，鉄道企業の行動によってもたらされた内的要因とに分けることができる。

1 外的要因

外的要因としては，いわゆる東京一極集中に代表される都市への事業所・人口の集中・集積と，運輸政策・国土政策の不充分さが挙げられるであろう。

都市への集積

日本国内において，第2次・第3次産業や官公庁はいわゆる太平洋ベルト地帯から瀬戸内海沿岸にかけて集中立地している。特に東京を中心とする首都圏への集中は著しい。東京旧都庁舎を中心にして距離帯ごとに事業所数(非農林漁業。公務も除く)と従業者数を取ってみると，1991年の時点[71]

表1 東京周辺における事業所・従業者の分布（1960年と1991年の比較）

1-1 事業所の分布

距離帯(km)	事業所数(千) 1960年	1991年	密度(数/km²) 1960年	1991年	密度比(倍) 1960年	1991年
0 － 10	257.7	407.7	1,043	1,654	88.6	92.4
10 － 20	155.7	390.9	186	467	15.8	26.1
20 － 30	64.9	243.0	53.6	201	4.55	11.2
30 － 40	60.8	235.9	26.6	103	2.26	5.75
40 － 50	59.5	164.7	19.6	54.2	1.67	3.03
50 － 60		85.4		31.1		1.74
60 － 70		78.2		23.5		1.31

1-2 従業者の分布

距離帯(km)	従業者数(千人) 1960年	1991年	密度(人/km²) 1960年	1991年	密度比(倍) 1960年	1991年
0 － 10	2,934	5,412	11,905	21,961	144	141
10 － 20	1,454	3,250	1,738	3,883	20.1	25.0
20 － 30	604	2,421	499	2,001	6.05	12.9
30 － 40	391	2,305	171	1,008	2.07	6.48
40 － 50	337	1,622	111	534	1.34	3.43
50 － 60		787		286		1.84
60 － 70		654		196		1.26

注：1．1960年の統計には50キロ圏以遠の数値は記載されていない。
　　2．1960年における密度は，各距離帯の1991年における面積を準用して計算した。
　　3．「密度比」は，各距離帯における事業所密度（および従業者密度）の全国平均に対する倍率，の意味である。
出所：総理府統計局編『昭和41年事業所統計調査報告書　第7巻　解説編』，1969年，67，83頁，および，総務庁統計局編『平成3年事業所統計調査報告書　第4巻　解説編』，1993年，第1章第3部67，83頁，から作成。

では表1のようであり，実数においても密度においても事業所・従業者の両者ともに都心への集中が著しく，特に従業者の集中は事業所のそれよりも激しいことがわかる。その密度は日本全国の平均に比べてはるかに高く，特に中心部の0～10km帯では全国平均の140倍にも達している。また1960年の時点と比較すると，中心部では従業者数がだいたい2倍になり，周辺部ではさらに増加するなど，著しい増加を見せている。

この集積によって，事業所は，地価の上昇や渋滞・駐車場難などの難点はあるが，企業相互や企業-官庁間の集積利益を享受することができる。

第2章 私鉄経営と私鉄政策－大手私鉄の輸送にみる－

にもかかわらず事業所は利益に見合うだけの社会的負担を支出していない，という指摘がある。例えば宮本憲一氏は次のように述べている。「都市に存在する市場は大きく，いわゆる都市の外部経済あるいは集積利益は最高である。つまり，高い地代や地価以上に外部経済などの利益がある。しかも，全国・全世界からあつめた独占利潤によって，高価な土地を買い占めることも可能である。……国家や自治体が保守政党に握られていれば，企業に必要な社会資本が優先的に作られ，他方，公害その他の外部不経済は税金で処理するか，労働者をはじめ住民の犠牲として転嫁されてしまう。地代や地価はもはや制約条件とならぬから，資本は一方的に集積をすすめた。それにともなって集中する人口，特に貧困者は住宅その他の生活環境が未整備なまま放置された。都市の環境がわるくなると，資本家はこの空間を仕事場として占有し，住居は自然の美しい郊外へうつし，必要な都市交通手段に大きな公共投資を強いた。」[72]

宮本氏はさらに次のようにも述べている。「資本や人口の蓄積は利益を生みだすだけでなく，不利益をも生みだす。たとえば，自然環境の破壊，資源の枯渇，混雑現象などが集積不利益であろう。一般的に都市化の規模が一定程度をこえると，集積不利益が発生し，それが集積利益を上回るときに，都市化はストップするといわれる。しかし，この一般理論は正しくない。なぜなら，現代においては，資本主義の経済法則が貫徹するために，独占や寡占は集積利益などの外部経済を享受するが，集積不利益などの外部不経済を社会的損失として自治体・政府や住民に一方的に負担させているからである。都市労働者は，都市の規模が一定以上になる前から，すなわち，企業の立地直後から都市問題になやまされている。それにたいして，企業は，市民が集積不利益になやまされていてもそれを除去する費用や損害賠償を負担しないので，集積をつづけることができる。」[73]これはすなわち，企業などが集積利益を一方的に享受するのに対し，それに伴う外部不経済は住民の犠牲や税金として転嫁されており，その利益享受および集積不利益による社会的損失が構造化され，都市においてドーナツ化現象を引

き起こし，また交通やそのほか社会資本への投資が必要になることを意味している。

事業所の地理的な集積に加え業務時間も硬直的で，始業時間は多くの事業所で9時となっている。これについて運輸省運輸政策局政策課の池田清・堀真之助両氏は，「一日あたりの輸送状況を見てみると，午前8時から9時にかけての1時間が突出している……．わが国の企業における出勤時間で多数を占めているのが午前8時台であり，ある調査では企業全体の約7割という結果が出ている。」と，出勤時間の幅が狭いことを述べている。実際には工場などのいわゆるブルーカラーは8時始業であることが多いから，事務職や第3次産業に限れば出勤時間の集中度はより高いものであろう。森谷英樹氏は，「通勤混雑の原因は，通勤者の鉄道利用が時間的に著しく偏ることによって生まれ，それは企業オフィスなどの都市集中と定時始業によってもたらされた。」と，通勤混雑の原因を事業者の地理的な集積のみならず勤務時間の集中にも求めている。

このような大都市の状況に対して，いわゆる過疎地には農業と公務員以外にはさしたる職業のない地域も多く，さらに高校などの生活基盤も不充分であることも珍しくない。それが過疎地のさらなる過疎化と，次に述べる都市への人口集積に拍車をかけている。

日本は人口が約1億2400万人で，平均人口密度は約330人/km²である。世界の人口密度は約40人/km²（居住不能な極地などを除く）であるから，それよりははるかに多いものの，この程度の人口密度の国は他にも多くみられる。しかし，日本は山地が多く平地が少ないために可住面積が狭く，実質的な人口密度はさらに高い。可住面積でみた人口密度は1500人/km²を超えている。さらにその中でも都市への人口集中が激しい。これについて西村弘氏は「一九九〇年の国勢調査によれば，日本国民の六三・二％が人口密度四〇〇〇人／平方キロメトル以上のいわゆる人口集中地区に居住している。その割合は，一九六〇年では四三・七％，七〇年で五〇％を超えるというように年々高まってきた。だが，その人口集中地区の面積は国土総面

第2章　私鉄経営と私鉄政策－大手私鉄の輸送にみる－

積の三・一％でしかない。国土が狭いと言われる日本で、そのわずか三％に八〇〇〇万人近くがひしめきあって暮らしているのである。／なかでも東京・大阪・名古屋の三大都市圏への集中は、さらに高密度である。東京都庁、大阪市役所、名古屋市役所を中心とする半径五〇㌔の圏内の人口集中地区へは、総人口の三八％にあたる四六〇〇万人余が居住しているが、その面積は国土の一・五％にも満たない。(78)」と、日本において都市への人口集中が極めて高いこと，それが年々高まってきたことを述べている。

　３大都市圏のうち，東京周辺への人口集中はとりわけ激しい。東京都区部は人口が約800万人で東京都全体は約1200万人前後であるが，首都圏すなわち東京を中心とする都市圏としてみるとおよそ3000万人に達している。自治体などの行政機関の枠を超えて１つの都市圏がこれほどまでに拡大しているのは世界でも東京だけであろう。中村英夫氏は「今や東京は人類が経験したことのない巨大都市となった。……圧倒的な大きさである。(80)」と述べている。この人口集積の過程自体はバブル崩壊以降は収まってきたとも言われてはいるが，既に集積した人口だけでも大変な数である。その結果として，人口が大きく密度が高く，また面積も広い巨大都市を形成している。

　これに対して都市以外の地域では，若年層を中心として人口の減少・流出すなわち過疎化にさらされている地域が少なくなく，地域社会の衰退・崩壊，住民の都市への出稼ぎ，さらには巨大開発など，さまざまな社会問題を引き起こしている。前述した大都市私鉄と地方中小私鉄との格差の拡大，また地方公共交通の経営難のもととなっている乗客の減少も，過疎化が原因の１つであるといえよう。

　この人口の偏在化は，日本全体のみならず都市内部についてもみられる現象である。(81)

　東京に代表される日本の巨大都市は，基本的に職住分離の構造になっている。東京では，居住地域が世田谷区・杉並区・北区・江戸川区など比較的近距離から，八王子市・青梅市・川越市・我孫子市・千葉市やさらに遠

くの周辺部にまで広がっている一方，職場は大企業の事業所や第3次産業を主体に千代田区など限られた都心に集中して立地している。都心ではドーナツ化現象すなわち定住人口の減少や周辺部への流出が起き，過疎地と同様な過疎現象が進み，地域社会の崩壊や学校の統廃合などの社会問題も発生している。

都市外部から流入してくる人口も，都心ではなく周辺部に居住することが多い。たとえ都心に居住したくても，地価の高騰に伴う高い居住費のために困難であるし，大気汚染や交通渋滞が激しいなど生活環境が悪く居住には適さない。[82]このために，周辺部においては，住宅需要を満たすための乱開発や大規模住宅地の建設も活発であった。その結果として通勤のための移動距離は長くなり，所要時間も極めて長くなっている。[83]このような職住分離化や居住地域の郊外化は，東京では関東大震災直後からみられたものの，激化したのは高度成長時代以降である。

この都市人口の多さとドーナツ化現象は，土地・住宅・環境問題などさまざまな社会問題を引き起こしたが，交通需要の激増もその1つであろう。大島藤太郎氏は「戦後の大都会の人口の増加は戦前とは異なって「異常」というべきで，……東京の場合，都庁から直線距離で五〇キロ圏内の人口は，一九五五年以降の一〇年間に四〇％弱も増加した。一九六五年を六〇年に比較すると（いずれも国勢調査）千代田・中央・港・文京・台東・墨田・品川・荒川などはいずれも減少しているので五〇キロ圏の人口増加は山手線の「郊外」であり，国電並びに大手私鉄の沿線で，これが東京の通勤人口の激増となってあらわれていることはいうまでもない。」[84]と，東京郊外の人口の急激な増加とドーナツ化現象が通勤混雑という現象として現れていることを述べている。

この人口変動の状況を具体的に見るために都心および京王沿線の主要自治体の人口の年代別変化を取ると，表2および図8のようになる。[85]まず区部であるが，千代田区の人口は減少を続け，その他の区部では1950年代には著しい増加を示したものの，新宿区・渋谷区は1960年頃，杉並区は1970

第2章　私鉄経営と私鉄政策－大手私鉄の輸送にみる－

表2　京王沿線を主とした自治体の人口の推移

(単位：人)

年	1950	1960	1970	1980	1990	1995	2000
千代田区	110,348	116,944	74,185	54,801	39,472	34,780	36,035
新宿区	246,373	413,960	390,657	343,928	296,790	279,048	286,726
渋谷区	181,320	282,687	278,491	247,035	205,625	188,472	196,682
杉並区	326,610	487,210	553,016	542,449	529,485	515,803	522,103
八王子市	124,253	164,622	253,527	387,178	466,347	503,363	536,046
府中市	43,885	82,098	163,173	192,198	209,396	216,211	226,769
調布市	34,865	68,621	157,488	180,548	197,677	198,574	204,759
日野市	24,444	43,394	98,557	145,448	165,928	166,537	167,942
多摩市	7,799	9,746	30,370	95,248	144,489	148,113	145,862

注：1．各自治体は町政・市政施行の時期にかかわらず現行の自治体名で表示した。
　　2．現在の八王子市・日野市・府中市・調布市はこの期間に周辺町村を合併しているので、合併以前の時期については被合併町村の人口も加えた数値を使用。ただし、自治体間における境界の変更は無視した。
出所：総理府統計局『昭和二十五年国勢調査報告(1)』印刷庁，1951年，119頁，同上『昭和35年国勢調査報告　第1巻』，1961年，96頁，同上『昭和45年国勢調査報告　第1巻　人口総数』，1971年，80頁，同上『昭和55年国勢調査報告　第1巻　人口総数』，1982年，83頁，総務庁統計局『平成2年国勢調査報告　第1巻　人口総数』同局，1992年，82頁，同上『平成7年国勢調査報告　第1巻　人口総数』同上，1997年，83頁，および，総務省統計局『平成12年国勢調査報告　第1巻　人口総数』同局，2002年，81頁，から作成。

図8　京王沿線を主とした自治体の人口の推移

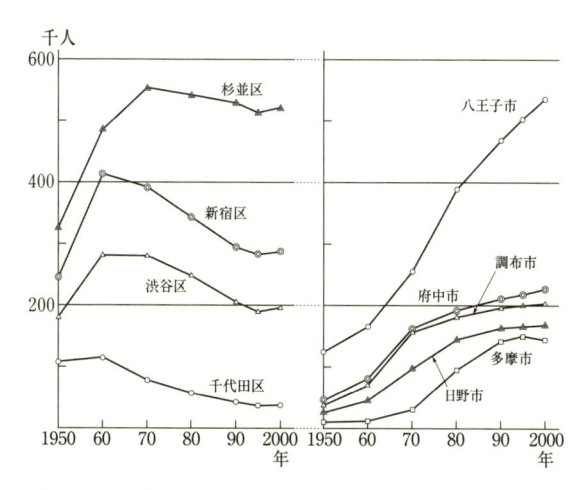

出所：表2の数値から作成。

年頃から減少に転じている。これに対し多摩地区では人口の増加が続いているが，調布市・府中市では1970年頃からその速度が低下し，一方，都心から遠い日野市・多摩市・八王子市では1970年頃から急増が目立っている。人口の増加とそれにつづく停滞ないし減少の波が，都心に近い自治体から郊外の自治体へと及んでいく傾向が見てとれよう。

通勤輸送を中心とした混雑は，人口の集積と事業所の集積の2つの要因が重なって発生しているといえよう。さらに，前述したような勤務時間の条件が混雑を激しくしている。このために，都市周辺部の居住区域から中央部の職場へ向かって，限られた時間内に長距離かつ大量の交通需要が発生することになる。なお，この短時間かつ一方向の交通需要は郊外の駅周辺や住宅地内部でもみられ，路線バスの駅方向のみが激しく混雑し，また鉄道アクセスのための自転車が駐輪場の容量を超えて駅に集まる例が珍しくない。[86]

ただし，表2の1995年と2000年の数値が示すように，ごく近年になって東京では人口の都心回帰がみられるようになった。事業所も外資系企業や情報技術産業の集中立地が起きていて，土地取り引きの急増や地価の下げ止まりも発生している。しかしこれは他の大都市ではみられない現象であり，従来とは形を変えた東京一極集中の形態といえなくもない。人口の都心回帰も，ある点では職住分離を緩和するともいえるが，集中が激化しているという解釈もできよう。[87]

このため，大手私鉄の輸送量もやや減少している模様である。しかし長時間通勤や激しい混雑は依然として解消されていない。

運輸政策

通勤輸送に代表される激しい混雑への対策としては，輸送需要に処すべく輸送力を増強するために投資を行うことがほぼ一貫して主張されてきた。これに対して都市への人口集中などの過密現象が全く問題視されなかったわけではなく，例えば『運輸白書』の昭和39，42，46年度版などには，

第2章　私鉄経営と私鉄政策－大手私鉄の輸送にみる－

「過密・過疎の弊害を除去して，国土の均衡ある発展を可能にする」(88)などの表現がみられる。国土計画全体においても第3次全国総合開発計画にみられるように過密・過疎の防止を考慮に入れた開発計画は立てられたし，また私的に作られて社会に大きな影響を与えた主張としては田中角榮氏が発表した『日本列島改造論』(89)などもある。しかし，実際には過密・過疎の進行は止まらなかったし，列島改造論はかえって経済的な混乱をもたらした。結局は都市への集中は是正されず，1990年頃のバブル経済の時期にはむしろ激化している。

　個々の鉄道企業は，公共性と営利性の矛盾や収支の悪化に苦しみながら，ある程度の設備投資は行ってきた。国鉄は混雑緩和や旅客・貨物の分離のために「5方面作戦」と称する複々線化を行ったし，民鉄もターミナル駅の拡張や新線建設を行っている。しかし輸送需要の増加はそれらの設備投資を上回った。

　例えば小田急線新宿駅では輸送量の増加に対応し，駅改良工事を1964年2月に完成させた。当時としては珍しい地上・地下2段式の8両編成対応5線ホームであった。しかしその後も輸送量の増加が続いたために，地下線を一時使用停止して拡張工事を行っている。(90)京王線新宿駅でも1963年に18m車6両編成4本が停車できるターミナルとして地下駅を完成させたものの，予想を上回る輸送需要の増加のために，1975年に線路を1つ閉鎖してホーム延長を行い，その後1979年から1982年にかけてトンネル内の勾配変更などの困難な工事を行って20m車10両編成に対応させた。(91)

　輸送力増強の努力により絶対的な混雑率は1960年代よりは低下しているといわれているし，政策としての混雑率の目標も低下している。『運輸白書』昭和40年度版では，混雑率の目標を2.4倍（2.6倍が耐えうる限度）としていたのに対し，昭和44年度版では，「（昭和――筆者注）60年には150％の混雑率まで押さえる必要があろう。」と述べている。(92)また，運輸政策審議会答申書第13号「21世紀に向けての中長期の鉄道整備に関する基本的考え方について」においては，「①大都市圏の都市鉄道においては，長期的に

は，ラッシュ時の主要区間の平均混雑率を全体として長期的には150％（肩が触れ合う程度で新聞が楽に読める）程度にすること。／②ただし，東京圏の場合には，今後概ね10年程度でラッシュ時の主要区間の平均混雑率を全体として180％（からだは触れ合うが新聞は読める）程度にすること。」と，混雑緩和目標を150％(東京付近では180％) としている。しかしこれに対しては目標が低すぎるという批判もある。例えば曽根悟氏は「着席率で表現すれば1/6弱から1/5強に改善される程度である」と，また「片道1時間も座席なしで運ばれるような姿が，計画の目標値となり得ないことは明白であろう。」と，目標としている混雑率が不適切に高いこと，またそのために仮に「目標」が達成されたとしても混雑問題が解決されたとはいえないことを述べている。

　以上あげた事柄は，「はじめに」において取り上げた「産業優先」の経済政策の結果であり，その弊害が表れているものと考えられる。

　なお，通勤輸送に関していえば，片方のみの交通需要が極端に大きく時間帯も限定される場合，需要の大きい時間帯に合わせた設備投資を行えば莫大な資金が必要となる上に，他の時間帯にインフラ・キャリア・交通従業員が余剰となる。逆に設備投資を抑制すると，需要の大きい時間帯には激しい混雑が発生する。これは投資上も輸送上も極めて能率が悪い。しかも設備投資の財源となる定期運賃は普通運賃に比べて割り引かれてきたために，投資へのインセンティブを誘発しにくい，との指摘もなされている。またピークロード運賃制度など事業所に負担となる制度が存在せず，通勤者が自主的に時差通勤を行うしか手だてがないのが実情である。

2　内的要因－営利的経営－

　混雑などの輸送問題の原因は，もちろん上で述べた外的要因によるところが大きいが，鉄道企業自体の行動の結果である内的要因も考えられる。

鉄道事業における営利的経営

第2章　私鉄経営と私鉄政策－大手私鉄の輸送にみる－

　私鉄各企業は国鉄や公営地下鉄と比べて，新線建設や線増・長編成化などの輸送力増強工事などの設備投資に対しては消極的な姿勢をとってきたといえる。というのも，私鉄は私企業であり，収益性を前提とした限界が存在している。これは，大島藤太郎氏が「私鉄経営における生産の社会性と私的所有の矛盾・対立が決定的になることを意味している。」と指摘した，公共性と収益性の矛盾が露呈したものである。

　国鉄は，1950年代から山手線・京浜線・中央線などの主要通勤路線では通勤列車の編成を8～10両とし，また1960～1970年代には多額の資金を投入して複々線化工事などの設備投資を行った。それに対して私鉄各線は，輸送量が相対的に国鉄各線よりも小規模だったこともあって，各社によって姿勢の違いはみられるものの，列車の編成長は概して短かった。また複々線化も関東では東武鉄道の伊勢崎線系統が比較的早くから取り組んでいたくらいで，各社が積極的に複々線化に乗り出すのは1970年代に入ってからであり，以前から列車の長編成化に積極的だった京浜急行・西武以外は，通勤時間帯でさえも4～6両編成程度が珍しくなかった。京王井の頭線では1970年代にそれまでの4両編成から5両編成へと編成長を伸ばし，さらにその後に6両編成へと延長する計画もあったが，6連化は実現していない。京王線も1973年の時点では「調布までの複々線化を急ピッチで進める」としていたものの，実現したのは新宿－笹塚間の複々線化のみで，現在に至るまで笹塚－調布間の複々線化は着工すらしていない。

　さて，既存の都市鉄道の工事を円滑に推進するために，「特定都市鉄道整備促進特別措置法」が1986年に公布され，「特定都市鉄道整備積立金」の制度が発足した。これは，複々線化・長編成化・車両大型化などの設備投資は，鉄道事業者にとって大きな負担となるにもかかわらず開発利益や旅客増による運賃収入の増加があまり見込めないため，事業者にとっては投資への魅力を感じにくく設備投資がはかどらない，とされることに対処したものである。この制度の利用により，鉄道事業者は投資の資金の一部を運賃の値上げの形で前借りして調達することが可能になった。ただし，

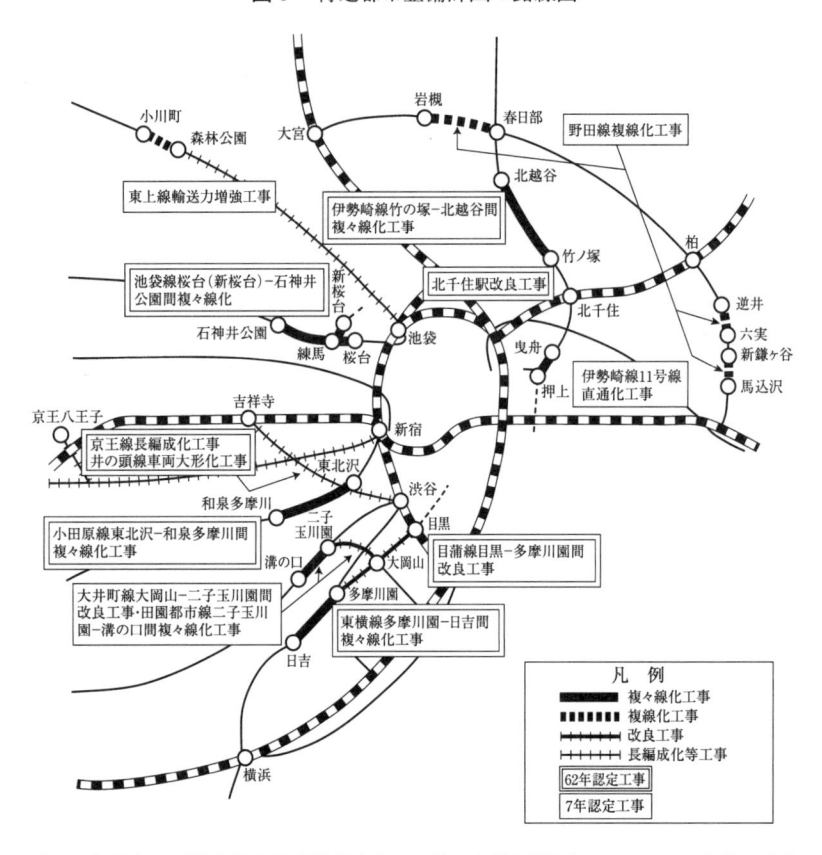

図9　特定都市整備計画の路線図

出所：加藤裕昭「特定都市鉄道整備事業の現状と今後」『鉄道ピクトリアル』第48巻第3号，1998年3月，13頁。

以下のような条件の付く制度であった。
 (1) 10年以内に完了する輸送力増強工事を作成して認定を受けること。
 (2) 積み立てた翌々年度までに資金を充てること。
 (3) 積み立てた額に相当する額を累積して「特定都市鉄道整備準備金」として積み立て，計画終了後に取り崩すこと。
 (4) 運賃については，積立金の確保や取り崩し額の利用者への還元がな

第 2 章　私鉄経営と私鉄政策－大手私鉄の輸送にみる－

されるように配慮すること。

　なお，積立金は非課税とされている。この制度は図 9 のように，東急・小田急・京王・西武・東武が適用を受けた。

　通勤混雑の激化につれて，東急・小田急などでも複々線化などの設備投資が活発化してはきたが，その設備投資のうちかなりの割合いはこの特定都市鉄道整備積立金制度による資金に基づくものであり，利用者負担には変わりがない。なお，西武新宿線の上石神井－西武新宿間の複々線化はいったんはこの制度の適用を受けたものの，費用が予想以上にかかるという理由で複々線化自体が中止され，積み立て始めた資金を取り崩し，運賃値上げを圧縮する形で利用者に払い戻す事態になった。

　一部の鉄道会社の支線となると，設備投資の不充分さはますます顕著である。たとえば西武の多摩川線・多摩湖線は全線単線であるし，拝島線・国分寺線も大部分が単線である。それでも部分的に複線化をしたり駅間に信号所を置いて列車の交換を行い，国分寺線・多摩湖線は通勤時間帯は最短 7 分 30 秒間隔，日中から夕方は10分間隔と，単線にしては運転頻度を高めてはいるが，これ以上の増発は，複線化などの投資なしでは不可能である。[101]

不動産事業

　前に述べたように，日本の私鉄企業は兼業として不動産・宅地開発事業を行ってきた。とりわけ大規模な宅地開発は沿線の人口を増加させ，通勤客を中心に利用者が増加する。利用者の増加は，増収の観点からは日本型鉄道経営の見越していたところであるし，路線や鉄道企業のイメージ向上にも役立つ。しかしその反面，都市構造が職住分離型となっている以上，通勤客の増加により平均所要時間は長くなり，混雑は激化することになる。[102]さらに私鉄企業が行っている宅地開発の周辺では他社による宅地開発も行われ，それもまた混雑を激化させる一因になっている。

　私鉄による開発は無秩序な乱開発を防いだ面はある。これについて斎藤

81

峻彦氏は「計画的な都市開発は，都市の乱開発や無秩序な都市スプロールを防ぐことによって，都市の品質のグレードアップに貢献してきたと言ってよい．規制によって沿線都市開発ができなかった旧国鉄の場合には，沿線のミニ開発や乱開発が進み，魅力的な街づくりを台なしにしてしまったような例が少なくない．」と，私鉄による計画的な都市開発が良好な都市環境を形成したこと，それに対して国鉄沿線は，規制によってかえって乱開発が進んで都市環境が悪化したことを述べている。確かに国鉄沿線では，中央線の国分寺・武蔵小金井・武蔵境駅周辺など無秩序な乱開発のみられる例がある。しかし，多摩ニュータウンのように公的主体によって良好な都市計画が行われた例もあるし，私鉄による開発も常に良好であるとは限らず，ターミナルなども常に良好で使いやすいわけではない。例えば南海電鉄難波駅について，川島令三氏は「本線・高野線の始発駅として，各線とも10両編成ホーム3本、8両編成ホーム1本の計8本をもつ駅に変身した。だがここも100mほど後退（これも駅中心間での距離で、実際はもっと後退している）し、ホームを地上2階から3階にアップしたので、以前に比べて距離も階段の数もふえてしまった。その間にショッピング街がある。……毎日、通勤する人にとっては、苦痛としか感じない。ここなどは後退して拡張しなければならなかった理由はないはずである。」と，計画的に行われたはずの難波駅の改造工事によってかえって不便で利用しにくくなったことを述べている。それほど極端ではないが，京王線のターミナル駅でも，めじろ台は駅改札とバスターミナルとが直結に近くて比較的乗り換えがしやすいのに対して，聖蹟桜ケ丘は両者の距離がやや長い上に，百貨店の店内を通る。通過利用者の動線上に無関係な商業施設・エスカレーターもあるし売り場も連なっているので乗り換えは容易ではないし，狭いこともあって買い物客にも不快な状態になっている。聖蹟桜ケ丘・京王八王子のバスターミナルもビルの1階を利用しているため，風雨はしのげるものの薄暗くて見通しが悪く，快適とは言い難い。

環境や施設の使いやすさという点では，開発主体の所有形態よりも，む

しろ都市計画・開発計画が総合的かつ適切に作られて行われたかどうかが重要であろう。

なお，私鉄による都市開発や不動産事業がかならずしも国民の利益にかなうものではないという指摘もある。上岡直見氏は，「民鉄が不動産業などの副業で利益をあげることが，国民の利益になっているのかどうかも，冷静に考える必要がある。[107]」と，私鉄による不動産事業が真に望ましいものであるか疑問を呈している。

不動産事業が私鉄グループの負担になる例もある。京成電鉄では1970年代に不動産事業が失敗した例があった。[108] そのように，不動産事業の展開が影響して，状況によっては本業である鉄道業にも悪影響を及ぼす可能性がある。特に今後の不動産事業の動向は地価の変化などもからみ不透明であり，収益性が確保されなくなる可能性もある。[109]

これら私鉄企業による不動産業は，結果についての評価は別として，国土計画・都市計画の観点から行政の影響を受けつつ，しかし基本的に市場原理に則って行われた活動であるといえよう。

3 輸送問題解決のための課題

外的要因

今まで述べてきたような混雑問題に対する抜本的対策としては，論者によって以下の2つの立場がある。

(1) 集積の是正など，輸送需要の削減が根本的解釈の方法である。
(2) 設備投資など，供給の増大の徹底が根本的解決の方法である。

前者の論者としては，たとえば角本良平氏が挙げられる。角本氏は「ロンドンとパリの人口密度は東京区部の範囲では東京の1/2，首都交通圏の範囲では1/3に過ぎない。国鉄は両都市でも通勤を担当し，通勤圏は広いけれども，路線はわが国のように都心部を貫通していない。鉄道の能力は東京より小さい。それでも東京のように混雑しないのは需要が小さいから

である.」と，また「東京対策はもはや需要抑制しかない．それには今後長期にわたって分散策を進めるとともに，まずその前提としてオフィス床面積の新増設をストップすべきである．すでに学校・工場に実施されているのと同じ措置である．(110)」と，混雑問題の抜本的対策は需要の抑制しかないことを述べている．

後者の論者としては，例えば曽根悟氏が挙げられる．曽根氏は「このような現状を本質的に解決するには，鉄道の通勤路線を大幅に増加させるしかないことは皆知っている．(111)」と主張し，また，「首都圏のような巨大都市の交通問題の解決としては，①多極分散化などにより都市圏人口自体を減らす，②都心部にもっと住宅を建設して通勤需要自体を減らす，③需要の多い道路の建設を積極的に進める，④鉄道の整備に集中的に投資する，などの方策が論じられているが，当面有効なのは④だけである．／①は，人々がなぜ都会に集まるのかという基本的なことを無視した非現実的な議論であり，強い規制無くしては到底実効は上がらない(112)」と，交通需要のもとになっている人口自体の分散・削減は非現実的であり，有効な対策は投資の促進による供給の増加であることを述べている．運輸省などの監督機関も運輸政策・答申を立案しているが，内容はほとんど既設鉄道の増強と新規路線の建設など供給の増大策であり，先に述べた短時間かつ大きな通勤需要そのものを抑制する姿勢は，時差通勤の呼びかけ程度にとどまっている．従来から取られてきた政策も，需要の抑制よりも投資の増大に重点が置かれてきた．

社会資本増強の観点からは投資の増大は必ずしも誤りとはいえないものの，需要に対して供給のみを増加させるだけの政策では，さらに需要を増加させて混雑の緩和にはつながらない可能性も高い．中西健一氏は，「以上にみた最終答申における新設鉄道網は，……沿線でのスプロール的住宅立地を促進し，通勤問題を緩和するどころか逆に激化しかねない矛盾と危険性をはらんでいるものといえよう．(113)」と，また「通常の鉄道の線増や新線建設にしても，通勤新幹線構想にしても，通勤地獄の緩和というさしせ

第2章　私鉄経営と私鉄政策－大手私鉄の輸送にみる－

まった課題の応急策として不可欠のものであり、あるいは当然構想されるものといえるが、すでに指摘したように、それが人口のドーナツ化を促進し、通勤圏を遠隔化し、通勤問題を解決するどころかより激化するという矛盾をもっている(114)」と、通勤問題を緩和させるためのはずの鉄道の整備がかえって交通需要を増加させて通勤問題を深刻化させる可能性があることを指摘している。さらに、投資はそれだけ資金を必要とする。特に基本的に鉄道企業の自己資金のみに頼る従来の鉄道政策では、鉄道企業にとっての負担は非常に大きく、しかも今後は都市構造の変化などによって需要の減少も考えられ、大幅な運賃収入の伸びも期待しにくい。一方、公的な補助を行うにしても、現在の厳しい財政状況では大規模な補助は困難であろう。

　現在の輸送需要はあまりにも大きく、実際の輸送力とは著しく差が開いている。現状では、最混雑区間では乗客の1/5〜1/6程度しか着席できない状況である。それに対する輸送量増強対策としては、複々線化や列車の運転間隔短縮などさまざまな技術的な手段が提言されているが、この差を埋めるのは困難であろう。これについて上岡直見氏は、望ましい通勤輸送の状態として「豪華な設備は必要ないが、通勤といっても全員が進行方向を向いて個別に座れることが望ましい。すなわち現在の在来線の特急なみ」とした上で、現在の乗車率は「望ましい状態での全員着席に対して……およそ四・五倍である。この計算からみて、全員着席と現状とは、一部の電車を二階建にするとか、電車の運転間隔をもっと詰める程度の対策では、とうてい埋めがたい差である。(115)」と、輸送問題の解決は輸送力の増強では解決不可能であることを述べている。現状の通勤路線の多くが30分に15本あたり（2分間に1本）という過密ダイヤで運転されていること、10〜15両編成という列車の編成長も限界と思われることを考えると、現状での輸送需要と望ましい輸送力の差は、路線によっては10倍以上の開きがあると思われる。また、情報通信技術の発達などを活用してそれ以上の増発・編成長拡大を実現して輸送力の増強をした場合には、立体化されていない路

線において踏み切りや地域分断の問題がさらに激しくなったり，利用者の増加によって路線の都心側ターミナルの処理能力を越えてしまう恐れも指摘されている。さらに，たとえ全員着席に至らなくても混雑緩和が実現して輸送状況に余裕が生じれば，その余裕を埋める形で並行路線や他の時間帯から需要が移転したり新しい需要が発生する恐れもある。

なお，大都市周辺の輸送について，夜間から深夜にかけての混雑が指摘されることがある。例えば森谷英樹氏は「たまにちょっと夜遅くなって都心から家路につこうとすると，電車の本数はおどろくほど少なく，乗換には時間を要して著しく不便である。終電間際の電車は通勤並みの混雑である。」と，深夜から終電間際の混雑が激しく非常に不便であると述べている。これは増発を行って運転間隔を短縮すれば技術的には解決するが，深夜の増発は沿線への騒音などの外部不経済を発生させる恐れも大きい。また，深夜の混雑の主な原因は残業などの長時間労働にあると考えられ，交通問題よりも労働問題として解決されるべき課題であろう。

結局，混雑問題の大幅な改善は，投資の促進などによる輸送力増強だけでは実現が不可能であり，事業所・人口の分散や職住接近化，それも今まで行われてきたような，事業所・大学などを大都市の中心から大都市郊外に移したり事業所の近くに社宅を置くなどの巨大都市前提の分散や職住接近ではなく，地方都市への分散とその都市・地域内で完結する職住接近，また都市規模の縮小，さらには過疎地における人口の定着や，乱開発・環境破壊を伴わない地元産業育成など，国土・都市構造の抜本的変革が必要であろう。ただ，国土・都市構造の変革は即座にはできないことであり，また人口・事業所が分散した後も，鉄道をはじめとする公共交通の分担比率を下げずになるべく上げる方が望ましいこと，鉄道輸送自体に余裕を持たせ，鉄道による貨物輸送も積極的に行うのが望ましいことを考えると，上下分離制度の本格的導入や，道路特定財源の廃止などによる公的資金や集積利益からの還元を主な財源として大都市・地方の双方に一定程度の輸送力の増強を行うことが，必要であると考えられる。大都市では前述した

第2章　私鉄経営と私鉄政策－大手私鉄の輸送にみる－

ように望ましい輸送状況と現状との格差があまりに開きすぎているので，相応の投資を行っても手戻りは生じにくいであろうし，地方都市でも鉄道への依存度が相対的に少ないにもかかわらず混雑が激しいことも少なくなく，さらに人口・事業所を分散させれば地方都市においても新たな輸送需要が創出されるから，新しい投資が必要であろう。

ただし，人口や事業所の分散にも次のような問題があると考えられる。
(1) 分散自体の費用。
(2) 人口密度の低下による自動車など私有交通の使用の増加。
(3) 分散先の乱開発や，利権拡大・経済犯罪などの恐れ。
(4) 分散先の地域社会や文化の破壊。
(5) 分散先の都市・住宅地の企業城下町化・社宅化。

無計画に人口・事業所を分散させると，分散先は受け皿となる住宅地や公共交通が不足したまま居住者が増加することになるので，高度成長時代に大都市の郊外で起きたものと同様にスプロール化が発生したり，通勤・通学のための自動車・自転車交通が大量に発生して，渋滞や大気汚染，また駐輪など，今まで大都市で顕著にみられていた交通問題が，地方都市や都市部以外の地域にも拡散する可能性が大きい。そのために，あらかじめ受け皿となる住宅地と公共交通を整備することが必要である。これにはニュータウン開発の経験と技術が活用できるかもしれない。[121]

なお，都市交通として環境面から自転車の使用を積極的に進める動きもあるが，第1次石油危機以降の自転車の過度な普及が駐輪問題や乗客減少によるバス路線の廃止，また乱暴な走行や歩行者の負傷事故などの社会問題を引き起こしており，スポーツ目的にはともかく，日常的な交通手段として積極的に推進することには問題があまりに大きいと言わざるを得ない。[122]

内的要因

前述した私鉄企業の利益追求や設備投資への消極的対応に対しては，鉄道事業・バス事業を問わず行政など外部からの働きかけや運輸政策によっ

て必要な投資を行わせることが必要である。しかし実際問題として，用地難により設備の拡充が困難だったり，地下鉄やニュータウン新線など採算の取れない事業では必要な投資が企業の手に負えない場合もあろう。設備投資を促進させるには，次の2つの方法がある。

(1) 企業の自律的・内発的な投資。
(2) 公的助成などの外部補助。

望ましいあり方は(1)であろう。これを促進するためには，企業形態や輸送内容を問わず，良好な市場環境を整備し，企業の自立的・内発的な投資意欲や経営意欲を促すために，間接的な規制を行うことが必要である。例えば，人口の過度な集中の排除のための整合性の取れた国土計画の策定や，公共交通と競合しがちな私的交通の抑制，過当競争の排除などである。近年積極的に導入が検討されている鉄道の上下分離も，交通政策として充分に検討に値すると思われる。そのほかにも，鉄道貨物に対してはモーダルシフトの実施やそれに伴うインフラ整備，また貨物自動車業者間の過当競争や労働強化に対する規制強化が，バス輸送に対しては道路混雑の解消やガイドウェイバスの導入，違法駐車の取り締まり強化などの環境整備が必要である。

鉄道企業の自助努力によっても良好な経営が保てない場合には，(2)の外部補助を行うべきであろう。ただし安易な補助は財政の見地からいって問題がある。国庫以外の財源としては開発利益の還元や集積利益の還元が考えられる。外部補助を行うにあたっては，政治的・経済的な腐敗が起こる可能性もあるので，硬直化しない制度とした上で充分な監査と情報公開が必要である。

兼業とくに不動産業は，今まで私鉄企業の大きな収入源であった。しかし現在のように不動産の動向が不透明な状況では，リスクも大きい事業といわざるを得ない。不動産事業に失敗して経営に悪影響を及ぼした京成のような例もあり，不動産事業には慎重な態度が求められる。ある程度の安定性が見込める賃貸事業はともかく，大規模な分譲はリスクが大きいばか

第2章　私鉄経営と私鉄政策－大手私鉄の輸送にみる－

りか，再び人口集中を招いて都市計画・国土計画との整合性が取れなくなる恐れも大きい。場合によっては不動産事業を廃止したり切り離すことも考えるべきかもしれない。

このほか，交通の安全性や従業者の労働条件などの社会的規制も継続，場合によっては強化されるべきであろう。

なお，鉄道企業の完全な一元化を求める主張もあるが，これについては筆者は疑問を感じる。私鉄企業に限らず鉄道企業は，ある程度の統一性は必要である。また，日本の大都市の交通企業の数はやはり多すぎると言わざるを得ない。とはいえ，企業の統合が行き過ぎると，技術的な多様性がなくなり，技術面・運用面での画一化が懸念される。複雑な運賃や各社ごとに異なる列車ダイヤなどの交通企業間の統一は必要であるが、この問題は，後述する利用者の経営参加や企業間の連携によって解決すべき課題であると考える。

さて，規制に代表される行政メカニズムも，市場メカニズムと同様に万能ではない。これについて舩橋晴俊氏は次のように述べている。「行政組織は、社会的格差や受苦に苦しむ人々の被る問題を当事者のように敏感に把握することはできないし、また、行政組織の企図の随伴的帰結として、格差の拡大と受苦の発生を、しばしば引き起こす。さらに、権力を備えた行政機構は、自存化傾向を内包しており、民衆からの統制が欠如あるいは弱体化した場合には、次のような弊害をもたらす。それは、①個人の生活や行為に対する過剰介入と自由の否定、②社会的意志決定に関する独走化さらには独裁化、③行政組織による財の再配分が党派的になされ、特権的な閉鎖的受益圏を形成したり、社会的不平等の拡大や腐敗をもたらすこと、④行政組織それ自身がいったん設定した課題が、民衆の要求と無縁な形で自己目的化され追求されること、⑤行政組織それ自身の私的利害追求による機構の肥大化と硬直化、といった事態である(124)。」すなわち、「民衆からの統制」が欠けていると，行政の自己目的化や肥大化，また個人への過度の干渉などが起きる可能性がある。

89

実際，行政組織による弊害すなわち行政の失敗は，不要な規制や公共事業にかかわる諸問題として広くみられる。また従来の行政は，例えば公害に代表される環境問題への対策や福祉問題などにみられるように，社会問題に対してさほど有効に対応してきたとは言い難い。輸送問題に関しても，整備新幹線建設に伴う在来線の切り離しや小田急複々線化の問題にみられるように，民意を反映しないともいわれている計画が進められる現象が起きている。「公共性」を重視した行政・政策への転換が図られたとしても，行政の誤った意志決定は大きな損害を引き起こす恐れがある。このほか，調布駅立体化にみられるように，行政同士の対立が起きることもある。

　行政の失敗に対しては「民衆からの統制」も行う必要がある。この点に関しては，行政への市民参加の形で既に行政に対する市民の関与が行われ始めているし，市民運動の形で交通問題に対して発言・行動することも見受けられるようになった。外国では既に，フランスのFNAUT（交通利用者団体全国連合）などが交通政策に対して具体的な提言を行ってそれを実現させている例がある。日本でも，利用者が個別の交通問題に対して組織を結成して発言することは，「東北本線を守る会」や後述する京王線の立体化問題のように，既にある程度は行われ始めている。また，広く交通全般にかかわる恒常的な組織としては，例えば「交通権学会」なども挙げられよう。それをさらに進めて，利用者を含めた全てのステークホルダーが何らかの形で企業経営にも関与する必要があると筆者は考える。まず，市民運動をさらに広域化・組織化し，特定・個別の問題や路線・企業に対してだけでなく，広く政策などに関して提言・発案できるようにすることが望ましい。その際には，利用者・地方行政関係者・従業員などステークホルダーの参加が望まれるところである。

　コーポレート・ガバナンスの観点から，利用者や地方行政関係者が企業経営に構造的に参加することも考えられよう。ドイツでは株式会社の監査役会の役員は労使の双方から構成されなくてはならない。これを当てはめれば，例えば，鉄道企業の監査役会の役員を，使用者・労働者・利用者

第2章　私鉄経営と私鉄政策－大手私鉄の輸送にみる－

（地方行政担当者を含む）の3者の代表によって構成する制度を導入することも考えられよう。

　もっとも，利用者の経営参加にも問題点がある。施設の維持管理の向上のようにほとんど全ての利用者について利益となる問題点については，利用者間での利害対立は起こりにくいであろうが，深夜の増発や終電の延長，また優等列車の停車駅選定のように利用者間でも利害の対立がある問題点については，利用者の経営参加は有効に機能できないかもしれないことを指摘しておきたい。[131]

注
（1）　図2には，交通手段として日常的にみられる歩行や自転車の分担率は含まれていない。日本では旅客輸送において鉄道利用の比率が高いことなど，図2の数値をもとに本文で指摘した点には誤りはないはずであるが，ここに示した統計が「交通手段別分担率」の統計として不完全であることは否めない。交通計画立案などに用いるためには，より完備した統計が必要であることはいうまでもない。
（2）　北朝鮮は旅客・貨物輸送の双方ともに諸外国以上に鉄道の分担率が高いようである。環太平洋問題研究所編『韓国・北朝鮮総覧　1993（第3巻）』原書房，1993年，385頁，によれば，「北朝鮮輸送体系の特徴は鉄道輸送が主軸をなし，道路輸送，河川および海上輸送は鉄道輸送との連携のための補助的な役割を担当しているという点である。貨物輸送の場合，鉄道輸送が全体物動量の九〇％水準を担当しており，旅客輸送の場合にも鉄道輸送が全体交通人口の六〇％水準を担当している。」という。
（3）　桜井徹『ドイツ統一と公企業の民営化——国鉄改革の日独比較』同文館，1996年，8頁。
（4）　今城光英「日欧の鉄道改革」今城光英編著『鉄道改革の国際比較』日本経済評論社，1999年，40頁。
（5）　今城光英「スウェーデンの鉄道改革」，同上書，205頁。
（6）　廣岡治哉『市民と交通』有斐閣，1987年，110頁。
（7）　一方，日本は人口密度が高いために，新しく建設する鉄道路線の経由地選定や用地確保が困難になり，用地費・建設費などの費用が増大し，また新幹線公害問題にみられるような騒音・振動などの交通公害も起こりやすく対策も困難である，という問題もある。舩橋晴俊氏は日本とフ

ランスを比較して，日本の方が人口密度が大きいなどの理由で鉄道の総建設費が高いこと，またフランスは地理的条件を背景とする地価の安さが環境対策を容易にし，交通公害などが防止しやすいことを，以下のように述べている（舩橋晴俊「新幹線公害対策としての緑地遊歩道──フランス大西洋新幹線の事例」『社会労働研究』第36巻第2号，1989年11月）。「東海道新幹線は人口の密集する太平洋ベルト地帯を通過し，車窓から見られる人家や集落がとぎれることがないのに対し，フランスの新幹線においては，いったんパリから農村地帯に出てしまえば，人家や集落がまったく見えないのが常態である。」（10頁），「第一に，地理的条件が有利であり，人家が存在しないところに路線選定が可能な地域が広い。フランスの人口は日本の約半分であるが，国土の面積は日本の1.5倍ある。単純に人口密度を計算すると日本の約三分の一である。実際には，日本は平地の割合が少なく，フランスは遥かに平地の割合が多いことを勘案すると，日本は遥かに狭い地域に人口が密集し，しかもそれが新幹線建設地域と重なっているのである。……／第二に，このような，地理的条件が背景になって，フランスの土地の値段は日本より遥かに安い。都市近郊で比較すると，日本の十分の一から二十分の一の価格であろう。……土地の値段が相対的に低いことが，土地の利用の仕方にゆとりをもたらし，また新幹線の総建設費を安くし，建設に際して環境対策に十分な広さの土地を使用することを，相対的に容易にさせている。」（18〜19頁）

　なお，市場が有利であるにもかかわらず企業経営が困難であることを，必要とされるシステムの提言・実現能力の不充分さに求める論者もある（曽根悟『新しい鉄道システム』オーム社，1987年，iii頁，参照）。

（8）　山内弘隆「交通の産業組織」金本良嗣・山内弘隆編『講座・公的規制と産業④　交通』NTT出版，1995年，13〜14頁。
（9）　同上論文，14頁。
（10）　同上論文，14，16頁。
（11）　同上論文，16頁。
（12）　同上論文，20頁。
（13）　1986年11月28日に国鉄改革関連8法案が成立，12月4日に公布，1987年4月1日に施行された（運輸省鉄道局監修『数字でみる鉄道'99』運輸政策研究機構，1999年，267頁，参照）。
（14）　鉄道事業法はJRと民鉄との双方を規制しているが，国鉄改革以降もどちらか片方のみにかかわる法律も依然として存在している。これにつ

第2章　私鉄経営と私鉄政策－大手私鉄の輸送にみる－

いて和久田康雄氏は「日本の鉄道は、長いあいだ国鉄と私鉄（民鉄）とに分かれていた。このため、鉄道についての法令も、①国鉄・私鉄に共通するもの、②国鉄に関するもの、③私鉄に関するもの、の三つがあった。／まず①の国鉄・私鉄に共通するものとしては、鉄道と利用者の関係を定めたり、あるいは鉄道の設備や運転についての基準を置いた法令がある。一九〇〇年（明治三三年）に作られた鉄道営業法は、それまでの鉄道略則や鉄道犯罪罰例に代わるものとして生まれた。これが国鉄改革のときにもごく一部手直しされただけで、いまでも使われており、『鉄道六法』に載っている法令の中ではいちばん古いものである。……／②の国鉄に関するものとしては、全国の幹線を国有化することを定めた一九〇六年（明治三九年）の鉄道国有法や、国鉄が建設する予定の路線を法律で掲げた一九二二年（大正一一年）の鉄道敷設法（それまであった同名の法律を全面改正したもの）、公共企業体としての国鉄とその運賃について規定した一九四八年（昭和二三年）の日本国有鉄道法と国有鉄道運賃法があったが、国鉄改革とともにぜんぶ廃止された。／③の私鉄に関するものは、国が私鉄を監督するための法令である。これは、軌道（路面電車など）を除いた狭義の鉄道についてのものと、軌道についてのものの二つに分けられる。……／ところで、こうした三つの区分は、国鉄改革によって意味がなくなり、JR各社は、私鉄といっしょに、鉄道事業法（つまり③の分類の流れをくむもの）によって規制されることになった。／しかし、その国鉄改革について定めた一九八六年（昭和六一年）の日本国有鉄道改革法など一連の法律は、少なくとも現在のJR各社の株式が政府から民間の手に移されてほんとうに「民営化」したといえるようになり、債務の処理なども終るまでは置かれる必要のあるものであって、相変わらず旧・国鉄関係にだけ適用される法令（いわば②の分類に属するもの）ということができる。／一方、鉄道に対する国の特別な助成などを定めた法律としては、国鉄を対象とした全国新幹線鉄道整備法と、私鉄を対象とした地方鉄道軌道整備法（いまは鉄道軌道整備法という）や特定都市鉄道整備促進特別措置法、国鉄・私鉄の両方に関係する日本鉄道建設公団法があった。こうしたものが国鉄改革後は、形式上、JRにも私鉄にも適用されるようになっている（もちろん実質上は新幹線鉄道整備法はJRに、特定都市鉄道整備促進特別措置法は主として私鉄に関係するものである）。」（和久田康雄『やさしい鉄道の法規（四訂版）』成山堂書店、1999年、4〜8頁）と、国鉄改革によって従来の鉄道事業者の区分がなくなったものの、実質的には法的な区分が

残っていることを述べている。なお，和久田氏は，帝都高速度交通営団法を「私鉄を対象とする法律」の1つとして扱っている。
(15) 運輸省鉄道局監修『平成2年度　鉄道統計年報』政府資料等普及調査会，1992年，の「凡例」では，「JRとは，昭和62年4月1日より国鉄の分割・民営化により発足した鉄道事業者であり、民鉄とは、JR以外の鉄道、軌道、索道事業者をいう。」と，JRと民鉄についての定義づけを行っている。
(16) 和久田康雄『日本の私鉄』岩波書店，1981年，1～3頁。
なお，和久田氏は「地下鉄」については，「都市圏だけをカバーする一つの企業体によって建設される場合の方が、世界的にみれば多いようだ。そこで、こうした都市高速鉄道の企業体が運営する路線のことを、地下の部分も地上の区間も合わせて、「地下鉄」と呼ぶことが一般的である。つまり、地下鉄というのは、ただ路線が地下にあるかどうかというだけの区別ではなく、その運営のあり方から決められる用語であるといっていいだろう。」「そこでこの本では、東京でいえば営団地下鉄と都営地下鉄、大阪では市営地下鉄といった都市高速鉄道専門の企業体のことに限って、これから考えていくことにしたい。」(和久田康雄『日本の地下鉄』岩波書店，1987年，3，5頁)と，文字通り地下にある鉄道かどうかではなく経営主体による定義づけを行っている。
(17) 斎藤峻彦『私鉄産業——日本型鉄道経営の展開』晃洋書房，1993年，17頁。
(18) ただし，斎藤峻彦氏も「国鉄は公社でなくなったため、公企業の経営形態をもつ鉄道事業は地方公共団体が保有する公営鉄道事業のみとなった．旧国鉄と東京都が出資する帝都高速度交通営団は、公有民営型の鉄道事業であったが、現在は民営化が推進されている．JRの発足により、公営事業を含む民鉄の概念は、やや明快さを欠くことになった．」(同上書，17頁)と，民鉄という概念自体が明確でなくなっていることを述べている。なお，この引用文には「公企業の経営形態をもつ鉄道事業は地方公共団体が保有する公営鉄道事業のみとなった」とあるが，これは誤りで，住宅・都市整備公団(当時)が欠落している（注(32)参照）。
(19) 本論文では取りあえず「民鉄」という語を使うが，私鉄と公営鉄道の双方を含めてイメージできる用語が生まれ定着することが望ましい。
(20) 運輸省鉄道局監修，前掲書(15)，凡例。
(21) 運輸省鉄道局監修，前掲書(13)，267頁。
(22) 同上書，8～9頁。この頁には195の鉄道事業者と12の未開業線が図

第2章　私鉄経営と私鉄政策－大手私鉄の輸送にみる－

7の分類に従って一覧表で示されている。この表には，社名に「鉄道」の文字を冠しながら既に鉄道事業を行っていない，例えば鶴見臨港鉄道のような企業は掲載されていない。なお，このような企業をも鉄道企業として扱っている文献も少なくない（例えば，「日本の鉄道企業293社一覧」『時刻表イクスプレス』創刊2号，1989年，123～127頁）。

(23)　運輸省鉄道局監修，前掲書(15)，凡例。

(24)　運輸省鉄道局監修，前掲書(13)，8頁。

(25)　公的な鉄道事業者という概念が運輸省鉄道局にないわけではない。一方では，「公的主体によるニュータウン鉄道の建設状況」という項目を立てて，住宅都市整備公団・横浜市・奈良生駒高速鉄道・大阪府都市開発・神戸市の各事業体を挙げている個所もある（同上書，148頁）。

(26)　同上書，8頁。

(27)　ただし，黒石線(現在は廃止)自体は「旧国鉄線から第三セクター等に転換した路線」に分類されている（同上書，8，70～71頁）。

(28)　澤内一晃「岳南鉄道」『鉄道ピクトリアル』第48巻第4号，1998年4月，211～215頁。

(29)　和久田康雄『日本の私鉄』岩波書店，1981年，5～7頁。なお，鉄道国有主義にもかかわらず日本で私鉄が発達したのは，戦前の一時期の政党政治の影響もあった。和久田氏は「鉄道国有化によって一地方の交通だけを担当するものと限定されたはずの私鉄が，堂々と国鉄と競争する長距離路線まで建設するようになったのは，私鉄が不況期にも安定した収入のある事業として有力な投資の対象となったことのほか，当時の政党政治によって平行路線への免許もどしどし与えられたことが原因である。とくに政友会内閣の下では，免許の大盤ぶるまいが目立っていた。／その上，地方鉄道補助法による補助金も大幅に増額され，都市近郊の私鉄まで場合によってはチャッカリこれを受け取っていた。」（同上書，68～69頁）と，政党政治下において私鉄に対して大量の路線免許が下りたこと，また補助金も増やされたことが，私鉄の発展した理由であったことを述べている。

(30)　斎藤峻彦，前掲書(17)，6頁。大陸横断鉄道については，斎藤氏は「アメリカやカナダの大陸横断鉄道輸送が私企業的経営になじみやすいのは，大陸横断輸送を行う鉄道企業が比較的独占性の高い鉄道貨物輸送市場に恵まれているためである。広大な国土をもつ国で，長距離の内陸鉄道輸送を行う鉄道企業は，高品質・高運賃のトラック輸送には適合しにくい貨物輸送品目の輸送に特化し，さらにこれらの大量定型輸送を実

現することにより，トラックに十分対抗可能な鉄道運賃水準を実現することが可能となる。」（同上書，6〜7頁）と，アメリカ大陸の私鉄が貨物輸送の市場に恵まれていることを指摘している。アメリカにおいてヨーロッパや日本と比べて貨物輸送における鉄道輸送の比率が高いことは，本文で述べたとおりである（43頁）。

(31) 同上書，7頁。

(32) 実際には多角化の程度も企業によってまちまちである。中には，社名に「鉄道」の文字を冠しているものの事業の中心が鉄道業ではない有田鉄道のような企業もあるし，本業は鉄道業以外の事業で，鉄道業は事業の1つにすぎない関西電力や都市基盤整備公団の例もある。石井晴夫氏は「同じ私鉄と言っても，レール中心のもの，脱レール中心のもの，鉄道会社とは名ばかりで商標程度にすぎないものとまちまちである。」（石井晴夫『交通産業の多角化戦略』交通新聞社，1995年，9頁）と，事業内容も多角化の程度も多様であることを述べている。

(33) 近藤禎夫氏は「西武鉄道の本業・兼業の割合は約四対六であり，関東系私鉄七社中でも兼業依存率（全事業部門の収益比）六一・三％と抜きんでて高い。西武と類似した企業としては東急電鉄があるが，他の会社は鉄道の本業を柱に業務内容が構成されている。沿線開発に出遅れた京成電鉄を別にして，兼業依存率は京浜急行，小田急，東武，京王帝都の順で，せいぜい一〇〜三〇％台の比率で推移してきている。」（近藤禎夫「鉄道事業の公益性と経営的課題」近藤禎夫・安藤陽『日本のビッグビジネス19 西武鉄道・近畿日本鉄道』大月書店，1997年，92〜93頁）と，関東における私鉄7社中で西武・東急は本業である鉄道への依存度が格段に低いことを述べている。西武や東急は鉄道が本業でその他の事業が兼業であるというよりも，幅広く各種事業を手がけ，鉄道事業は企業グループ内の1部門であるとみる方が，実態に即しているといえよう。例えば，西武鉄道グループは，中核企業であるコクド・西武鉄道のほかに，

　　1．運輸部門（鉄道・バス・トラック等）：26社。
　　2．不動産部門（不動産賃貸・分譲・管理）：14社。
　　3．レジャー・サービス部門（旅行・ホテル・ゴルフ場等）：24社。
　　4．流通部門（ショッピングセンターの経営）：1社。
　　5．その他の部門（プロ野球・建設・土木等）：19社。

を傘下に擁し，幅広い事業展開を行っており（同上書，51頁。会社数は各部門間での重複を含む），地域的にも，運輸部門の伊豆箱根鉄道・九州西武運輸，レジャー・サービス部門のハワイプリンスホテル・横浜八

第2章　私鉄経営と私鉄政策－大手私鉄の輸送にみる－

景島など，西武鉄道沿線でもなく西武に縁が深いとされる近江からも遠い地域にも及んでいる。不動産事業の展開も必ずしも西武沿線とは限らない。詳しくは，同上書，31～53頁，を参照。

　東急も同様で，東急電鉄がみずからを多角経営企業グループの一員と位置づけていることは，社名や社紋にも示されている。すなわち，「東急電鉄」の英文社名は「Tokyu Corporation」であり，「鉄道」に相当する語は含んでいない（関東の大手私鉄で英文社名に「Railway」の語を含まないのは東急だけである）。紋章も，「当社の社紋は，東急グループの統一マークをもとにして定められました（昭和48年5月）。このマークは中央にTOKYUのTを図案化し，それを囲むだ円の部分と三本の弧は，東急グループを形づくる4つの事業部門（開発事業・交通事業・流通事業・健康産業）を表わします。またマーク全体がだ円になっているのは，東急グループが世界的な企業集団をめざすことから，活躍の場である地球を表現しています。」（東京急行電鉄株式会社広報室・車輛部編『東急の電車たち』東京急行電鉄株式会社・電車とバスの博物館，1984年，5頁。傍点は省略）と解説されているように，東急グループが業種的・地域的に幅広い展開を目指していること，東急電鉄はそのグループの一事業部門であることを示しているという。現在の東急の事業展開については，石井晴夫，前掲書(32)，28～33頁，を参照。

　なお，上の社紋の説明には「開発事業」が「交通事業」よりも優先して記されているが，宮田道一・焼田健両氏が，東急電鉄の現路線網の原型ができるまでの沿革を「スタートは，田園都市株式会社で1918（大正7）年9月2日の設立。ロンドン郊外のガーデンシティーを見習って、理想的な郊外住宅地を造成した。今日の田園調布を代表とする住宅地の誕生である。それらの住宅地の住民の足となるべく計画されたのが目黒蒲田電鉄で，1923年3月11日，目黒～丸子間が開通，同年11月には蒲田まで全通した。そして，田園都市株式会社は土地の売却が完了したことにより，1928年に目蒲電鉄に合併された。その後、大井町～二子玉川間を1929年に全通させ，1934年に池上電気鉄道を合併した。／兄弟会社の東京横浜電鉄は，……渋谷～桜木町間全通は1932年……1938年に玉川電気鉄道を合併して渋谷を拠点とし，さらに目蒲電鉄に合併されて，商号は東京横浜電鉄とした。」（宮田道一・焼田健『日本の私鉄　東急』保育社，1997年，4頁）と概括しているように，東急電鉄の最初の出発点は都市開発事業であった。

　西武鉄道の起源と沿革は注(65)に略述する。

(34) 斎藤峻彦，前掲書(17)，146～147頁，および，佐藤信之「ローカル私鉄の現状と近年の動向——甲信越・東海のローカル私鉄」『鉄道ピクトリアル』第48巻第4号，1998年4月，20～22頁，参照．

(35) 斎藤峻彦，前掲書(17)，5頁．ただし，外国においても私企業による兼業の試みがなかったわけではない．例えば，ロンドンでは地下鉄事業者であるメトロポリタン鉄道が1885年から土地・住宅の分譲を始め，特に1919年以降は大規模な分譲を行っている（青木栄一「街づくりと鉄道」『鉄道ピクトリアル』第46巻第8号，1996年8月，11～12頁，参照）し，ロサンゼルスにおいてもかつて存在していた私鉄であるパシフィック電鉄が不動産業を展開している．しかし，このような試みは欧米では結局は広まらなかった．後者の事例については，西村弘氏が次のように述べている．「そのパシフィック電鉄は，ヘンリー・ハンチントン (Huntington, Henry Edwards : 1850～1927) により1911年に設立された．彼は，セントラル・パシフィック鉄道やサザン・パシフィック鉄道を作った当時の鉄道王の1人，C.P.ハンチントンの甥で，自身もサザン・パシフィックの経営に参加し，サンフランシスコで路面電車の経営にも携わっていた．やがて彼は，叔父から継承した鉄道株式も売却してロサンゼルスの不動産開発と都市間交通に投資を集中し始める．パシフィック電鉄はロサンゼルス地域の72もの路面電車会社を次々に吸収合併し，アメリカ最大の都市間電気鉄道システムを作り上げたのであった．」「もともと，ハンチントンら鉄道経営者のねらいは鉄道事業そのものではなく，鉄道がもたらす「無から有を生ぜしめる効果」，すなわち不動産経営にあった．この点は，沿線の無主地が与えられて財をなしたアメリカの鉄道王達の「伝統」を受け継いだものであり，それが都市経営に応用されたものと見ることもできる．」（西村弘「ロサンゼルスにおける交通政策の史的展開—— GM陰謀説の再検討とLA鉄道網の将来」『交通権』第16号，1998年5月，29頁）

なお，現在の日本国内では，私鉄企業のみならず公営交通すら兼業を営んでいる例がある．東京都交通局がそれで，本業の地下鉄・都電・都バス・モノレールの都営交通や付帯事業としての広告業だけでなく，小河内ダムを利用した発電事業も営んでいる（東京都交通局のホームページ）．

(36) 大島藤太郎『現代日本の交通政策』新評論，1975年，146～147頁．なお，中小私鉄の経営難は戦前からあり，甚だしい場合には，東京山手急行や南津鉄道・武蔵中央電鉄のように，計画・着工段階や営業開始のご

第 2 章　私鉄経営と私鉄政策－大手私鉄の輸送にみる－

く初期で事業が挫折し，廃業に追い込まれた例もある。また，経営難から脱出するために国鉄に買収してもらうことも1917年以降に行われている。以上は，和久田康雄，前掲書(29)，96頁，参照。
(37)　斎藤峻彦，前掲書(17)，21頁。
(38)　同上書，24頁。
(39)　同上書，21，24頁。ここに「大都市輸送特化型」として挙げられている私鉄が他の輸送を行っていないわけではない。例えば京王は高尾山・多摩動物公園，京急は油壺，阪神は甲子園球場というように，観光地・行楽地を沿線に誘致・開発して観光輸送を行っている私鉄もあるし，京急は羽田空港の輸送にも積極的に取り組んでいる。阪急・阪神・京急は京阪神間の都市間輸送も積極的に行っている。
(40)　同上書，26頁。
(41)　同上書，27頁。
(42)　石井晴夫，前掲書(32)，21頁。
(43)　斎藤峻彦「私鉄をめぐる最近の情勢」『鉄道ジャーナル』第28巻第5号，1994年5月，21頁。
(44)　このような通勤輸送における混雑と輸送力の不足の問題は，大手私鉄に限ったことではなく，大都市周辺の地下鉄や国鉄・JRもまったく同様である。大島藤太郎氏は国鉄の通勤輸送の厳しさを「こうした混雑の中でももっともひどいのは、通勤輸送であろう。」「中央線では代々木－新宿間、京浜線では新橋－上野間、特に有楽町－東京間、山手線では高田馬場－新宿間、代々木－渋谷間、常磐線では日暮里－北千住間、秋葉原－両国間等が最も混雑し、ラッシュ・アワーにはいずれも、定員の三倍前後に達し、全く「非人間的」な輸送状態を出現する。通勤客は、「機械でしめつけられたように、自分の意志で自分の体を動かすことの出来ない状態」が二〇分も三〇分も続き、電車を降りるとホッとし、朝の電車の中で一日のエネルギーの三分の一ぐらいを使い果たしてしまう感じである。電車の数は少なく、少ない電車を一本のレールの上で能率を上げるためには、一分五〇秒間隔という世界に類例のない運転をやっている。先の電車がホームを離れるともうつぎの電車が入ってくる。このためには、ホームのはずれに信号があるとともに、ホームの中程にも信号(ゼロ信号という)がある。信号と信号との間を可能な限り短くし、電車と電車との間隔をできる限り縮めて、一本のレール上で電車運転の能率を最大限にあげている。この反面、運転士・車掌の注意力－緊張度も最高限に達し、電車の間隔をあと一〇秒縮め、一分四〇秒にすると、

もう何本か電車が増発したことになるが、これは運転手の注意力の限度をこえてしまうので実施できないという。乗客大衆としては、はだに粟がたつような話である。」（大島藤太郎，前掲書(36)，55～56頁。文中の傍点は省略）と述べている。通勤輸送の厳しさについての記述は，中西健一『現代日本の交通政策』ミネルヴァ書房，1973年，44～45頁，も参照。

(45) 各路線とも線路の配線に旅客の利便性に対する配慮が欠けているなど，旅客の使いやすさという視点が不充分であるとの指摘がなされている。一例を挙げれば，1971年4月20日に千代田線との相互直通運転を含む大幅な運行体系の変更を行った常磐線では，綾瀬駅・北千住駅などにおける各停と快速との間の乗り換えの不便さ，途中に他企業の路線を挟むことからくる割高な運賃，それらにPRの不備が重なって，駅への抗議が相次ぎ，利用者の抗議集会が開かれ，区議会から改善要望書が提出された（曽根悟「常磐線と営団千代田線の"相互乗入れ"」『鉄道ピクトリアル』第34巻第8号，1984年8月，58～59頁，および，中村有一「営団地下鉄6000系　都心貫通93kmのロングラン」『鉄道ジャーナル』第30巻第4号，1996年4月，42～43頁，参照）。

(46) 運輸省鉄道局監修，前掲書(13)，27頁。

(47) 森谷英樹『私鉄運賃の研究　大都市私鉄の運賃改定1945～1995』日本経済評論社，1996年，67頁。

(48) 岡並木『都市と交通』岩波書店，1981年，特に「第三章　使いにくい公共交通網」，93～150頁，参照。ただし，共通運賃制度の導入には反対意見も少なくない。例えば，寺田一薫氏は「複数の交通事業者の間で共通運賃を採用したとき，最も大きな問題は運賃収入の事業者間での配分をめぐって生じる．……収入配分に関して事業者の仕事の量，努力の程度が反映されなければ，事業者はやる気をなくしてしまう．／サービスの供給者がお客さんのニーズをつかもうとするやる気をなくしてしまうことは非常に恐ろしいことで，そのようになれば一見わかりよい共通運賃が実現できたとしても，そのとき実現できる路線網やダイヤは，利用者の望んでいるものとはおよそかけはなれたものになってしまう可能性がある．」（文中の傍点は省略）「運賃表が単純であることと，毎日毎日同じ区間を，だいたい同じ時間に利用する大多数の利用者にとって便利であることとは別である．JR，都営交通，営団地下鉄に乗れる東京の「東京フリーきっぷ」のようなものがありさえすれば便利というのは旅行者の感覚で，そのような視点からのみ海外の共通運賃制度を評価すべ

第2章　私鉄経営と私鉄政策－大手私鉄の輸送にみる－

きではない．」(寺田一薫「都市交通の運賃政策を考える——海外の共通運賃制度をめぐって」『鉄道ピクトリアル』第41巻第1号，1991年1月，57頁)と，共通運賃制度に否定的な見解を示している．しかしこの意見は，事業者の「やる気」に対しては考慮しているものの乗客の「乗る気」については考慮がなされていない．また引用文の後半も，「毎日毎日同じ区間を，だいたい同じ時間に利用する大多数の利用者」には既に定期券制度があることや，サラリーマン・ビジネスマンでも往と復とで別の経路を使うなど通勤経路が多様化していることを無視した意見と言わざるをえない(島原琢『都市交通はこのままでいいのか——利用者からの改革案』東京図書出版会，2002年，50～51頁，66～70頁，参照)．

(49) 事業の分類は，京王帝都電鉄株式会社運輸部営業課編『京王時刻表(第3号) 1992・5・28ダイヤ改正号』同課，1992年，382頁，同『京王線・井の頭線時刻表 1997・12・24ダイヤ改正号』，1997年，183～184頁，同社総務部編『京王帝都電鉄三十年史』同部，1978年，32～34頁，および，京王のホームページ，を参考にした．なお，具体例として挙げた企業名のうち京王グループの関係は，上記文献のうちの第1および第2によった．

(50) 現在発行されている『鉄道統計年報』(運輸省鉄道局監修，前掲書(15)，など)の損益計算書では，自動車業・不動産業が他の兼業とは別項目として計上されている．

(51) 東急グループは，情報・文化部門として学校法人五島育英会・学校法人亜細亜学園・財団法人天文博物館五島プラネタリウム(2001年に閉館)を保有し，さらに五島育英会は武蔵工業大学・東急自動車学校を，亜細亜学園は亜細亜大学を経営している(東急のホームページ)．

(52) 京王帝都電鉄株式会社総務部編，前掲書(49)，102頁．

(53) 同上書，34頁．

(54) 佐藤美知男「近代交通の形成」多摩の交通と都市形成史研究会編『多摩　鉄道とまちづくりのあゆみⅠ』東京市町村自治調査会，1995年，31頁．なお，東京砂利鉄道は国有化され，「下河原線」という通称で呼ばれる中央線の支線となった．経過はおおよそ次の通りである．下の年表は，同上書，31頁，鈴木文彦「多摩の現状と鉄道」野田正穂・原田勝正・青木栄一・老川慶喜編『多摩の鉄道百年』日本経済評論社，1993年，261頁，京王帝都電鉄株式会社総務部総務課編『10年のあゆみ』，同社，1958年，61～63頁，関崇博・池田光雅・荒川好夫『国鉄の車両19　首都圏各線』保育社，1984年，137～138，147頁，および，山田俊明「EB10

と「下河原線」跡を訪ねて」『鉄道ピクトリアル』第41巻第1号,1991年1月,90～91頁,による。

  1910年   ：東京砂利鉄道が開業(国分寺－多摩村間,6.4km)。
  1920年5月25日：鉄道省に買収される(国分寺－下河原間,7.1km)。
  1921年12月1日：営業廃止（非営業貨物線とする）。
  1934年4月2日：国分寺－東京競馬場前間(下河原線の途中から分岐して競馬場前に至る,5.6km)電化開業(競馬開催日のみ営業)。
  1944年10月1日：国分寺－東京競馬場前間休止。
  1947年4月24日：国分寺－東京競馬場前間復活。
  1948年12月6日：京王帝都電鉄が下河原線共用を出願。
  1949年4月23日：京王帝都電鉄が払い下げを出願。
  1949年11月21日：常時運転開始。
  1951年1月23日：京王線中河原停車場構外側線敷設認可申請。
  1951年2月8日：京王帝都電鉄が下河原線砂利専用側線敷設認可申請。
  1951年4月10日：中河原停車場構外側線敷設認可。
  1952年7月1日：下河原貨物駅開業,貨物営業再開。
  1973年3月31日：国分寺－東京競馬場前間旅客営業廃止。
  1973年4月1日：武蔵野線開業。下河原線は路線の大部分を武蔵野線に転用。
  1976年9月20日：北府中－下河原間廃止。
  1987年4月1日以降：国分寺駅南側構内にあった貨物施設を,駅ホーム増設用地と駅ビル・マンション用地に転用。

(55) 1951年11月2日には京帝砂利株式会社が設立されている（京王帝都電鉄株式会社総務部総務課編,前掲書(54),63頁）。
(56) 青木栄一「多摩の産業と鉄道」野田・原田・青木・老川編,前掲書(54),81頁。
(57) 和久田康雄,前掲書(29),89頁。
(58) 同上書,116頁。
(59) 同上書,123頁。
(60) 京王帝都電鉄株式会社総務部編,前掲書(49),12頁。なお,国分寺－府中間の鉄道はついに開業しなかった。
(61) 同上書,66～67頁。
(62) 斎藤峻彦,前掲書(17),115頁,参照。もちろん,阪急に学んだものの事業に失敗した札幌温泉のような例もある（濱田啓一・渡辺真吾「失

第2章　私鉄経営と私鉄政策－大手私鉄の輸送にみる－

われた鉄道・軌道を訪ねて[52]　札幌温泉電気軌道」『鉄道ピクトリアル』第34巻第1号，1984年1月，70〜75頁，参照）。
(63)　和久田康雄，前掲書(29)，60頁。
(64)　越沢明『東京の都市計画』岩波書店，1991年，131頁。もっとも，「宅地割についてはとくにアーバンデザイン上の配慮は何もなされていない」とはいっても，この一帯は現在も整然とした区画が残っており，その周辺の，乱開発・スプロール化による不規則な道路網とは対照的である。分譲地内に誘致された東京商科大学予科は一橋大学小平分校を経て現在は閉鎖されている。
　　　なお，当初の田園調布の開発においては，小平学園分譲地とは対照的に，建築の景観や建坪率などを規定・制限する紳士協定が定められた。
(65)　中央線の国分寺から小平学園を経由して萩山までの鉄道が，箱根土地の子会社である多摩湖鉄道によって1928年に開通し，1930年には村山貯水池（多摩湖）まで延長された。この路線は村山貯水池・桜堤（玉川上水）への観光客のみならず，小平学園居住者の利用も見込んでいたといわれるが，都心から遠かったせいか小平学園分譲地の売れ行きはかんばしくなかった。同じ箱根土地が開発した国立も売れ行きが悪く，特に定住する人は少なかった。これらの地域に住宅地が形成されたのは戦後である。野田正穂氏は，「当時住宅地化が進んでいたのは中央線でいえば吉祥寺ぐらいまでで，国立や小平・大泉は実際に住むために買う人はほとんどいませんでした。これらはそのほとんどが別荘用あるいは投資用で，実際にそこに住宅を建てて住居を目的としたものではないため，更地だけの分譲方式が盛んにとられました。」（野田正穂「学園都市の形成と交通の発達」多摩の交通と都市形成史研究会編『多摩　鉄道とまちづくりのあゆみII』東京市町村自治調査会，1995年，137頁）と，これらの開発では土地が売られただけで住宅地は形成されなかったことを述べている。上記の多摩湖鉄道は1940年3月に武蔵野鉄道に吸収合併され，現在は西武鉄道の1支線である多摩湖線になっている。
　　　なお，現在の西武鉄道成立までの沿革はおおよそ次のようである（近藤禎夫「西武鉄道の起こりと歩み」近藤禎夫・安藤陽，前掲書(33)，17〜26頁，および，青木栄一「多摩地方の鉄道網発達史年表」野田・原田・青木・老川編，前掲書(54)，300〜301頁，参照）。
　　　現在の西武鉄道は池袋線（池袋－飯能間）・新宿線（西武新宿－本川越間）の2幹線を有しているが，池袋線の起源は1915年4月に池袋－飯能間で営業を開始した武蔵野鉄道である。同社は全線電化（1922〜25年）

などの設備投資のために赤字に転落，1934年には破産状態になったため，有力株主であった箱根土地が経営再建に着手，1940年には一応の成功をみて，箱根土地の堤康次郎氏が社長に就任した。一方の新宿線は，1895年3月に国分寺－本川越間で営業を開始した川越鉄道(国分寺－久米川間は前年12月に開業)が起源である。同社は一時期は武蔵水電の所有になっていたが，武蔵水電が本業の電力事業に専念するために鉄道部門を切り離したので，1922年11月に(旧)西武鉄道となり，1927年4月に東村山－高田馬場間を開業（これに伴って国分寺－東村山間は支線になった。注(101)参照），同時に全線電化を行って，上記の武蔵野鉄道と競合するようになった。しかし，戦時下の国策であった私鉄整理統合策の圧力もあって，1943年に堤康次郎氏が社長に就任，1945年9月に武蔵野鉄道に吸収合併される。ただし，社名は吸収された側の「西武」が残って西武農業鉄道となり，ついで1946年11月に(現)西武鉄道に改められた。なお，西武新宿線の高田馬場－西武新宿間が開業したのは1952年である。

(66) 越沢明，前掲書(64)，124頁。会社経営にあたっては小林一三氏に指導を依頼している（同上書，125頁）。

(67) 同上書，125頁。注(33)に記したように，この田園都市・目黒蒲田電鉄・東京横浜電鉄の3社が現在の東急電鉄の母体である。

(68) 藤條義之・寺坂伊佐夫「鉄道事業者からみた快適通勤促進への取組み――東急田園都市線，新玉川線を例として」『鉄道ピクトリアル』第40巻第3号，1990年3月，20頁。なお，この時点での田園都市線は，現在のように渋谷を経由して都心へと直通するものとは全く異なり，既に建設されている大井町線に直通し，さらに6号線(現在の都営三田線)と直通運転する方向で検討され，一時は免許も取得していた。

(69) 鈴木文彦「輸送力増強と市街地形成」多摩の交通と都市形成史研究会編，前掲書(54)，207頁。

(70) 同上論文，207頁，および，京王帝都電鉄株式会社総務部編，前掲書(49)，78～79頁。

(71) 小沢辰男「誰のための一極集中」日本科学者会議東京支部編『これでいいのか東京―― 一極集中を検証する』白石書店，1991年，15頁。

(72) 宮本憲一『都市経済論――共同生活条件の政治経済学』筑摩書房，1980年，11頁。

(73) 同上書，28～29頁。

(74) 池田清・堀真之助「オフピーク通勤の推進――快適通勤の実現に向けて」『鉄道ピクトリアル』第45巻第4号，1995年4月，15頁。

第 2 章　私鉄経営と私鉄政策－大手私鉄の輸送にみる－

(75)　森谷英樹，前掲書(47)，234頁。
(76)　ただし，いわゆる公共事業の問題にみられるように，有益性の低い投資も行われてきたと指摘されている。それらの投資は財政を悪化させ，地域自体が投資に依存する体質を作り出し，さらに政治や経済政策をゆがめる結果となっている。もっとも，現在の日本の大都市の生活基盤や環境が充分で過疎地よりも優れているかどうかは，議論の余地があろう。
(77)　可住面積は，矢野恒太郎記念会編『日本国勢図会（1981年版）』国勢社，1981年，526頁，人口などの諸数値は，宮川暢三ほか編『標準高等地図——現代世界とその歴史的背景』帝国書院，1994年，119〜120頁，による。
(78)　西村弘「大都市交通体系の現状と政策課題」安部誠治・自治体問題研究所編『都市と地域の交通問題』自治体研究社，1993年，117頁。なお，単純に国土面積を分母としてみた時に人口密度の高い国は他にもあるが，それらは国土が平地主体で可住面積が広いか，国土面積の極めて小さな国であることが多い。平均人口密度が4000人/km^{2}を超えている国はシンガポールとモナコだけであり，1500人/km^{2}を超える国もこれにバチカンを加えた3国だけである。
(79)　現在は，首都圏に属しているとされる横浜市の方が，大阪市・名古屋市よりも人口密度が大きい。また東京都の人口密度は，奥多摩方面などの過疎地を含めても5000人/km^{2}を超え，東京特別区の大半の区は1万人/km^{2}を超えている。これは国としてのシンガポール全体の人口密度よりも大きい。シンガポールのそれは約4500人/km^{2}で，大阪府とほぼ同程度である。
(80)　中村英夫「東京の交通問題　まとめと展望」東京大学工学部交通工学研究共同体編『東京の交通問題』技報堂出版，1993年，202頁。この3000万人という首都圏の人口は，イギリスやフランスの全人口の約半分である。
　　　なお，単に比率として人口が都市に集中している国は日本以外にもある。例えばオーストラリアでは，総人口約1800万のうちの約40％がシドニー（人口約380万人）・メルボルン（約320万人）の2都市に集中し，他の州でも人口の60〜75％が人口数十万の州都に集中しているが，都市の規模が日本と比較にならぬほど大きいため（例えば首都のキャンベラでは30万人が東京都区部程度の面積に居住している），日本におけるような都市問題は発生しにくい（関根政美「未完の街　キャンベラ」『三田評論』1998年2月号，58〜61頁，参照）。

(81) このような都市集中現象は，東京などの巨大都市のみならず，地方中核都市と農村部の間においても発生している（野原敏雄「総合開発計画と交通体系」日本科学者会議編『今日の交通　住民と自治体の視点から』水曜社，1977年，16頁，参照）。
(82) 郊外の宅地開発は，東京よりも大阪の方が早かった。大阪は商業都市で明治維新以前から人口が過密だった上にその後の工業化も早く，中心部の住居環境の悪化が激しかったためと思われる（野田正穂，前掲論文(65)，127頁，参照）。
(83) 運輸省鉄道局監修，前掲書(13)，228〜229頁，によると，首都圏・近畿圏・中京圏ともに通勤・通学に要する平均時間は1時間を超えており，特に首都圏では平均所要時間が69分，通勤・通学者の62％が60分以上，25％が90分以上かかっている（1995年）。大都市圏の居住者はこのような状況に慣れ，奇異に思わなくなっているが，労働科学研究所の斎藤一氏が通勤者に対する疲労度検査とアンケート調査の結果から，職場における拘束時間と通勤時間の合計が10.5時間以上になると生理的再生産の一部（食事・身支度・用便・入浴・休息・保健など）の時間が切りつめられ，これが12.5時間以上に達すると睡眠時間まで短縮を余儀なくされるとの結論を得，「残業2時間で，10時間勤務となったばあい，往復0.5時間以上の通勤で，既に生理的再生産時間の一部が犠牲とされ，往復2.5時間を超えると，睡眠時間までが，短縮されるとみなければならないであろう。」（斎藤一「通勤時間と労働問題」『労働の科学』第17巻第2号，1962年2月，14〜15頁）と指摘しているように，じつは生理的限界を超えた長時間通勤・通学を強いられているのである。
(84) 大島藤太郎，前掲書(36)，147〜148頁。
(85) 千代田区は都心の例として比較のために加えた。通勤先となる事業所が多く立地していること，過去に京王の都心延長路線（両国線・上野線）の計画があり現在は都営新宿線が通じていることが，選んだ理由である。
(86) 自転車の使用は，買い物など通勤以外の目的によるものも多く，通勤・通学を目的として駅で鉄道に乗り換える数の十数倍に達することもあるという（渡辺千賀恵「クルマ社会からサイクル社会へ」『交通権』第11号，1993年3月，16頁，参照）。
(87) ネットワークを通じて地理的条件を克服した活動ができそうに思える情報技術産業が東京に集中するのは奇妙に思えるが，これは，東京に事業所が立地していることがステータスシンボルとなっている可能性もあ

第 2 章　私鉄経営と私鉄政策－大手私鉄の輸送にみる－

る（『朝日新聞』2000年9月20日）。なお，1980年から1990年代にかけて成長したパソコン関連産業は必ずしも東京都心に立地しているとは限らなかった。例えば，「一太郎」などのパソコンソフト・DTPシステムのジャストシステムが徳島，パソコン本体や周辺機器のエプソンが諏訪，周辺機器やメモリー管理ソフトのアイ・オー・データ機器が金沢，画像処理の周辺機器のカノープスが神戸，ディスプレイの飯山電機が長野，周辺機器や関連ソフトのメルコが名古屋，などである。

(88)　運輸省編「望まれる公共輸送機関の健全な発展——陸上旅客輸送を中心として」『昭和46年版　運輸白書』大蔵省印刷局，1971年，102頁。

(89)　田中角榮『日本列島改造論』日刊工業新聞社，1972年。渡辺新三・松井寛・山本哲『都市計画要論』国民科学社，1989年，224～225頁，参照。

(90)　生方良雄「小田急電鉄・その歴史」三島富士夫・生方良雄『鉄道と街・新宿駅』大正出版，1989年，51～52頁。

(91)　京王電鉄株式会社広報部編『京王電鉄五十年史』同社，1998年，102～103頁。

(92)　運輸省編「鉄道をめぐる諸問題」『昭和44年版　運輸白書』，大蔵省印刷局，1969年，151頁。

(93)　運輸省鉄道局監修，前掲書(13)，211頁。

(94)　曽根悟「快適通勤を考える」『鉄道ピクトリアル』第40巻第3号，1990年3月，17頁。曽根氏の主張するところは望ましい状況にはちがいないが，この答申の目標である混雑緩和目標150％（東京付近では180％）が達成されれば，それだけでも現状に比べれば大幅な混雑緩和になるはずである。現在の通勤路線の中でも混雑の激しい路線たとえば中央線快速の最混雑時には，発車時には乗客を押し込んだり引き剥がしたりしないと扉が閉められない，車内では乗客同士の体が密着して他人の脈拍すら感じられる，というような状態であり，ダイヤが乱れると，列車が駅について扉開き操作を行っても車内の圧力のために扉が開かなかったり，走行中に扉が開いてしまうことすらある（走行中の揺れや加減速により，乗客の動きや扉に挟まった荷物に引きずられて開くのであろうか）状況である。混雑率はおそらく300％をはるかに越えているであろう。

(95)　森谷英樹，前掲書(47)，233～235頁。

(96)　京王線では既に最混雑時間帯における増発と列車編成長延長が限界に達しており，1992年のダイヤ改正では「1時間帯に集中する混雑を前後に転移，分散化させることを期待して，新宿到着7時30分～9時30分の2時間帯枠の中で列車の増発をした。／……改正後の調査では，期待し

た前後時間への転移・分散化が顕著で，増発の効果が認められている。」（野口紘一「"輸送と運転"近年の変遷と現状」『鉄道ピクトリアル』第43巻第7号，1993年7月，29頁）とのことである。土屋知夫・今城光英「対談：京王帝都電鉄の鉄道事業を語る」同上誌，同号，20頁，をも参照されたい。

(97) 大島藤太郎，前掲書(36)，151頁。国鉄や公営鉄道であっても，独立採算制が行われてきた現状ではやはり公共性と収益性との矛盾が存在しており，国鉄の赤字に代表される採算性悪化の問題はこの矛盾によるところも大きいと思われる（松尾光芳『日本交通政策論序説（第2増補版）』文真堂，1991年，6～8頁，参照）。

(98) 関西では南海・京阪などが戦前から複々線化を行っていたが，関東では戦前に完成した複々線区間は東急東横線・目蒲線の田園調布－多摩川園間(0.9km)のみで，しかも2路線が単に並走しているだけであった。本格的な複々線化は東武伊勢崎線が1974年に開通させたほかは，早いものでも1970年代後半であった（祖田圭介「大手民鉄複々線区間の線路配線を見る」『鉄道ピクトリアル』第48巻第3号，1998年3月，15頁）。このほか，工事に伴う仮の複々線が京王線の北野－長沼間(1980年代後半，八王子直通列車と高尾線直通列車の路線別運転)などに設けられたことがある。

(99) 清水豊夫「京王帝都電鉄の施設（軌道・駅・トンネル・橋りょう）」『鉄道ピクトリアル』第23巻第6号，1973年5月，49頁。

(100) 合葉博治・猪俣剛「私鉄車両めぐり[97] 京王帝都電鉄」同上誌，同号，66頁。

(101) 西武国分寺線(国分寺－東村山間)は恋ヶ窪－羽根沢信号所のみが複線，それ以外は単線(ただし各駅とも交換可能)で，複線化用地の確保も見受けられない区間もある（ただし国分寺駅の番線には欠番があり，構内は複線化を考慮しているものと思われる）。京王動物園線が単線でありながら開業時から複線分の路盤を確保しているのとは対照的である。西武多摩湖線(国分寺－西武遊園地間)は全線単線で，青梅街道など列車の交換すらできない駅もある。ただし一部の駅間には，本町信号所など交換施設を置いている。複線化の用地は一部では確保されているようである。

　なお，国分寺線の起源は川越鉄道(国分寺－所沢－本川越間)として1895年に全線開業した路線であるが，現在の西武新宿線の東村山－高田馬場間が1927年に開業してからは東村山以北はこれと直結して新宿線に

第2章　私鉄経営と私鉄政策－大手私鉄の輸送にみる－

なり（注(65)参照），国分寺－東村山間は支線となって，設備投資もなおざりにされた。高田馬場－本川越間が1927年にすでに全線電化されていたのに対し，国分寺－東村山間の電化は1948年であり，1960年頃の運転間隔は通勤時間帯20分・日中40分，1980年代でも日中の運転間隔は20分であった。現在は列車が6両編成であり最混雑時間帯でも車内には多少のゆとりがみられるが，1980年代後半までは4両編成で，朝の国分寺方面は扉を閉めるのがやっとの混雑で客扱いが手間取り，列車も遅れやすく，恋ヶ窪駅や羽根沢信号所では交換待ちもみられた（青木栄一「南北交通問題と鉄道」野田・原田・青木・老川編，前掲書(54)，281～282頁，および，佐藤美知男，前掲論文(54)，24～25頁，参照）。
(102) 山田俊明「私鉄の沿線開発と住宅地化」野田・原田・青木・老川編，前掲書(54)，195頁，参照。
(103) 斎藤峻彦，前掲書(17)，74頁。
(104) なお，鉄道建設と宅地開発とが全て公的主体によって行われた例としては，高島平団地と都営三田線が挙げられる。この開発で特に興味深いのは，志村車検場の上に人工地盤を設置して都営住宅や学校を建設したことであろう（山田玉成・諸河久『日本の私鉄21　都営地下鉄』保育社，1982年，33頁，および，西野保行「高島平という街と都営三田線――田圃からの大化け」『鉄道ピクトリアル』第46巻第8号，1996年8月，30～31，42～47頁，参照）。
(105) 川島令三『関西圏通勤電車事情大研究』草思社，1987年，23頁。
(106) 中央線の八王子・立川・国分寺など貨物施設跡地を利用した駅ビルでは，距離が長いとはいっても専用の通路が用意されていて，聖蹟桜ヶ丘とは対照的である。聖蹟桜ヶ丘と同様の例は静岡鉄道の新静岡駅ターミナルにもみられる。新静岡駅は鉄道駅とバスターミナルが一体になって地上にあり，地下にはスーパーマーケットがあるのだが，駅への出入りだけではなくバス同士の乗り換えも地上を渡ることができず，地下のスーパーの売場の間を通らなければならない。スーパーは通勤通学客やバス運転士などで混雑していて，その雑踏の中では買い物客の購買意欲が湧くかどうか疑問である。
(107) 上岡直見『乗客の書いた交通論』北斗出版，1994年，54頁。
(108) 森谷英樹，前掲書(47)，102，104頁。
(109) 1970年代には，私鉄の兼業に対する規制の強化や別会社化を求める意見もあった（同上書，103頁，参照）。
(110) 角本良平「幻想を抱いて走る通勤電車」『鉄道ジャーナル』第25巻第

3 号，1991 年 3 月，39，41 頁。ただし角本良平氏は，1966 年には「通勤新幹線構想」を発表するなど，かつては職住接近を消極視し，むしろ鉄道の高速化や通勤新幹線に代表される設備投資によって通勤問題を解決する主張を行っていた（角本良平「通勤新幹線の構想」『鉄道ピクトリアル』第 21 巻第 12 号，1971 年 12 月，4～8 頁）。

(111) 曽根悟「快適通勤実現への工夫」『鉄道ピクトリアル』第 41 巻第 5 号，1991 年 5 月，10 頁。

(112) 曽根悟「1990 年代の鉄道を展望する」『鉄道ピクトリアル』第 41 巻第 1 号，1991 年 1 月，13 頁。

(113) 中西健一，前掲書(44)，59 頁。

(114) 同上書，63 頁。

(115) 上岡直見，前掲書(107)，69 頁。

(116) 国鉄本社常務理事の阪田貞之氏は，「一六両編成では、長さは三〇〇メートルをこえることになる。乗客が乗り終わったことを確認しドアを閉めるといった駅員や乗務員の仕事を考えたばあい、これ以上列車が長くなっては見通しがきかなくなるであろう。駅における安全設備に根本的な改革が必要になるのみでなく、列車が長くなれば運転間隔をひろげざるをえなくなる。一六両編成は列車の長さからみてすでに限界と思われる。」（阪田貞之『列車ダイヤの話』中央公論社，1964 年，38 頁）と述べている。列車の編成長を伸ばした場合，このほかにも，インフラが大がかりになる，平均乗車がされにくい，速度制限のある区間を通過するのに時間がかかる，などの問題も生じてくる。なお，筆者の個人的な印象としては，さほどの支障なく扱える編成長は，車掌が乗務している場合でも 6 両以下ではないかと感じられる。

(117) 曽根悟，前掲論文(94)，16 頁，参照。このほか，情報技術を活用したり従来の信号体系・配線・運転方式にとらわれない抜本的な輸送力増強手段も考案されてきたが，例えば運転の遅延が許されないなどの厳しい条件が付くものもあって，即座に実現可能かは疑問である。

(118) 森谷英樹，前掲書(47)，247 頁。

(119) 大都市への人口集中はこのほかにも，住宅・土地問題など生活環境の悪化や住民の経済的負担の増大，廃棄物の収集・処理問題に代表される環境の悪化，混雑によるストレスの発生や犯罪の増加など，さらに近年とりわけ注目されている豪雨による都市災害の激化など，さまざまな弊害をもたらしている。大規模な震災による被害も計り知れないものがある。筆者はこのような問題の解決・緩和のためにも人口の分散は望ま

第 2 章　私鉄経営と私鉄政策－大手私鉄の輸送にみる－

しいと考える。しかし，都市への人口集中の原因には，地方とりわけ農漁村の保守的な雰囲気が若年層に嫌われているという面もあり，人口集中問題の解決には社会学的な観点からの取組も必要であろう。
(120)　道路特定財源制度の廃止については，道路整備が進まなくなるという反対意見が出ているが，道路整備がほんとうに必要ならば一般財源から拠出することも可能なはずである。もっとも，道路整備への政治的圧力が強い現在の状況下では，一般財源から拠出する制度に変更すると道路整備費が際限なく膨張する可能性もなくはない。
(121)　地方都市においてもすでに，従来からの中心部の空洞化や商店街の沈滞化，それと連動した公共交通の衰退と自家用車利用の増加がおこっている。都市計画に立脚した早急な対策が必要であると考える。
(122)　自転車利用の増加によりバス利用者が逸走してバスが減便ないし休止になり，それがまた自転車利用の増加の原因になるといった悪循環のほか，駐輪場整備や駐輪撤去に莫大な費用がかかるという問題が発生している。自転車の撤去費用は膨大なもので，例えば小平市では1997年度に 1 万2000台の自転車を撤去し，費用は5940万円，1 台あたり約5000円かかったという（『市報こだいら』1998年10月20日号）。なお，この駐輪問題は大都市のみならず地方都市や農村部でも既に発生している。例えば JR 東日本大糸線の沿線の各駅には路線バスがほとんどないため（地元バス企業の松本電鉄はほとんど撤退し，生活路線は池田町営バスの穂高－安曇追分－池田間だけである），通勤・通学に自転車の利用が盛んで，駅によっては駐輪のために周辺の歩行が妨げられるほどである。
　このような状況下で，駐輪場の一層の整備を主張する論者もいる。例えば，永井英慈氏は「自転車公害は，第一義的には自治体の責任である。……／駅周辺の既成市街地に，駐輪場を十分に確保することは至難の仕事だ。でもつくらなければならないのだ。」（永井英慈『私の電車主義宣言』プレジデント社，1998年，139頁）と，行政による駐輪場の整備を主張している。しかし，日本の大都市は用地が少ないから，単に自転車を停めておくだけで他の目的には使えない駐輪場のために，多くの土地を確保する余力があるとは思えない。また，本文および上に述べた観点からも，自転車利用をさらに増加させることは問題である。
　郊外から都心への自転車通勤を提唱している論者もいる。例えば，ダグラス－ラミス氏は「例えば東京の中心から，自転車専用に東西南北四つの幹線を開けば，一気に満車になると思うんですよ。喜んで自転車に乗って通勤する人が出ると思う。」（鈴木正文・ダグラス－ラミス「対

談：クルマ社会は乗り越えられるか？」村井敬吉(編集長)『オルタ4　クルマ社会からのテイク・オフ』アジア太平洋資料センター，1993年，26頁）と，自転車専用通勤道路の設置を提案している。しかし，自転車の幅あたり輸送力は決して大きいものではないし，現在の大都市では通勤距離の長さや地形などの地理的条件からいって，この提案は非現実的であると思われる。自転車専用道路が実現した場合には，自転車による渋滞や事故などの問題が新たに発生する恐れも大きい。

(123)　例えば，桜井徹「交通体系の現状と問題」清水義汎編『交通政策と公共性』日本評論社，1992年，57〜59頁，参照。なお，経営が極めて厳しい過疎地の交通も改善の余地がないわけではない。特にバス輸送については，小型車両の導入・スクールバスと路線バスの一体化・バスカードの導入・宅配業者荷物輸送の代行など，利便性向上のために多くの方法が工夫されている（運輸省自動車交通局企画課道路交通活性化対策室監修『バス路線運行維持対策事例集　バスの利便性向上とバス活性化を促進した好事例』運輸経済研究センター，1995年）。日本ではまだ導入されていないが，郵便事業と路線バスを統合したポストバスも考慮に値しよう。

(124)　舩橋晴俊「社会構想と社会制御」井上俊・上野千鶴子・大澤真幸・見田宗介・吉見俊哉編『現代社会学26　社会構想の社会学』岩波書店，1996年，14〜15頁。

(125)　これが，現在いわれている「規制緩和」の論拠の1つになっている。行政組織の自己目的のためとしか思われない規制が多数あるのは確かであるが，現在の規制緩和は市民のためというよりも，むしろ企業の利益の拡大のために行われているとしか見えない事例が多い。現在の日本の規制緩和について，中村太和氏は「市民社会的自由を保障する権利を解体し，巨大な多国籍企業が支配する独占資本主義段階において古典的市民法を復帰させようとしている点で，歴史に逆行する性格を内包している。」（中村太和『検証・規制緩和』日本経済評論社，1998年，223頁）と，それが必ずしも市民のために行われていないことを述べているが，筆者も全く同意見である。

(126)　第3章注(108)，参照。

(127)　詳しくは，第3章注(108)に述べる。

(128)　舩橋晴俊，前掲論文(7)，22頁。FNAUT の正式名は，Fédération Nationale des Associations d'Usages des Transports。

(129)　交通企業も利用者のニーズを把握する努力をしていないわけではな

第2章　私鉄経営と私鉄政策－大手私鉄の輸送にみる－

いが，利用者との間に認識のずれがあることは否めない。列車ダイヤの編成，駅の新設・改造の際の基本設計，といった基本的な問題から，駅の案内掲示，自動改札機の構造，自動精算機の設置場所，ホームのベンチの数と設置場所，便所の数と保守管理，といった細かな問題まで，利用者の利便性を配慮しているとは思えない点が多々見受けられる。それらのあるものについては本論文の随所で取り上げ，考察を行ったが，筆者の主張は，さらに詳しくは，島原琢，前掲書(48)，を参照していただきたい。

(130)　高橋俊夫「企業組織と企業統治」高橋俊夫・大西健夫編『ドイツの企業』早稲田大学出版部，1997年，38～39頁。

(131)　例えば，夜間の混雑緩和のために増発を望む遠距離通勤者と，騒音・振動など鉄道による外部不経済のために増発を望まない沿線住民が対立する恐れがある。従来も，新幹線騒音問題や空港建設をめぐって，交通の便宜を享受する利用者と外部不経済を被る沿線・近隣住民との間で，利害が相反することがあった。都市交通では同一地域内で利害の対立が発生するから，問題がいっそう先鋭化する恐れがある。

第3章　交通産業経営の市場・行政的側面
―― 京王電鉄における市場と行政 ――

I　京王電鉄・京王グループの概要

　以上，通勤輸送に代表される鉄道の輸送問題について，鉄道企業における公共性と収益性との間の矛盾，および外的要因としての国土政策・運輸政策の面から分析をしてきた。以下では京王電鉄株式会社を事例として交通業の経営について考える。その前提として，まず京王電鉄と京王グループの歴史と現状について触れておきたい。

　京王電鉄は東京南西部に位置する大手私鉄で，沿線を中心として多角的経営を営んでいる京王グループの中核企業でもある。1948年の会社設立の際に，母体企業であった京王電気軌道と帝都電鉄にちなんで京王帝都電鉄という社名を付けたが，1998年に現在の京王電鉄に改称された。

　京王電鉄の路線の変遷と現在の路線図，および略年表を，図10および表3に示す。

1　京王電鉄の歴史

　現在の京王電鉄は，戦前は京王電気軌道と帝都電鉄という互いに無関係だった2つの鉄道企業が，東急による合併を経たのち，戦後に統合されて成立した鉄道企業である。そこで，京王電気軌道・帝都電鉄と京王電鉄（京王帝都電鉄）の3つに分けて，系列企業も含めて歴史を追うことに

図10 京王電鉄の路線図

10-1 路線図(営業キロ・駅数)

線別	区間	キロ数	駅数
京王線	新　宿－京王八王子	37.9km	33**
高尾線	北　野－高尾山口	8.6km	6
相模原線	調　布－橋　本	22.6km	11
競馬場線	東府中－府中競馬正門前	0.9km	1
動物園線	高幡不動－多摩動物公園	2.0km	1
小　計		72.0km	52
井の頭線	渋　谷－吉　祥　寺	12.8km	17**
全線計		84.8km	69

＊）新宿－京王八王子間は複々線を含む
＊＊）明大前は井の頭線で算出

10-2 京王電鉄路線の変遷

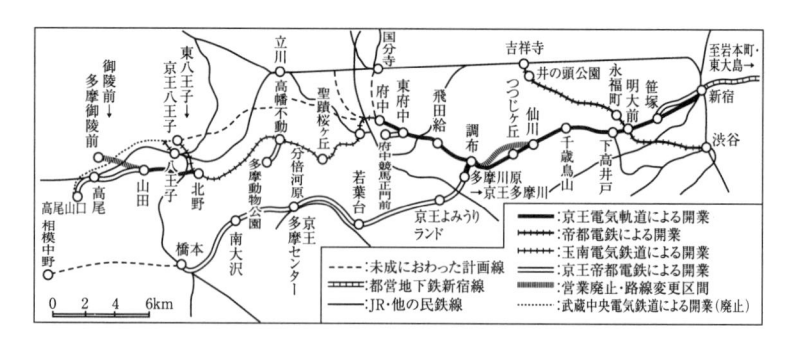

出所：上図は、春山暁「総説：京王帝都電鉄――京王線開業80周年、井の頭線開業60周年、路線バス開業80周年」『鉄道ピクトリアル』第43巻第7号、1993年7月、11頁、下図は、青木栄一「京王帝都電鉄のあゆみ（戦後編）――路線網の整備と地域開発」同上誌、同号、105頁、による。

第3章　交通産業経営の市場・行政的側面

表3　京王電鉄の略年表(母体企業・関連事項を含む)

京王電気鉄道と関連事項

年	事　項
1889	(甲武鉄道開業)
1906	(甲武鉄道国有化)
1910	**京王電気軌道設立**
1913	鉄道・バス・配電事業開始
1925	東八王子開業
1930	(中央線浅川電化)
1931	御陵線開業
1942	配電事業譲渡
1944	**東急**に合併
1945	御陵線休止、戦災、地方鉄道へ移行

帝都電鉄と小田急・東急関連事項

年	事　項
1899	(大師電気鉄道開業)
1923	(目黒蒲田電鉄開業)
1927	**小田原急行電鉄開業**
1928	東京山手急行・渋谷急行設立
1933	**帝都電鉄開業**
1934	帝都線全線開通
1940	小田急に合併
1942	**東急**に合併、井の頭線と改名
1945	戦災

京王帝都電鉄・京王電鉄と関連事項

年	事　項
1948	**京王帝都電鉄設立**
1955	新宿－東八王子間53分運転開始
1957	つつじヶ丘団地分譲
1963	新宿駅地下化、昇圧、特急運転開始
1967	(中央線特快運転開始)
1967	高尾線開業、めじろ台団地分譲
1971	井の頭線急行運転開始
1974	相模原線多摩センター開業
1980	都営新宿線直通運転開始
1990	相模原線橋本開業
1997	京王バス設立、運賃値下げ
1998	**京王電鉄**に社名変更

東京急行電鉄
小田急電鉄
京浜急行電鉄
東横百貨店

出所：京王電鉄株式会社総務部編『京王帝都電鉄三十年史』同部，1978年，236～248頁，京王電鉄株式会社広報部編『京王電鉄五十年史』同社，1998年，283～329頁，および，野田正穂・原田勝正・青木栄一・老川慶喜編『多摩の鉄道百年』日本経済評論社，1993年，299～306頁，から作成。

する。[1]

京王電気軌道（1905～1944年）

　日露戦争直後の好況期に日本各地で電気鉄道計画が立てられたが、その1つである日本電気鉄道は1905年に蒲田－玉川－狛江－調布－府中－立川間と新宿－神代－府中間の鉄道建設を出願，1906年には社名を武蔵電気軌

道と変更して，立川－八王子間と府中－国分寺間を追加出願した。1907年に，新宿三丁目－府中－立川(現在のJR中央線立川駅の南方)－八王子間(38.9km)・府中－国分寺間(3.6km)・立川－立川停車場間(1.6km)の計3路線に特許が下り，蒲田－調布間は却下された。その結果，計画上の路線はほとんど甲州街道に沿った形となり，新宿－府中間は現在の京王線とほぼ同位置，また府中以西の立川までは現在の南武線の経路に近く，立川－八王子間も甲州街道に近接するものとなった。

1910年に，京王電気軌道と社名を変更して創立した。設立趣意書には，住宅地・行楽地の発展，電力供給事業，砂利採取・輸送事業など，兼業による地域開発もうたわれている。のちに相模原線の母体となる調布－多摩川原間は1912年に特許が下りた。

1912年には鉄道を着工し，新宿付近の用地買収が遅れたため笹塚－調布間を1913年に開業，同時に未開業区間の新宿－笹塚間と調布－府中－国分寺間では代行のバス輸送を開始した（1915年までに廃止）。1915年には現在の新宿三丁目付近に新宿ターミナルを設置，1916年には府中まで延長した。ただし経営成績は危機的で，府中－八王子・国分寺間は着工されず，特許は1915年から1916年にかけて失効した。配電事業は1913年に開始している。

当時の鉄道は路面電車とほとんど変わらず，甲州街道上には併用軌道もあった。電車も2軸車で，路面用の救助網も装備していた。集電装置も2本トロリーポールであり，軌間も東京市電と同じ1372mm (4 ft 6 in)の東京軌間であった。

国分寺への鉄道はついに建設されなかったが，八王子への延長のためには玉南電気鉄道という子会社を1922年に作り，資本金150万円のうち40%（60万円，1万2000株）は京王電軌が保有，ほかは主に沿線の地域住民が保有した。子会社にしたのは，沿線の資金を活用しようとしたため，および玉南電鉄を地方鉄道法に基づく鉄道にして補助金を得ようとしたためである。このため，軌間も京王電軌とは異なる1067mm (3 ft 6 in)を採用した。

第3章 交通産業経営の市場・行政的側面

経路も変更して，甲州街道沿いではなく現在の京王線とほぼ同じにし，1925年に府中－東八王子(現在の京王八王子駅よりも約200メートル先にあった)間の全線を開業した。しかし補助金獲得はできず，別会社の必要もなくなったため，1926年に京王電軌に合併され，改軌・整備工事を行ったのち，1928年には新宿－東八王子間の直通運転を開始した。

この時期には御陵線を建設している。南多摩郡横山村(現地名は八王子市長房町)に1927年に完成した大正天皇陵(多摩陵)への参拝を見込んだ路線で，当初は京王線の延長として東八王子から八王子市街の北側の浅川べりを経由して多摩陵へ至る計画であったが，いったんは特許が下りたものの八王子市議会が否決したために，京王線北野駅[5]から分岐して山田から北上し中央線・甲州街道を横断する路線へと変更され，1931年に完成し，新宿からの直通運転も行った[6]。しかし1945年には不急不要路線として休止し，レールや設備を撤去した。

この時期には，多磨停留場(多磨霊園)－小金井－小金井桜堤間，府中－国立間の新線と，新宿－下高井戸間の複々線化の計画があったが実現しなかった[7]。

バス事業は，1915年にいったん廃止した後は行っていなかったが，甲州街道乗合自動車が沿線で営業を拡大し，京王電軌にとって脅威になったため，1927年に甲州街道乗合自動車の株式の84％を取得し系列企業とし，1937年には買収して京王電軌直営のバス事業とした。また1938年には，八王子でバス・路面電車の事業展開を行い八王子－大宮間の鉄道を計画していた武蔵中央電気鉄道を，交通の一元化などを目的として買収し，1939年までには市街電車を廃止してバスに置き換えている。このほか，同時期には藤沢自動車など周辺のバス事業者を系列化し，さらに高幡乗合自動車などを買収している[8]。

このほかの事業として，当時は一般的だった電力・砂利事業のほかに，京王閣遊園地を経営している。また，芦花公園付近では寺院・墓地の誘致も行い，強引な買収工作も行われたが実現しなかった[9]。宅地開発には積極

的ではなかったものの，1941年には千歳烏山付近での分譲を行っている。

1941年には配電統制令により電力事業を関東配電に譲渡した。利益の多くを占める電力事業を失った京王電軌は，国策による交通統合を振りかざす東京急行電鉄に1944年に合併され，東急の路線となった。

帝都電鉄（1927～1942年）

1920年頃の電気鉄道ブームの際に，国鉄山手線よりもさらに外側に環状線を建設する計画が立案された。経路は大井町－中野－板橋－田端－千住－大島－州崎で，軌道は国際標準軌と狭軌(1067mm)との複式軌間として国鉄と連携して貨物輸送を行う，全線踏み切りなしで大部分を掘り割りにするなど，独創的な計画であった。鬼怒川水力電気・小田原急行鉄道の利光鶴松氏が中心となり，1927年に免許を取得して東京山手急行鉄道を創立した。しかしその後の不況のために計画は実現できなかった。

一方，1928年に設立された渋谷急行電鉄という鉄道会社が渋谷－吉祥寺間の免許を持っていた。しかし，同社の資金難のために鬼怒川水力電気が株式の過半数を取得し，上述の東京山手急行電鉄とこの渋谷急行電鉄を1931年に合併して，東京郊外鉄道が成立した。同社は1933年に帝都電鉄と社名を変更している。

帝都電鉄は渋谷－吉祥寺間の建設を優先し，1933年に渋谷－井の頭公園間を狭軌による高速鉄道として開業，1934年に吉祥寺までの全線を開業した。東京山手急行の路線は実現せずに現在に至っている。なお，帝都電鉄はこの時期に大幅な減資を行っている。

帝都電鉄は小田原急行と同じ企業系列に属し，当時の路線図・沿線案内には帝都線とともに「本社山手線」(東京山手急行の路線)・小田急小田原線・江ノ島線も概略が記入されていた。京王電軌とは企業間の関係はなく，帝都線建設の際には京王との協議が難航して，連絡駅(現在の明大前)が作られたのも1935年になってからであった。駅の管理は帝都電鉄が行った。

帝都電鉄は，バス事業は行ったが，不動産事業を行わなかったのも特色

第3章　交通産業経営の市場・行政的側面

といえよう。[13]

　帝都電鉄の経営は苦しく，1940年には小田原急行鉄道に合併されて小田急電鉄帝都線となり，1942年には小田急が京浜電気鉄道とともに東急に合併され，帝都線は井の頭線と改称した。1944年の京王電軌の東急への合併によって京王線と井の頭線は同じ東急の路線となったが，やはり両線の関連性は低く，管理系統も別であった。

第2次大戦後の京王帝都電鉄・京王電鉄（1945年以降）

　3次にわたる東京大空襲の最後である1945年5月25日夜～26日未明の空襲で，京王線・井の頭線は大きな被害を受けた。京王線は焼失した新宿ターミナルを現在の位置に移転させた。このターミナルは戦後も使われ続けたのちに地下化され，もとの位置に戻ることはなかった。井の頭線は車庫のある永福町が爆撃を受けて保有車両の大半が焼失し，[14]井の頭線代田二丁目－小田原線世田谷代田間に連絡線(644m)を建設して，敗戦後は小田原線(現在の小田急本線)・国鉄などから車両を借り入れて運転を行った。この連絡線は新車の搬入にも活用されたが，1953年に撤去され，それ以降の井の頭線は他鉄道とは接続していない。[15]なお，京王線は敗戦と同時に従来の軌道法から地方鉄道法に移行している。

　さて，敗戦後の経済情勢の変化や東急社長の五島慶太氏の公職追放により，東急による強引な合併に対する批判は，被合併企業である京王・小田急・京浜の社員を中心に1947年頃から表面化し，「東急解体期成同盟」が結成された。そして1948年に，東急は京王帝都電鉄・小田急電鉄・京浜急行電鉄・東京急行電鉄・東横百貨店に分割された。ただし，井の頭線は元来の系列である小田急電鉄ではなく京王帝都電鉄に編入された。[16]これは，もとの京王電軌だけでは採算性が危ぶまれたことや，関連企業の一部が傘下から離れたためとされている。関連企業も整理され，京王は藤沢自動車などのバス会社を手放す一方で，関東乗合自動車(現在の関東バス)の東急持ち株は京王に移行された。[17]

121

京王帝都電鉄は，戦時中の被害・疲弊からの回復や都市人口・輸送需要の急増に対処するために，緊急な設備投資を迫られた。特に，京王線は新宿付近の線形が悪く併用軌道もあること，井の頭線は車両の被害が激しいことが問題であった。このため，両線とも車両の応急復旧を行うと同時に，井の頭線は前述したように車両を借用し，新車の増備には東急・京急用の車両を投入した。(18) 京王線は軌道改良とホーム延長・駅舎改築や給電能力拡大などの工事を1949年から始め，1955年にひとまず終了したが，軌道改良の完成は新宿駅が地下化された1963年までかかった。これらの設備投資のために，頻繁な増資と社債発行が行われている。1950年には京王線に戦後初めての新車である2600型を投入し，1952年には井の頭線に1800型を投入した。

　この時期の京王はバス事業に積極的に乗り出している。その理由は，
(1) 資金源として，すなわち，バスの復旧は鉄道の復旧よりも容易であり素早い復旧により収入が確保できると考えたため，
(2) バスの将来性を見越して，すなわち，今後はバスが都市交通の手段として普及すると考えたため，
(3) 企業防衛のため，すなわち，京王線は甲州街道と並行しまた井の頭線は水道道路と並行しており，主要道路に他社のバス路線が開業してしまうと鉄道の復旧が完了しないうちに利用者が奪われてしまう恐れがあるため，

であった。

　鉄道の復興が一段落した1955年のダイヤ改正では新宿－東八王子間の所要時間を急行で53分とし，国鉄中央線の新宿－八王子間各駅停車よりも1分だけ早くなった（運転間隔は通勤時間帯15分，日中20分）。

　京王は在来の鉄道の整備ばかりでなく新線の建設計画も立てた。1948年には井の頭線の武蔵野競技場方面への延長を申請したが，国鉄が中央線支線を建設したため，吉祥寺－田無－東久留米間(9.5km)の延長計画(田無線)に変更した。しかし西武鉄道の武蔵境－武蔵関間の新線計画と競願に

第3章　交通産業経営の市場・行政的側面

なったことや，吉祥寺の商店街の反対により実現しなかった。[19] 1954年には富士見ヶ丘－三鷹間の三鷹線(6.2km)を，1956年には富士見ヶ丘－貫井(小金井市)－西元町(国分寺市)－西国立間の立川線(17.9km)の免許申請を行ったが，三鷹線は立川線との2重申請により，立川線は相模原線建設計画などの理由で取り下げられた。[20]また1949年には国鉄下河原線の払い下げ申請も行ったが実現しなかった。一方で，1955年には競馬場線が開業している。

都心方面への路線の延長も計画され，1955年には京王線の延長の形で新宿－両国間の両国線(11.2km)と神楽坂－上野間の上野線(3.8km)，また1956年には新宿－笹塚間(3.8km)地下急行線(新宿線。現在の都営新宿線とは無関係)の免許申請を行った。[21]しかしこれらの都心延長線は都市交通審議会による「東京都市計画鉄道網」の決定により取り下げられた。都心への直通は後に都営新宿線との直通運転で実現している。

この頃から沿線の宅地化が進み，日本住宅公団の手による団地建設が盛んになったが，京王も1955年に田園都市建設部を設立して，自社による宅地開発を本格的に始めた。当時の大規模な宅地開発としては1957年に分譲を開始したつつじヶ丘団地が挙げられる。しかし京王の宅地開発は概して着手が遅く，建設業法に指定された建設業者として登録されたのは1960年であり，[22]次の大規模な宅地開発は1962年に分譲が始まった桜ヶ丘団地であった。ただし開発の内容は積極的で，桜ヶ丘では直営商店の開設や，一時期はガス供給事業も行っている。また，沿線の宅地化によって京王線・井の頭線ともに輸送需要は増大し，軌道の強化を行っている。

この時期の京王は沿線の観光開発に熱心であった。1954年には平山城址公園を整備し，1958年に開園した多摩動物公園には誘致段階から積極的にかかわった。百草園の買収や野猿峠ハイキングコース・陣馬高原の整備も行っている。[23]

京王電鉄バスは，[24]当時はバスの利用率が高かったこともあり，鉄道間短絡路線や多摩地区を中心とした路線網の拡充と，多摩動物公園関連路線の

充実を図っている。1957年には渋谷－阿佐ヶ谷間の営業を都営バスとの相互乗り入れにより開始した。1956年には通勤通学定期券の販売を始め，1960年には車掌の採用難を解消するためにワンマンカーを導入している(25)。また，新宿－河口湖・山中湖間や新宿－甲府間，立川・八王子－江ノ島間などの長距離路線も開業した。ただし1970年代からは都区内を中心としてバス離れが深刻となり，路線や営業所の統廃合，さらにはバス車体塗装の簡略化まで行っている(26)。1980年には深夜バスを運転開始，1986年にはミニバスを導入開始，1996年にはバス共通カードの導入を完了した。

多摩地区のバス事業の系列化も進め，八王子市内のタクシー事業者を発端とする高尾自動車，五日市の個人馬車事業を発端とする五王自動車を傘下に収めた。また，京王は東京都や立川バス(27)との間で奥多摩振興(28)に対する買収競争を行ったが，1961年に京王が傘下に収めた。これらのバス会社3社は1963年に合併して西東京バスとなった(29)。この結果，京王は五日市・青梅・奥多摩方面へも勢力を持つようになった。なお，西東京バスは，のちに経営難から一部路線の撤退・縮小や都営バスへの移管も検討されたが，自治体が補助金を拠出して路線の維持を行っている(30)。1999年には西東京バスの子会社の多摩バスを設立した。

1963年は京王にとって節目にあたる年であった。4月に新宿駅を地下化(31)，8月には架線電圧を昇圧し5000系車両を使用開始，10月には新宿－東八王子間に定期特急を運転開始，12月には東八王子駅を現在の場所に移転して名称も「京王八王子」に変更した(32)。また1964年は，4月に動物園線を開業，多摩川橋梁（聖蹟桜ヶ丘－中河原間）の複線化が完成した。6月には新宿－初台間の連続地下化が完成し(33)，10月にはそれらを受けたダイヤ改正を行っている。またこの年には高尾線と相模原線（京王多摩川－稲城中央間）に新線の免許が下りている。

1960年代後半に入ると，不動産事業とそれに関連させた新線建設が本格化した。1967年にはめじろ台団地との一体開発で高尾線が開業した。そのほか他社による不動産開発も合わせ，それまで農地・山林地帯であった多

第3章　交通産業経営の市場・行政的側面

摩丘陵一帯は切り崩されて，大規模団地・大学・ゴルフ場が林立するようになった。大学立地のために通勤輸送とは逆方向の輸送需要が発生し，従来の回送列車を営業運転にしたり動物園線への直通列車を設定するなど，ダイヤにも手を加えている。

　この時期に始まった大規模開発の1つに多摩ニュータウンがあった。公団など公的主体による大規模な開発事業で，住宅地だけでなく大学や研究機関，ビジネス・商業施設なども誘致されることになっていた。その輸送には鉄道の新線が必要とされ，紆余曲折はあったものの京王と小田急が担当することとなった。京王は府中－多摩川原間の支線を延長して京王相模原線とし，将来は橋本を経て相模中野(津久井)方面への延長を予定した。しかし，相模原線は1990年に橋本まで開業した段階で全線開通とされ，相模中野までの延長は実現しなかった。また，京王線・小田急小田原線の複々線化も行うとされたが，京王線は未だ部分的にしか実現せず，小田原線は工事中だが地域紛争や用地難などで難航している。このほか近年の設備投資として特定都市鉄道整備積立金制度を利用しているが，内容は京王線の長編成化と井の頭線の車両大型化にとどまり，複々線化は含まれていない。この工事は1997年に完成し，積立金の取り崩しによって，戦後の日本の鉄道企業としては初めての大規模な運賃値下げに踏み切った。

　前述したように京王は両国線・上野線によって都心への直通運転を計画したが，都市交通審議会との紆余曲折の後，橋本－調布－新宿－本八幡－小室－印旛松虫間で京王帝都電鉄・東京都交通局・千葉県営鉄道の3社にまたがる10号線が策定された。しかし橋本－本八幡間は開通したものの，本八幡－印旛松虫間の千葉県営鉄道の区間は，千葉ニュータウン内を1号線に切り替えて北総開発鉄道・都市基盤整備公団として開業し，本八幡－小室間は都市交通審議会の答申からも削除されている。

　近年では，1990年頃を中心に「リフレッシング京王」と称するCIと聖蹟桜ヶ丘再開発事業が行われ，現在は渋谷ターミナルの再開発が行われている。そのほかの大規模な事業は一段落した感がある。1997年には子会社

125

の京王バスを設立し，京王電鉄バスの一部路線を移管した。1998年には社名を従来の京王帝都電鉄から京王電鉄へと変更している[37]。2000年には首都圏民鉄各社・局共通のストアードフェアカードシステムであるパスネットを，首都圏の他の民鉄と並んで導入した。

2　京王電鉄の現状

鉄道業

本業である鉄道業の路線は下の通りである（路線図は116頁，図10-1）。なお，前述した歴史的事情や規格の違いから，京王電鉄の路線のうち井の頭線を除く各線は「京王線[38]」と呼んでひとまとめに扱い，井の頭線のみ別扱いにするのがふつうである。京王線の軌道の規格はほぼ共通で，車両も原則として共通である。井の頭線の軌道とは接続せず，現在は車両のやりとりも行わない[39]。

京王線は全て軌間1372mm（4 ft 6 in）で電気方式は架空線直流1500V，井の頭線は軌間1067mm（3 ft 6 in）で電気方式は架空線直流1500Vである。京王線の車両の初期加速度は京王線内で2.5km/h-s（都営新宿線内では3.3km/h-s）で，井の頭線は2.6km/h-sである。全線にATS・CTCや列車無線を設置している[40]。

都営地下鉄新宿線との関係では，京王線は相模原線直通の快速・通勤快速を中心として橋本－調布－新宿－本八幡間で新宿線に直通運転を行い，都営新宿線は京王新線の笹塚まで各停を中心として直通運転を行っている。

　1．京王線(本線)（新宿－京王八王子間）：路線長37.9km，複々線区間以外は複線（新宿－笹塚間は路線別複々線）。京王電鉄の鉄道部門の中核となる路線である。京王線は，新宿－府中・八王子間の都市間輸送や沿線の通勤・通学・生活輸送，新宿・聖蹟桜ヶ丘などを中心とする商業輸送，高尾山・多摩動物公園方面への行楽輸送，相模原線や高尾線への連絡輸送などさまざまな機能を果たしている。新宿－府中間ではだいたい甲州街道

第3章 交通産業経営の市場・行政的側面

に沿って昔からの宿場町を結んでおり，府中－京王八王子間は甲州街道から離れて多摩市・日野市と八王子市南部を貫いている。新宿というターミナルを擁するほか，明大前では井の頭線と，下高井戸では東急世田谷線と，分倍河原ではJR東日本南武線と連絡している。(41)新宿－調布(および調布から相模原線経由，橋本)間では都営新宿線と相互直通運転を行っている。新宿－笹塚間は路線別複々線となっているが，京王ではその片側の複線を「京王新線」と呼び，京王線と京王新線のそれぞれに各停・快速などが重複して走っている。京王新線は都営新宿線と事実上は一体になっている。(42)複々線区間の終端である笹塚駅は両線が方向別に配置されているが，新宿駅は位置が異なり，連絡通路はあるものの構造上は別個の駅に近い。駅名も一方は「新線新宿」と呼んで区別することが多い。

2．相模原線(調布－橋本間)：路線長22.6km，全線複線。京王線の調布から分岐して，多摩ニュータウンを貫通してJR東日本横浜線・相模線の橋本に至る路線である。元来は砂利輸送を目的とした支線であったが，多摩ニュータウン輸送のために延長された。多摩ニュータウンの通勤・通学輸送のほか，よみうりランド・サンリオピューロランドなどへの行楽輸送や京王閣競輪への輸送も担っている。若葉台には車両基地と工場がある。

3．高尾線(北野－高尾山口間)：路線長8.6km，単線区間以外は複線(高尾－高尾山口間は単線)。京王線の北野から分岐し，めじろ台団地を貫通して，高尾でJR東日本中央線と接続してから高尾山のふもとに至る路線である。めじろ台団地など沿線の通勤・通学・生活輸送，高尾山方面への行楽輸送のほか，法政大学・東京高専など沿線に立地している学校への通学輸送も担っている。

4．動物園線(高幡不動－多摩動物公園間)：路線長2.0km，全線単線(複線化準備済)。京王線の高幡不動から分岐して多摩動物公園の前に至る路線である。多摩動物公園への輸送を目的として作られたが，中央大学をはじめ大学がいくつか周辺に移転し，また新設されたことから，現在では通学輸送の比率が高くなっている。

5．競馬場線(東府中－府中競馬正門前間)：路線長0.9km，全線複線。京王線の東府中から分岐する路線である。主に府中競馬場への輸送を担っている。

　6．井の頭線(渋谷－吉祥寺間)：路線長12.8km，全線複線。渋谷と吉祥寺を結び，中間の明大前では京王線と，下北沢では小田急小田原線と接続する路線である。沿線の通勤・通学・生活輸送や渋谷・吉祥寺への商業輸送，井の頭公園への行楽輸送，接続各線同士の連絡輸送を担っているほか，渋谷－吉祥寺間の短絡機能も合わせ持っている。

バス事業

　京王のバス事業は直営の京王電鉄バスと系列企業である西東京バスが行ってきたが，1997年に京王バスを設立してバス事業の一部を譲渡し，また1999年には西東京バスの子会社として多摩バスを設立した。[43]

　なお，バス事業は事業再構築(リストラ)により，現在の京王バスとは別に新しく子会社を作り，2001年10月から京王電鉄バスのバス事業を営業譲渡，従業員は京王電鉄を解雇の上で新会社に雇用，さらに新会社は京王バスに路線を譲渡した上で将来はなくなるとの報道もされている。かねてから運転士のワンマン手当を削減するなどのコスト削減がはかられてきたが[44]，この過程でさらに従業員の労働強化もされるとのことである。[45]

　1．一般の路線バス。京王バス・京王電鉄バスは京王沿線を中心とした事業展開を行っている。生活輸送のほか，団地・学校などと鉄道との間の通勤・通学輸送も果たし，府中－国分寺間など南北方向の路線は鉄道短絡輸送的な色彩も併せ持っている。主なターミナルは，新宿(西口)・調布・府中・武蔵小金井・国分寺(南口)・国立(南口)・日野・聖蹟桜ヶ丘・多摩センター・南大沢・高幡不動・北野・京王八王子・八王子・めじろ台・高尾など，京王線と中央線沿線にある。京王バスは主として東京都区内・武蔵野市・調布市内の路線を担当し，将来は都区内の全線と高速バスを担当する予定である。京王電鉄バスは，まだ京王バスへ譲渡されていない路線

第3章 交通産業経営の市場・行政的側面

と多摩地区の京王沿線（八王子市内は主に甲州街道よりも南側）を担当している。西東京バスは，八王子市内の甲州街道よりも北側から青梅線沿線・奥多摩方面にかけて事業を行っている。主なターミナルは京王八王子・八王子(北口)・高尾(北口)・武蔵五日市・福生・河辺・御嶽・奥多摩などである。1979年からは，氷川・五日市管内の路線の一部でフリー乗降制度を実施している。やや特異な事業としては，会社設立20周年を記念して，1982年から京王八王子－陣馬高原下間で季節運行によりボンネットバスを運行している。

2．深夜急行バス。1989年に事業を開始し，試行錯誤を経て，現在は新宿→多摩ニュータウン経由高幡不動・甲州街道方面経由府中・日野経由八王子を運行している。

3．高速バス・夜間高速バス。新宿－富士五湖・松本方面をはじめ，近年では新宿－高山・あべの橋・松山や京王八王子－金沢・難波方面へも，京王グループ3社と富士急バスなど直通先バス会社とで路線を設定している。出発ターミナルは，新宿高速バスターミナルと京王八王子駅の2つである[46]。ただし，夜間高速バスはコストが高いために1997年以降から一部を撤退している。

4．契約・特定輸送。八王子養護学校・明大中野八王子中高などの沿線の学校や，ホテル・観光施設などを対象に行っている。京王グループの京王自動車も特定・貸し切りバス輸送を行っている。

不動産・その他の兼業

　不動産事業は，大規模宅地開発は現在は八王子ニュータウンしか行っていない。既に京王沿線には大規模開発ができるまとまった土地はなくなってきているため，そのような大規模開発は当面は行われないと思われる。むしろ近年は流通事業展開も兼ねた総合再開発事業が目立っており，例として聖蹟桜ヶ丘・初台・渋谷が挙げられよう。このほか，不動産売買・賃貸やレンタルルーム経営を行っており，分譲から賃貸への移行がみられる[47]。

129

なお,今後の京王は都内の不動産投資を積極的に行う方針であり,2000年9月1日には,オフィスビル「恵比寿ネオナート」(山手線恵比寿駅隣接)のうち約24.5%を取得した。不動産投資については,「当社では現在の不動産市況が収益物件確保の好機と捉えています。今後も相応しい物件がある場合には,稼働中の賃貸オフィスの取得に限らず,新規に用地を取得しての開発にも積極的に進出していきたいと考えています。」と述べている。[48]

流通業は,以前からの新宿の京王百貨店に加えて聖蹟桜ヶ丘・府中など沿線において京王ストアーなど百貨店・スーパー事業を展開している。今後は調布駅の立体化工事に併せ,調布を拠点とした事業展開を行う可能性がある。

レジャー・サービス業は,高尾山・多摩動物公園・多摩テック・よみうりランド・井の頭公園などの有力な観光地が沿線に立地しており,京王自体や関連企業の高尾登山鉄道が旅客輸送も行っている。そのほか,沿線からは外れるものの,御岳登山鉄道も京王グループの一企業であり,観光輸送を行っている。さらに近年はサンリオピューロランド(多摩センター)やセサミプレイス(秋川)などの新しい行楽施設が沿線や勢力範囲に設立されている。ホテル方面への事業展開も目立ち,京王プラザホテルは新宿・八王子・多摩など沿線のほか,札幌・高松など遠隔地でも営業している。[49]

3 京王電鉄の経営状況

これまで,京王電鉄・京王グループの歴史と概要を述べてきた。のちに京王の経営や課題について分析するが,その前提として,京王線の輸送量や列車走行距離,また京王電鉄全体の収支状況の推移を考察する。これにより,京王の特質・現状をよりよく把握できるとともに,課題の分析に役立てることができると思われる。

輸送の推移

以下の図11〜19の根拠となる数値を表4に示す。

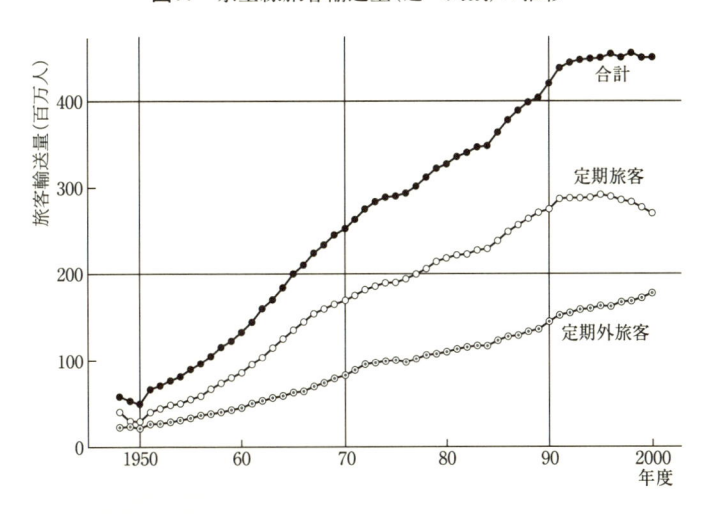

第3章 交通産業経営の市場・行政的側面

図11 京王線旅客輸送量(延べ人数)の推移

出所:表4の数値から作成。

　図11に示した「延べ人数」輸送量は,1950年代末から1970年代前半にかけて,定期乗客が約8000万人から約1億9000万人へ,定期外が約4000万人から約1億人へと大幅な増加を示しているが,1975年度頃にいったん停滞する。その後は再び増加を始め,特に1985年度以降は急増,1991年度には定期が約2億9000万人に定期外が約1億5000万人に達し,その後定期外旅客は増加しているものの,全体としては停滞の傾向を示している。特に定期旅客は1996年以降に減少が見られる。この動向は沿線の開発及び経済状況という周辺環境を反映しているといえよう。図12の「人キロ」輸送量もほぼ同様の傾向を示している。1978年度前後および1990〜1991年度の増加が著しいが,後者は1990年3月には相模原線が橋本まで全線開通したことが影響したものと思われる。

　延べ人数輸送量と人キロ輸送量から算出した旅客平均乗車距離は,図13のように,1960年代に7km程度から10km程度まで伸び,その後いったん停滞するが,1970年代後半に伸びている。しかし1980年代に入ると再び

表4 京王線運輸成績・作業量の推移

年度	営業距離(km)	旅客輸送量(百万人) 定期	定期外	計	旅客輸送量(百万人キロ) 定期	定期外	計	列車走行距離(千km)
1948		34.6	22.6	57.2				
1949		28.5	25.0	53.6				
1950		28.7	20.8	49.5				
1951		40.6	26.4	66.9				
1952		45.5	26.0	71.5				
1953		48.8	28.6	77.4				
1954		51.3	30.8	82.2				
1955	40.1(40.1)	54.9	33.0	87.9	344	200	544	4,001
1956	40.0(40.0)	61.3	35.6	96.8	398	223	622	4,237
1957	40.1(39.9)	67.5	37.4	104.9	447	234	681	4,434
1958	40.3(40.1)	73.9	40.4	114.2	501	267	768	4,527
1959	40.3	79.8	42.3	122.1	555	277	832	4,533
1960	40.3	87.6	45.7	133.3	631	297	928	4,581
1961	40.3	96.7	49.8	146.5	708	334	1,043	4,526
1962	40.3	106.3	52.9	159.2	806	360	1,167	4,591
1963	40.1(40.2*)	115.6	55.5	171.1	906	387	1,293	5,054
1964	42.1(41.9*)	124.5	60.5	185.1	1,030	452	1,483	5,657
1965	42.1	136.2	64.5	200.7	1,192	508	1,701	5,798
1966	42.1	146.5	64.0	210.6	1,333	539	1,871	5,807
1967	50.7(46.4*)	156.3	68.8	225.0	1,470	581	2,051	6,389
1968	50.8	159.1	75.5	234.6	1,556	668	2,224	6,903
1969	50.8	166.6	80.9	247.5	1,680	731	2,411	6,894
1970	50.6	170.7	83.9	254.5	1,768	762	2,530	6,881
1971	53.3(53.3*)	175.8	88.7	264.6	1,864	824	2,689	7,029
1972	53.3	182.5	95.7	278.2	1,971	902	2,873	7,062
1973	53.3	186.4	97.9	284.2	2,029	911	2,940	7,079
1974	63.1(57.7*)	191.1	98.0	289.1	2,102	929	3,031	7,349
1975	63.1	190.4	100.8	291.3	2,131	983	3,115	7,699
1976	63.1	194.7	98.3	293.0	2,254	977	3,231	7,686
1977	63.1	200.0	102.7	302.6	2,388	1,054	3,442	7,737
1978	63.1	208.1	106.0	314.2	2,578	1,117	3,696	7,862
1979	63.1	215.5	108.3	323.8	2,765	1,177	3,943	8,058
1980	63.1	217.1	111.7	328.9	2,842	1,239	4,081	8,148
1981	63.1	223	112	335	(2,710)	(1,147)	(3,857)	8,151
1982	63.1	223	116	339	2,991	1,282	4,273	8,162
1983	63.1	228	119	347	3,067	1,303	4,370	8,185
1984	63.1	229	119	348	3,089	1,317	4,406	8,551
1985	63.1	240	123	363	3,257	1,373	4,630	8,594
1986	63.1	250	128	378	3,417	1,424	4,840	8,677
1987	63.1	258	131	389	3,548	1,466	5,014	8,762
1988	67.6(67.0*)	265	134	399	3,650	1,481	5,131	8,956
1989	72.0(67.6*)	267	136	403	3,668	1,485	5,153	9,056
1990	72.0	276	145	420	3,847	1,630	5,477	(－)
1991	72.0	287	152	439	4,007	1,698	5,705	9,695
1992	72.0	288	155	443	4,030	1,733	5,763	10,662
1993	72.0	288	159	447	4,047	1,770	5,818	10,831
1994	72.0	289	160	448	4,069	1,793	5,863	10,853
1995	72.0	292	158	450	4,110	1,780	5,890	10,897
1996	72.0	291	162	453	4,077	1,824	5,901	10,347
1997	72.0	287	162	450	4,017	1,811	5,827	10,366
1998	72.0	286	169	455	4,012	1,924	5,936	10,431
1999	72.0	277	173	450	3,892	1,987	5,879	10,458
2000	72.0	273	178	451	3,835	2,031	5,867	10,461

注：1．「営業距離」は年度末における数値。変更のあった年度については、原則としてカッコ内に年度内における平均営業
 2．「旅客輸送量(人キロ)」の1981年度の数値は、京王線および井の頭線の数値の合計が京王帝都電鉄のそれに一致しな
  のそれらがともに減少していること[139]から、誤植であろうと推定した。
 3．「列車走行距離」の1990年度の数値は出所には「－」と記されている。誤植であろう。
出所：1954年度までは京王電鉄株式会社広報部編『京王電鉄五十年史』同社、1998年、220～221頁、から作成[140]。1955～1974
  計年報』、および、運輸省鉄道局(のち、国土交通省鉄道局)監修『鉄道統計年報』政府資料等普及調査会(発行所はしばし

第3章　交通産業経営の市場・行政的側面

車両走行距離(千km)			旅客輸送収入(百万円)		
自社車両	他社車両	計	定期	定期外	計
		4,524	66.3	155.8	222.1
		5,695	79.7	196.3	276.0
		7,007	86.9	195.8	272.7
		8,051	140	284	424
		8,694	214	361	575
		9,626	263	437	700
		10,442	280	473	753
11,891	0	11,891	302	515	816
12,734	0	12,734	344	568	912
13,329	0	13,329	381	601	981
14,668	0	14,668	442	702	1,144
15,499	0	15,499	586	812	1,398
16,513	0	16,513	659	880	1,539
16,911	0	16,911	727	990	1,717
18,088	0	18,088	862	1,193	2,055
20,843	0	20,843	1,070	1,468	2,538
24,269	0	24,269	1,178	1,686	2,864
25,374	0	25,374	1,341	1,960	3,301
27,687	0	27,687	1,873	2,395	4,267
31,824	0	31,824	2,058	2,586	4,644
36,212	0	36,212	2,148	2,950	5,098
39,728	0	39,728	2,280	3,211	5,492
39,910	0	39,910	2,685	3,650	6,335
42,090	0	42,090	3,522	4,293	7,815
42,462	0	42,462	3,701	4,724	8,425
42,852	0	42,852	3,803	4,818	8,621
44,464	0	44,464	4,633	5,681	10,314
47,350	0	47,350	5,449	6,868	12,317
48,856	0	48,856	6,690	8,150	14,840
50,948	0	50,948	6,987	8,593	15,580
52,807	0	52,807	7,340	9,309	16,648
54,707	0	54,707	8,853	10,758	19,611
55,195	0	55,195	9,000	11,288	20,288
55,659	0	55,659	10,653	13,122	23,775
53,974	1,881	55,855	11,336	13,854	25,190
54,147	1,903	56,050	11,811	14,523	26,334
56,663	1,899	58,563	13,422	16,264	29,686
56,748	1,877	58,626	14,262	16,986	31,248
57,315	2,076	59,392	14,866	17,663	32,529
59,075	2,299	61,374	15,402	18,119	33,520
63,090	2,534	65,624	17,098	19,890	36,988
65,114	3,031	68,145	17,915	20,617	38,532
70,704	3,152	73,856	19,027	22,587	41,614
70,117	4,172	74,289	20,521	24,275	44,796
81,829	4,281	86,110	23,005	26,057	49,062
85,395	4,125	89,520	23,145	26,697	49,842
88,433	3,751	92,184	23,361	27,019	50,380
90,146	3,764	93,910	25,363	29,073	54,436
85,918	3,592	89,510	27,882	31,468	59,349
85,908	3,779	89,687	27,587	30,426	58,013
85,876	4,289	90,165	26,141	29,291	55,432
86,032	4,289	90,321	25,716	30,046	55,762
85,840	4,305	90,145	25,682	30,772	56,454

距離を記した。＊印は変更のあった日付をもとに筆者が計算した数値である。
いこと，および京王帝都電鉄の数値が前年より増加しているにもかかわらず京王線および井の頭線

年度，1975～1986年度，および1987年度以降は，運輸省鉄道監督局監修『私鉄統計年報』，『民鉄統
ば変更あり）の，「運輸成績表」および「営業キロ及び走行キロ表」，による。

図12　京王線旅客輸送量(人キロ)の推移

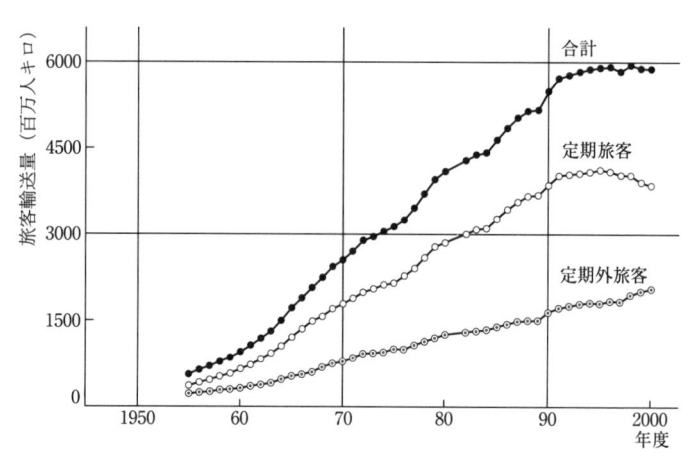

注：1981年度は数値に疑問がある(表4注2参照)ため割愛した。
出所：表4の数値から作成。

図13　京王線旅客平均乗車距離の推移

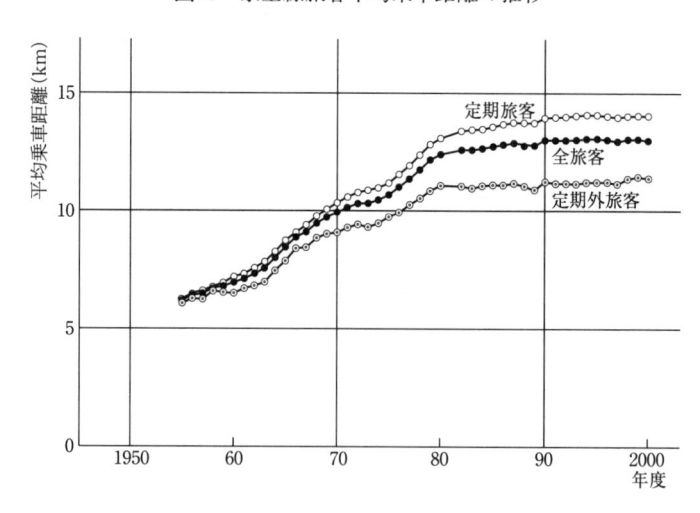

注：1. 旅客輸送量(人キロ)／旅客輸送量(延べ人数)，によって算出。
　　2. 1981年度については，基礎となる「旅客輸送量(人キロ)」の数値に疑問がある(表4注2参照)ため算出しなかった。
出所：表4の数値から作成。

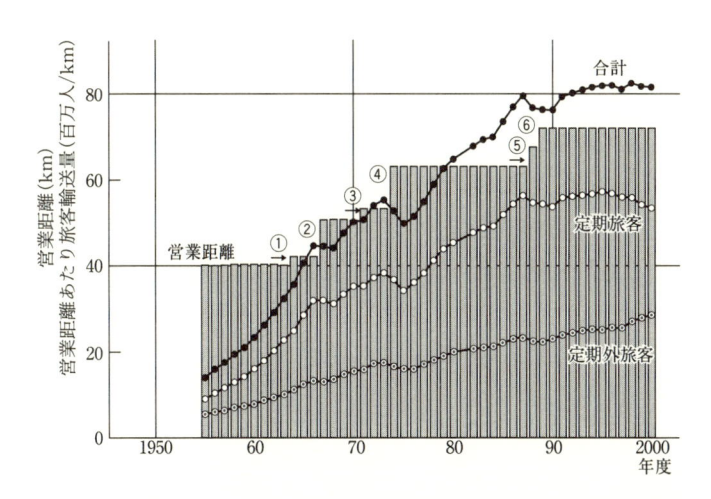

第3章　交通産業経営の市場・行政的側面

図14　京王線営業距離・営業距離あたり旅客輸送量の推移

注：1．「営業距離」は年度末における数値。主要な営業距離増加は次の理由による。
①，多摩動物公園線(現，動物園線)2.0km 開通。②，高尾線8.6km 開通。③，相模原線一部2.7km 開通。④，相模原線一部9.8km 開通。⑤，相模原線一部4.5km 開通。⑥，相模原線2.7km 延伸，全線開通。
2．「営業距離あたり旅客輸送量」は，旅客輸送量(人キロ)／営業距離(年度内平均)，によって算出。ただし，1968および1970年度は年度末の数値を用いた。
3．1981年度については，基礎となる「旅客輸送量(人キロ)」の数値に疑問がある(表4注2参照)ため算出しなかった。
出所：表4の数値から作成。

停滞し，1990年度には人キロ輸送量の増加をうけて若干伸びたものの，1990年代は定期利用者が14km 程度，定期外が11km 強のところで停滞している。営業距離が他の私鉄よりも短いため，住宅地が外延化しても乗車距離の伸びに限りがあるのではないかと考えられる。

図14に示した営業距離あたり旅客輸送量は，全体としては増加を続けているが，路線の延長直後，たとえば高尾線開業(1967年10月1日)，相模原線京王多摩センター開業(1974年10月18日)，相模原線南大沢および橋本開業(1988年5月12日および1990年3月30日)の直後には減少がみられる。これは，新規需要を開拓し切れずに路線の延長部分の需要がまだ少なかった

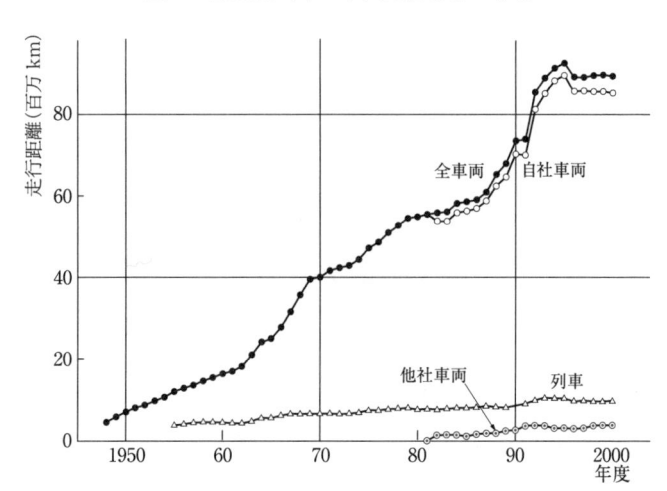

図15　京王線列車・車両走行距離の推移

注：1990年度の「列車走行距離」は数値に疑問がある（表4注3参照）ため割愛した。
出所：表4の数値から作成。

ことを反映していると思われる。1968年度の場合はそれまでの水準に比較的すぐに戻ったが，1975年度以降は回復までに数年を要している。これは石油危機と同時期であり，やはり経済状況が影響していると思われる。また，1990年代に入ってからは伸びがほぼ止まっている。

図15に示した列車走行距離は，1990年代前半までは増大を続け，1995年度には1955年度の2.7倍強に達した。その間，路線が延長した直後の年度には大きな伸びを示している。また，1992年度には前年度に比べて約10％の伸びを示したが，これは1992年5月28日のダイヤ改正によって列車が大幅に増発されたことによるものと思われる。車両走行距離の伸びはさらに著しく，1970年度，1982～1983年度，1985年度に若干停滞した以外は増加を続け，1995年度には1955年度の7.9倍に達している。これは，単に列車の増発だけではなく，列車編成長の増大によるものが大きいと考えられる。列車の平均編成長を算出すると，図16に示すように，1962年度には4両弱

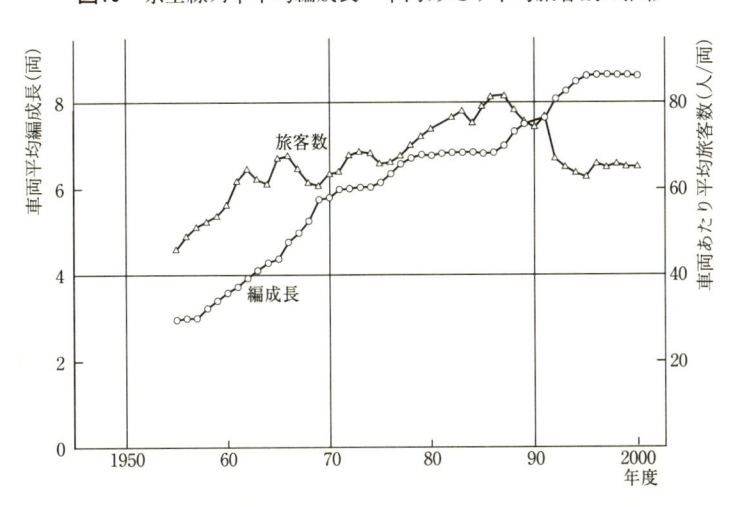

第 3 章　交通産業経営の市場・行政的側面

図16　京王線列車平均編成長・車両あたり平均旅客数の推移

注：1．「平均編成長」は，車両走行距離／列車走行距離，によって算出。
　　2．「車両あたり旅客数」は，旅客輸送量（人キロ）／車両走行距離，によって算出。
　　3．1990年度の「平均編成長」および1981年度の「車両あたり旅客数」は，基礎となる数値に疑問がある（表4注3および2参照）ため算出しなかった。
出所：表4の数値から作成。

であったものが，1971年度には6両に増加し，その後は6〜7両としばらく停滞していたものの，1987年度以降は再び増加して8両を超すようになった。1970年代から1980年代前半にかけては，優等列車は7〜8両編成で普通列車は6両編成以下が主体と編成長にあまり変化が見られなかったが，それ以降は本線の普通列車すら朝を中心として8〜10両編成に延長された。

車両あたりの平均旅客数は，図16に示すように，増減を繰り返しながらも全体としては増加を続けるが，1986〜1987年度を頂点に減少に転じ，1992年度以降は65人前後で推移している。すなわち，1980年代の後半以降は，時間帯や方向を考慮しなければ，1車両に乗っている旅客の数は減少の方向にあるといえる。しかし，近年は閑散時の高尾線普通列車なども8両などの長大編成で運行しており，時間帯によっては1両に数人しか乗っ

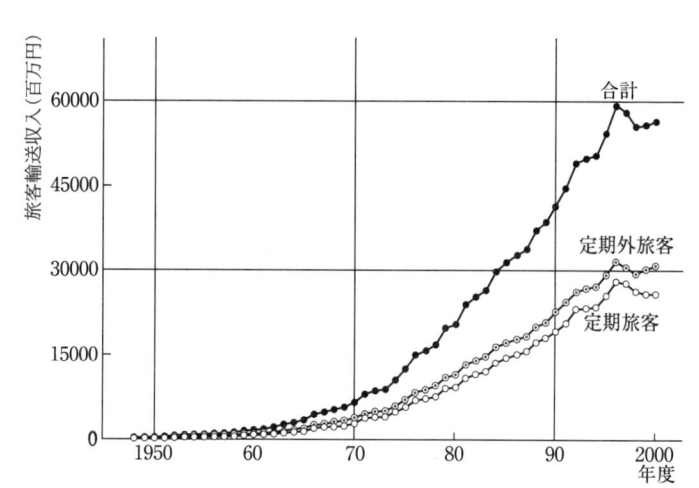

図17 京王線旅客輸送収入の推移

出所：表4の数値から作成。

ていないなど輸送力が過大になっているから，通勤時間帯の実質的な混雑が緩和しているか否かはこの図から判断することはできない。

なお，図16には示されていないが，編成長を伸ばすことと並行して車両の大型化も行われてきた。すなわち，京王帝都電鉄が発足した1948年には戦前に製造した14m車が使われていたが，1950年からは2600形〜2010系などの16〜17m車，1963年からは18m車である5000系，1972年からは20m車である6000系〜8000系を新製投入する一方，旧型車は逐次廃車にしていった。[50] したがって，この間「車両あたり平均旅客数」は増加しているが，それは必ずしも平均混雑率の増加を意味するものではない。

現在は朝の通勤時間帯は全列車が20m車10両編成で1時間に30本を運転しており，これ以上の列車長の延長は計画されていない。複々線にしない限りこれ以上の増発も不可能であり，現在の輸送需要が今後も続くならば通勤時間帯の混雑の緩和はもはや不可能である。

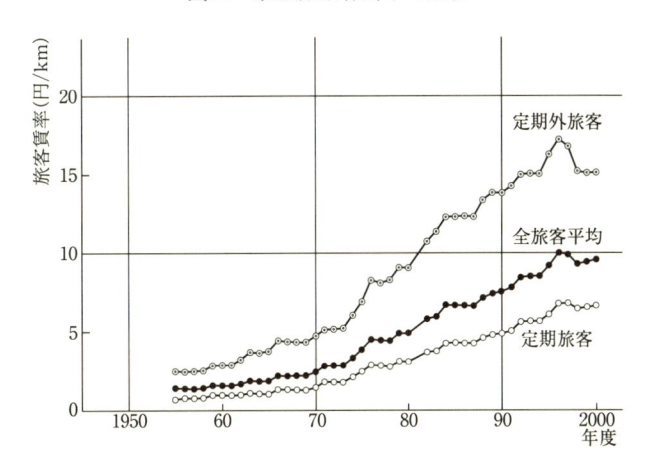

第3章　交通産業経営の市場・行政的側面

図18　京王線旅客賃率の推移

注：1．旅客輸送収入／旅客輸送量（人キロ），によって算出。
　　2．1981年度については，基礎となる「旅客輸送量（人キロ）」の数値に疑問がある（表4注2参照）ため算出しなかった。
出所：表4の数値から作成。

運賃率の推移

　図17で示した京王線の旅客輸送収入を単純に見るとつねに増加を続けているように見えるが，1977年度頃および1992年度以降には伸びの鈍化が見られる。これを乗車距離あたりの賃率に換算すると，図18のように運賃値上げのたびに上昇しているのがわかる。とりわけ，石油危機直後の1975年度前後の賃率の伸びが大きく，この時期に高率の運賃値上が2回行われた影響を反映している。また，1997〜1998年度には賃率の低下が見られるが，これは，特定都市鉄道整備事業の完了に伴って運賃の値下げが行われたためと考えられる。[51]

　図19の営業距離あたり収入は図18の賃率と類似の推移を示しているが，前者は後者のほかに営業距離あたり輸送量(図14)によっても影響を受ける。そのため，たとえば1974〜1976年度には賃率の急上昇は輸送量の減少によって相殺されて営業距離あたり収入の上昇は緩やかになり，一方，

139

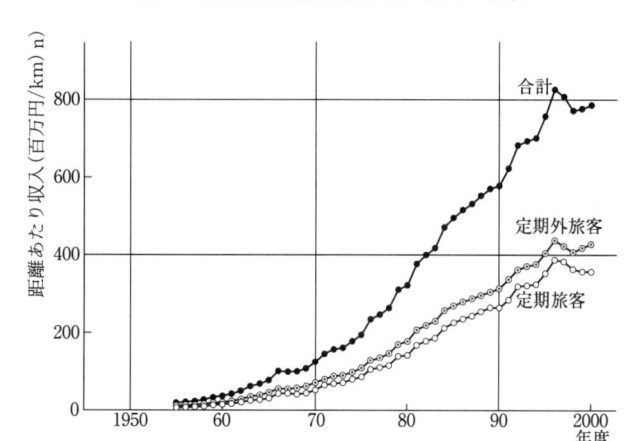

図19 京王線営業距離あたり収入の推移

注：旅客輸送収入／営業距離(年度内平均)，によって算出。ただし，1968および1970年度の「営業距離」は年度末の数値を用いた。
出所：表4の数値から作成。

1991～1992年度には両者の増加が相まって営業距離あたり収入が大幅に上昇するなど，図19のグラフは細部では図18のそれとはかなり異なっている。

収支の推移

以下の図20～24についての数値を表5に示す。

図20で示したように，京王電鉄全社のうち，本業である鉄軌道業の営業収益・営業費はほぼ上昇を続けている。差し引いた営業損益を見ると，石油危機直後の1974年度に大きく落ち込み，1990年度前後にも若干の落ち込みが見られるものの，全体としては緩やかな上昇を続けている。1990年代後半の営業損益は年間150～170億円前後の黒字を示している。

図21のように自動車業の営業収益・営業費もほぼ上昇を続けているが，営業損益は0の周囲で推移していることがわかる。これは，自動車業はあまり利益を挙げることのできない事業であること，また大きな損失を出さないように運営・事業展開をしてきたからと考えられる。石油危機の直後

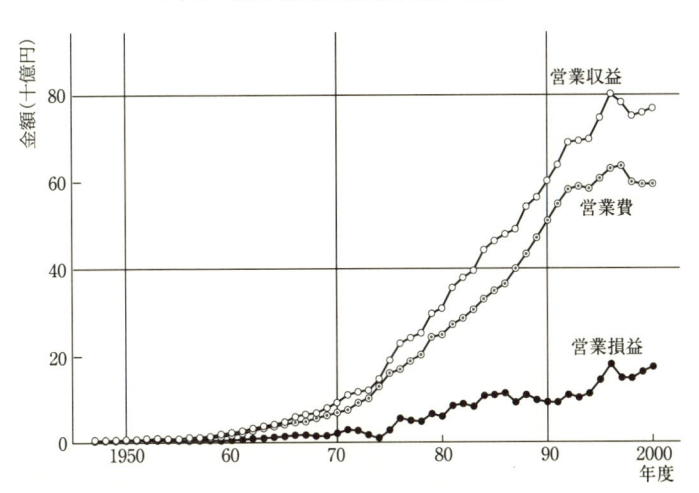

第3章　交通産業経営の市場・行政的側面

図20　京王電鉄鉄軌道業収支の推移

注：各年度の期間については，表5注1参照。
出所：表5の数値から作成。

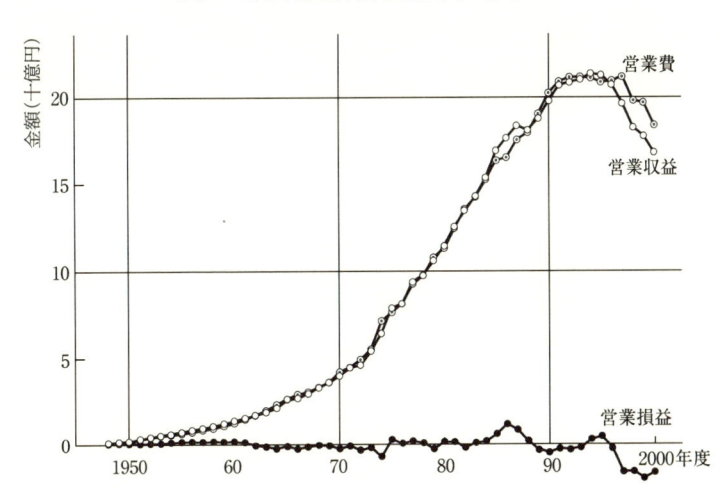

図21　京王電鉄自動車業収支の推移

注：各年度の期間については，表5注1参照。
出所：表5の数値から作成。

表5 京王電鉄営業収支の推移

年度	鉄軌道業 営業収益	鉄軌道業 営業費	鉄軌道業 営業損益	自動車業 営業収益	自動車業 営業費	自動車業 営業損益	不動産業 営業収益	不動産業 営業費	不動産業 営業損益
1948	355	283	70	64	57	5	—	—	—
1949	456	358	97	130	105	23	—	—	—
1950	445	331	114	157	123	34	—	—	—
1951	689	608	79	282	259	22	—	—	—
1952	941	816	124	388	365	22	—	—	—
1953	1,159	1,010	148	495	451	44	—	—	—
1954	1,245	1,078	166	603	528	74	—	—	—
1955	1,357	1,194	163	705	593	111	—	—	—
1956	1,495	1,281	214	803	678	125	—	—	—
1957	1,631	1,422	209	907	802	104	—	—	—
1958	1,874	1,545	328	1,035	901	134	—	—	—
1959	2,261	1,704	557	1,160	1,045	115	—	—	—
1960	2,482	1,870	612	1,332	1,198	134	—	—	—
1961	2,745	2,226	519	1,491	1,413	78	—	—	—
1962	3,407	2,764	643	1,653	1,662	△9	—	—	—
1963	4,175	3,132	1,044	1,834	1,934	△100	—	—	—
1964	4,680	3,487	1,193	2,066	2,268	△202	—	—	—
1965	5,214	3,891	1,323	2,524	2,596	△72	—	—	—
1966	6,421	4,721	1,700	2,629	2,856	△227	—	—	—
1967	6,687	4,882	1,805	2,898	3,003	△104	—	—	—
1968	7,247	5,752	1,495	3,246	3,261	△15	4,043	2,267	1,776
1969	7,791	6,213	1,577	3,529	3,564	△35	4,279	2,005	2,275
1970	8,957	6,851	2,106	3,918	4,148	△230	6,288	3,404	2,884
1971	10,935	7,768	3,167	4,375	4,426	△51	5,083	2,900	2,184
1972	11,777	8,930	2,847	4,535	4,853	△318	11,179	7,485	3,694
1973	12,112	10,362	1,750	5,319	5,468	△150	11,470	6,685	4,785
1974	14,611	13,728	883	6,380	7,072	△692	13,292	6,258	7,034
1975	18,566	15,774	2,792	7,829	7,576	253	10,350	6,087	4,263
1976	22,492	16,629	5,863	8,089	8,074	16	11,984	7,862	4,122
1977	23,764	18,722	5,042	9,359	9,196	163	16,169	12,133	4,036
1978	25,151	20,083	5,068	9,744	9,696	47	13,823	9,790	4,034
1979	29,461	23,020	6,441	10,540	10,747	△208	—	—	—
1980	30,655	24,650	6,005	11,406	11,307	99	—	—	—
1981	35,424	26,989	8,434	12,520	12,421	99	—	—	—
1982	37,428	28,415	9,013	13,413	13,532	△119	—	—	—
1983	39,119	30,258	8,862	14,248	14,205	43	—	—	—
1984	43,725	32,880	10,845	15,330	15,193	137	—	—	—
1985	45,815	34,754	11,060	16,911	16,358	553	—	—	—
1986	47,436	36,040	11,397	17,649	16,514	1,134	—	—	—
1987	48,679	39,511	9,168	18,356	17,548	808	—	—	—
1988	53,909	42,910	10,999	18,086	17,941	145	—	—	—
1989	55,818	46,178	9,640	18,751	19,022	△271	—	—	—
1990	59,314	50,511	8,803	19,763	20,218	△455	—	—	—
1991	63,402	54,419	8,984	20,670	20,891	△222	—	—	—
1992	69,002	57,840	11,161	20,851	21,127	△275	—	—	—
1993	69,193	58,832	10,361	20,986	21,141	△155	—	—	—
1994	69,411	58,382	11,030	21,338	21,087	251	—	—	—
1995	74,506	60,359	14,147	21,255	20,846	410	—	—	—
1996	80,347	62,570	17,776	20,714	20,906	△192	—	—	—
1997	78,370	63,542	14,828	19,630	21,190	△1,560	—	—	—
1998	74,848	60,196	14,651	18,248	19,789	△1,541	—	—	—
1999	75,457	59,389	16,067	17,755	19,683	△1,928	—	—	—
2000	76,605	59,558	17,047	16,791	18,380	△1,588	—	—	—

注：1．「年度」の期間は，1948および1949年度は6月1日～翌年5月末，1950年度は6月1日～翌年3
2．1948～1954年度の数値は，半年ごとのそれ（百万円未満は切り捨て）の合計である。
3．1948～1950年度の「損益計算書」には「各事業関連」という費目が含まれているので（本表では
出所：1954年度までは『京王電鉄五十年史』（表4の「出所」），194～201頁，1955年度以降は運輸省鉄道監
たは「損益計算書」，から作成。

第3章　交通産業経営の市場・行政的側面

(単位：百万円)

その他の兼業			営業損益計			全事業
営業収益	営業費	営業損益	営業収益	営業費	営業損益	経常損益
3	2	0	423	405	16	5
4	1	2	594	545	48	22
6	1	4	615	547	66	22
11	5	6	984	874	110	55
25	13	12	1,356	1,195	159	112
34	14	19	1,689	1,476	212	160
39	10	27	1,888	1,618	269	175
48	25	23	2,111	1,812	299	168
62	31	31	2,359	1,989	370	260
224	42	182	2,762	2,266	495	262
180	73	107	3,089	2,520	570	259
270	123	147	3,691	2,872	819	487
339	146	193	4,153	3,214	939	489
579	191	388	4,814	3,829	985	555
584	170	414	5,644	4,596	1,048	711
804	195	609	6,813	5,261	1,553	926
1,140	202	938	7,887	5,958	1,928	1,479
1,073	175	898	8,811	6,662	2,149	1,512
1,879	609	1,270	10,930	8,186	2,743	1,419
2,591	965	1,626	12,176	8,849	3,327	1,425
1,639	755	884	16,175	12,035	4,140	1,761
1,777	779	997	17,376	12,561	4,814	1,766
2,060	859	1,201	21,224	15,263	5,961	1,745
2,143	868	1,274	22,536	15,962	6,574	2,062
2,330	986	1,343	29,820	22,254	7,566	2,674
2,551	1,145	1,406	31,452	23,661	7,791	2,597
2,790	1,394	1,396	37,074	28,452	8,621	1,956
2,218	1,272	946	38,963	30,709	8,254	809
2,380	1,386	995	44,945	33,951	10,994	2,357
2,715	1,520	1,195	52,007	41,572	10,435	2,656
2,865	1,665	1,200	51,682	41,233	10,349	2,601
16,208	13,148	3,061	56,209	46,915	9,294	△336
21,080	13,564	7,516	63,141	49,521	13,619	3,035
14,551	8,877	5,674	62,495	48,287	14,208	3,735
14,829	8,671	6,159	65,670	50,617	15,053	2,745
16,940	10,102	6,838	70,307	54,564	15,743	2,701
18,581	12,257	6,324	77,635	60,330	17,305	4,055
20,246	15,510	4,736	82,971	66,622	16,350	3,645
19,214	16,577	2,637	84,300	69,131	15,169	3,648
21,379	15,096	6,283	88,414	72,155	16,259	5,774
19,988	14,460	5,528	91,983	75,310	16,672	7,971
19,867	13,463	6,404	94,436	78,662	15,774	7,476
20,142	14,038	6,104	99,219	84,767	14,452	8,745
19,530	13,525	6,005	103,602	88,835	14,767	8,641
19,994	14,018	5,976	109,847	92,985	16,862	9,826
20,963	14,968	5,996	111,142	94,941	16,201	8,437
26,687	19,103	7,583	117,436	98,572	18,864	9,598
24,983	18,200	6,783	120,744	99,404	21,340	11,159
23,719	19,065	4,654	124,779	102,541	22,238	12,986
22,876	18,870	4,006	120,877	103,602	17,274	12,519
22,314	18,173	4,141	115,410	98,158	17,252	11,462
22,311	17,573	4,739	115,523	96,645	18,878	13,314
26,445	19,575	6,871	119,841	97,512	22,329	16,570

月末，1951年度以降は4月1日～翌年3月末である。

割愛），各事業について数値の合計と「営業損益計」のそれとは合致しない。
督局(など)監修の各年報(表4の「出所」)の「営業収支表」，「営業成績表」ま

図22　京王電鉄不動産業収支の推移

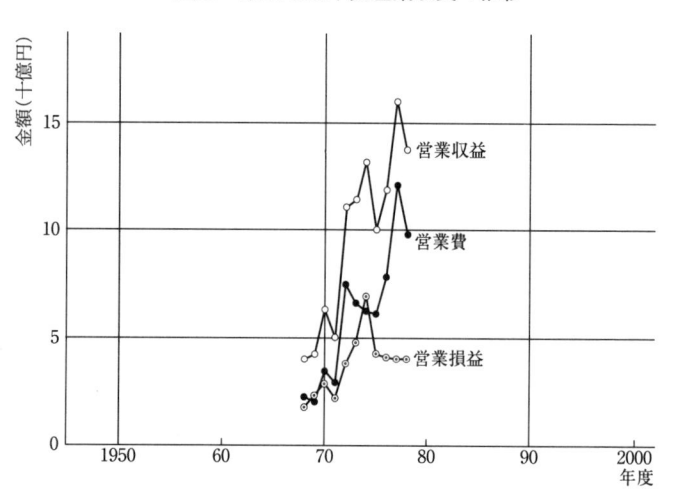

注：各年度の期間については，表5注1。
出所：表5の数値から作成。

図23　京王電鉄「その他の兼業」収支の推移

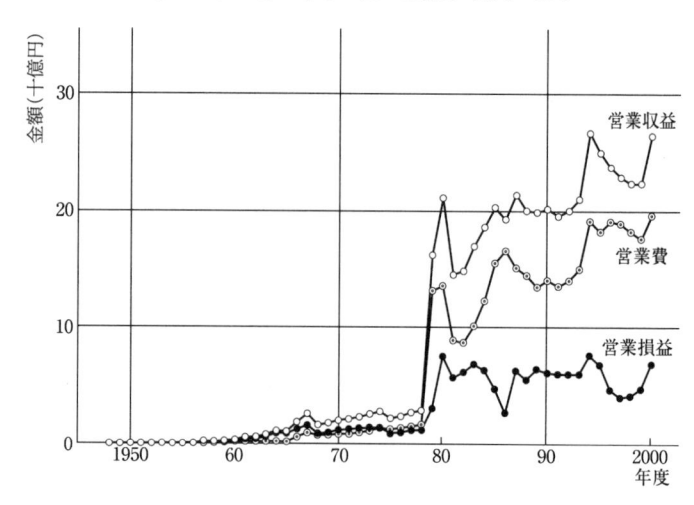

注：各年度の期間については，表5注1参照。
出所：表5の数値から作成。

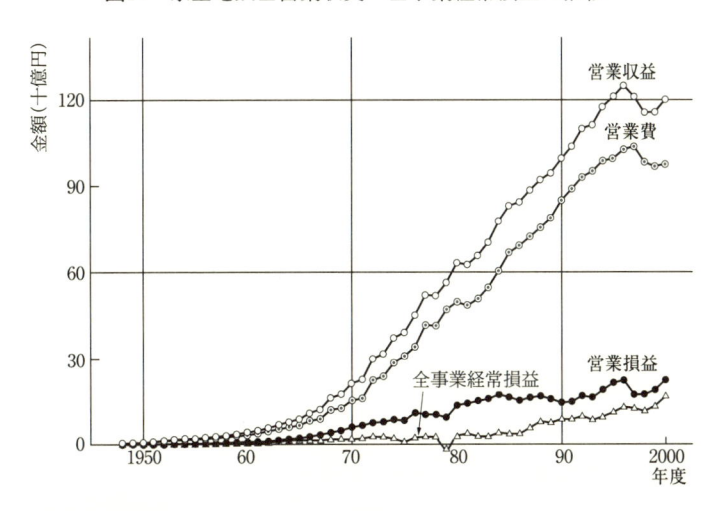

第3章　交通産業経営の市場・行政的側面

図24　京王電鉄全営業収支・全事業経常損益の推移

注：各年度の期間については，表5注1参照。
出所：表5の数値から作成。

の1974年度には営業費の上昇が見られ，営業損益はかなり赤字になった。また，最近の数年間は赤字の急増が目立っている。

　図22に示す不動産業は，京王電鉄では1968〜1978年度しか独立して計上していない。この間だけで見ると，1972年度と1977年度には営業収益・営業費ともに大幅な伸びを示しているにもかかわらず，営業損益ではさほどの伸びが見られないことがわかる。また収益・営業費・損益ともに年ごとの変化が鉄道業・自動車業に比べて激しい。これは不動産事業のうちの大規模開発は，鉄道業・自動車業よりも規制が緩いために事業の展開が迅速に行えること，および恒常的に継続できる事業ではないことを反映しているのであろう。不動産の独立した計上がない1979年度以降は，鉄道業・自動車業以外の事業すべて（図23）で追うしかないが，1979〜1980年度にかけて営業収益・営業費ともに急上昇し，1981年度に急に落ち込んでいるのが顕著に見て取れる。その後1983年度頃からは両者とも伸びているが，差し

引きの営業損益でみると相殺し合って，1980年度以降は，1986年度に大きく落ち込み，1995〜1999年度にも40億円台に落ち込んでいるが，だいたいにおいては年間60億円程度の黒字で推移している。

　最後に全事業の経常損益を図24でみると，1975年度と1979年度に落ち込みがみられ，特に1979年度には赤字を計上しているが，その２年を除くと1960〜1980年は緩やかな増加を続けていることがわかる。全事業経常損益は1995年度には年間100億円を超え，2000年度には166億円に達した。

II　京王電鉄の経営にみる市場原理の例

1　運賃・所要時間にみる中央線との競争

　京王線は新宿−八王子・高尾間にわたって中央線と競争関係にあるが，そうなったのは比較的最近のことで以前はそうではなかった，しかも競争関係にあるのは新宿と八王子・高尾の間という都市間だけである，という意見がある。

　例えば，若林進一氏は次のように述べている。「中央線に完全に平行する私鉄はないが，区間で見るとやはり競合がある．その一つが新宿−八王子・高尾間における京王線との競合だ．京王線と競合関係になったのはそれほど古いことではない．というのも昭和30年代なかばまでは八王子市自体は栄えていたもののベッドタウン化はまだ進んできておらず，新宿−八王子間の流動量も今にくらべればずっと少なかった．だから中央線も京王線も立川・府中あたりまでの独自のシェアを守っていれば互いに影響は少なかったのである．当時，中央線は快速で50分，京王線も急行で50分を要していた．／30年代後半になってベッドタウン化が八王子市におよぶにつれて，通勤客や買物客がどちらの電車を選ぶかということに互いに無関心でいられなくなった．そこでまず京王線が反応する．昭和38年に新宿−京王八王子間に特急の運転を開始，翌39年のスピードアップで所要時間を37

第 3 章　交通産業経営の市場・行政的側面

分に縮めた．一方，国鉄は42年に特別快速を設定，所要を同じ37分とした．これに対して京王は最高速度の向上により，44年には35分に縮めている．まさに当時は両者のスピード競争だったが，このころからしばらくは互いに優劣つけがたい状況で均衡状態がつづく．中央線の劣勢が目立ち始めるのは51年に始まる連続運賃値上げののちである．しかし一方，京王線も当初は八王子があくまで本線であり，増強をつづけたが，高尾線が全通し，相模原線が開通するとそれぞれの沿線に大規模ベッドタウンをひかえるために増強を余儀なくされ，本線の全体の中でのシェアが狭まってゆく．」[53]

　この文章は，京王線が特急の運転を開始する1963年以前には「競合」すなわち競争はほとんど見られず，京王線が競争を目的として特急を運転してから中央線も対応して競争関係になった，しかしその後に相模原線の建設などで京王は本線のみに力点を置くことができなくなった，また，競争関係にあった時期も「新宿－八王子・高尾間」のみで競争を行っていたかのように解釈できる．しかし実際には，京王線と中央線との間には戦前から競争があったし，戦後の競争は新宿－八王子・高尾間のみで行われたものでもなかった．京王帝都電鉄取締役鉄道事業本部長の土屋知夫氏は，「戦前は完全にライバルという感覚だったようです．京王電軌と玉南で中央線に対抗したのですが，当時は沿線に八王子くらいしか大きな町がなかったことがその理由ではないですか．現在は，この区間でだけ競争しても意味がありません．」[54]と，むしろ戦前の方が競争が激しかったことを述べている．

　戦前の競争には，次の例が挙げられる．

　玉南電鉄が開通した際（府中で乗り換え），京王電軌・玉南の両線で新宿－東八王子間の運賃を合算（67銭）すると国鉄（58銭）よりも高くなるところを，割り引き運賃を設定して国鉄と同額とし，往復割り引き（1円10銭）も設定した．また八王子市街自動車・高尾自動車との通し運賃も設定した．[55]玉南電鉄の京王電軌への合併と直通運転の開始に関しても，社史では「新宿から八王子へ直行したい乗客にとっては，京王電軌の〈府中乗換え〉が

147

とにかく不満で、多くの旅客を吸収するまでにはいたらなかった」「新宿～東八王子間1日56往復のダイヤを組み、中央線の1日12往復を完全に圧倒し、所要時間も同線の70分に対して68分とリードしたのである。」と、中央線との競争を意識したことを記述している。社史にはまた、1930年の国鉄中央線の立川－浅川(現在の高尾)間の電化(いわゆる「浅川電化」)が脅威であったことが御陵線の建設につながった、との記述がある。御陵線が開通すると休日は新宿からの直通運転も行い、横山駅(のちの武蔵横山駅。1945年に休止)には「近い早い安い京王電車」という看板を掲げたという。中央線も、浅川電化後の1932年からは「円電」と称して一般電車とは別格の特別列車を運転している。

　戦後になってもこの競争は続いた。

　1955年のダイヤ改正では、新宿－東八王子間の急行の所要時間を従来の59分から53分へと短縮し、中央線各停の54分よりも速くなった。新聞折り込み広告には「国鉄よりも早くて楽な京王線スピードアップ」とあり、国鉄に対する競争意識がうかがえる。社史にも「旅客の捉え方はとにかく〈新宿～八王子〉であり、所要時間5分の差は旅客吸収の面に微妙な影響を与えていたことは否めない。しかし、このダイヤ改正で、わずか1分の差ではあるが、国電追抜きを果たしたのである。／これによって高尾山・相模湖方面や陣馬方面への電車・バス連絡輸送の増強、京王沿線西部地区の開発がおおいに進展することとなったのである。」と中央線との競争を意識したことが記述されている。

　ところが、1963年に開始された特急の運転は、所要時間でも車両の面でも画期的なものであったが、後述(152頁)のように、京王のイメージアップというところに重点があったようであり、社史にも中央線を意識したとの記述は見あたらない。京王線の特急に競争意識を持ったのは国鉄の側であったようで、中央線では特快の運転や都心往復切符の販売が行われ、後には特定運賃の設定も行われた。

　しかし、当初の国鉄中央線の特快は運転時間帯が日中だけ、停車駅は高

148

第 3 章　交通産業経営の市場・行政的側面

尾－立川間の各駅と三鷹・中野・新宿であり，立川－三鷹間の各駅は通過した。また，1時間に4本程度の運転（1985年以降は1時間に3本程度）がなされたものの実際の運転間隔は10〜20分程度と不規則で，しかも建前は三鷹で特快・快速相互の接続をすることになっていたが実際には必ずしも接続しなかった。また，国立・国分寺・武蔵小金井・吉祥寺・荻窪など特快通過駅の乗降客は快速を利用するしかないが，快速の運転間隔は日中は最大15分以上もあり，武蔵小金井では特快・特急（長距離列車）などによる通過待避も行われた。(65) 国分寺における西武国分寺線・多摩湖線との接続にも考慮が払われなかった。(66) このように，当時の中央線は京王線との競争を意識していたにもかかわらず，そのダイヤは乗客の利便性にはあまり配慮を払っていなかった。

　一方，京王では平日の日中は，高尾線開業直後の一時期は高尾線にも特急を運転したが2年後には廃止し，その後は，特急・急行・快速をそれぞれ本線・高尾線・相模原線の終点である京王八王子・高尾山口・京王多摩センターへ方向別に20分間隔で運転するダイヤを，長年採用し続けた。このダイヤでは，新宿や明大前から各線の終点に行くにはそれぞれの優等列車を待たなくてはならず，待ち時間も長いものであった。ただし調布では京王八王子行き特急と多摩センター行き各停が接続していた。

　1992年からは相模原線にも特急を運転し，さらに全線にわたって各停の増発・運転区間延長を行った。この時のダイヤ改正では，高幡不動では京王八王子直通特急と高尾山口直通各停，北野では高尾山口直通急行と京王八王子直通各停というように，それぞれ行き先の異なる優等列車と各停を上下ともに接続させ，また調布では京王八王子発上り特急と橋本発各停を接続させることによって，実質的な待ち時間の減少をはかった（1997年からはさらに調布で京王八王子行き下り特急と橋本行き各停を接続させた）。しかし1992年の改正では，一方では特急の所要時間が長くなり，従前の35分間から，平日日中の新宿→京王八王子が36分，京王八王子→新宿が39分，夕方通勤時間帯は上下とも40分程度になった。(67) この改正は，それによって

149

乗客の利便性はある程度向上したものの,抜本的改正とは言い難かった。

なお,現在の京王線のダイヤには,朝通勤時間帯は所要時間が長い上に優等列車や快速運転の比率が少ない,夕方から深夜にかけても混雑が激しい,などの問題がある。日中の運転頻度も限界に近くなっている[68]。これらの点についてはⅣ-2 (165～167頁)で詳しく検討したい。

さて,京王線の輸送量は1990年頃までは一時期停滞はあったもののほぼ一貫して伸びているのに対し,中央線の旅客輸送量は1975年以降は減少している。新宿－中野間は1965年と1975年を比較しても減少しているし,1975年と1985年との比較では,高尾－国分寺間では微増しているものの,国分寺－新宿間では減少している[69]。この輸送量の減少について青木栄一氏は,「新宿などのターミナル駅に近づくほど大きくなる輸送量を途中駅から別方向に流すバイパス的ルートの鉄道ができると、輸送量が二分されてもとの線の輸送量を減らすのに効果的」[70]であり、「膨大な赤字に苦しんでいた当時の国鉄は一九七六年一一月、大幅な運賃値上げをおこない、その結果、並行する民鉄線との間に大きな運賃格差が生じた。……このことは起点と終点を同じくするような特定の区間だけにとどまらず、それぞれの中間駅と新宿駅との間の交通流にも大きな影響を及ぼし……両駅の中間に居住し、バスや自転車でどちらかの駅に出て都心方向に向かう人びとは、中央線よりも京王線を選択する場合が多くなった。」[71]と、バイパス的路線の開業と国鉄の運賃値上げに原因を求めている。新宿－中野間の旅客輸送量の減少はバイパス的路線である営団東西線の開業による移動が主な原因であり,また国鉄の値上げに伴って荻窪－新宿間は営団丸ノ内線,吉祥寺－新宿間は井の頭線への移動があったものと思われる。

中央線の輸送量の減少は,青木氏が挙げた理由の他に,中央線の利用しにくいダイヤにも原因があると考えられる。国鉄の競争意識は日中の立川・八王子・高尾と新宿との間に向けられ,京王線とは路線のやや離れている立川－中野間に対する考慮が欠けていたといわざるを得ない[72]。このために,京王線と中央線の中間地帯に住む利用者は,とりわけ日中は中央線

を利用するよりも，府中・調布・つつじヶ丘など京王線の優等列車停車駅を利用するようになったものと考えられる。同様の関係は，中央線と西武新宿線との間にもみられると考えられる。

しかし，中央線は都心まで直通するのに対して京王線は乗り換えになるなどの不利な点があり，複々線化など今後の中央線の改革次第では状況の変化も考えられよう。既に中央線では1988年に国分寺の待避設備などが完成したのを受け，国分寺でも特快・快速相互の接続を取って武蔵小金井での通過待避は原則として廃止し，また快速の運転間隔を最長でも10分程度にする，夕通勤時間帯には快速と特快の中間的性格を持つ通勤快速の運転を始めるなど，ダイヤの抜本的改良が行われた。[73]1993年には特快の運転時間帯を早朝や深夜にも広げ，朝通勤時間帯には国分寺→新宿間無停車の通勤快速の運転を開始した。[74]さらに2000年末のダイヤ改正では，夕通勤時間帯の通勤快速の増発や，青梅行き・高尾行きと行き先の異なる通勤快速・快速の立川における相互接続などの改善が行われた。これらのダイヤの改良は中央線の競争力強化につながるものと思われる。

2　新宿・聖蹟桜ヶ丘における商業展開と鉄道経営

1960年代になると京王線は抜本的な輸送力増強が必要になり，戦災による移転以降ずっと仮駅のような状態であった新宿ターミナルの抜本的改良と，新宿付近の併用軌道や急曲線の解消が急務になった。そのために新宿駅とその付近を一挙に地下化し，ほぼ時期を合わせて，長編成化に備え600Vの架線電圧を1500Vに昇圧することになった。新宿駅と併用軌道の地下化を社内では一体のものとして「併用軌道移設工事」と呼んだ。[75]

1960年に東京都は「東京都市計画新宿副都心計画」[76]の構想を発表し，新宿駅西口の再開発が行われることになった。京王はそれに合わせて新宿駅の地上部に駅ビルを建設して百貨店業に進出することになり，その手がかりとして京王に対するイメージの調査が行われたが，その結果「地味でパッとしない」「電車がのろい」などと，マイナス評価がプラス評価を上回

ることが判明した。そこでこれを受け，大幅なイメージアップを図るために，京王線に定期特急を運転し，従来とはイメージを一新した新型車両を導入することになった。この新型車両が5000系であり，従来の緑色とはまったく異なる，白地にえんじ色帯という当時としては斬新な塗色を採用した。設計にあたっては，外観について綿密な検討を行ったばかりか，2扉セミクロスシートとすることまで検討された。しかし，京王線は営業距離が短く朝通勤時間帯に新宿に必ず入ってしまうために通勤輸送についても考慮せざるを得ず，セミクロスシート型車両の導入は見送られ，ロングシートの通勤型が採用されることになった。特急の運転形態も検討が行われたが，新宿－八王子間を無停車で運転しても意味がないとされ，現在の停車駅に決定した。すなわち，京王線の特急運転は中央線との競争を意識したというよりも，京王の百貨店進出に伴うイメージアップの一環として開始されたものと考えられる。

　1963年以前の京王線は戦前からの軌道的体質が抜けきらず，しかも新宿ターミナルは敗戦直後のままであった。これが前述したような京王に対するマイナス評価につながったものと考えられる。しかし1963〜1964年には新宿駅地下化や特急運転の開始，新車の導入などが行われ，社史はこれについて，「利用者の目に京王帝都の大きなイメージチェンジとして映じたことは否めない。戦前・戦中は勿論，戦後においてもなお根強く残っていた路面電車の印象が，この時完全に払拭されたといえるだろう。」と述べている。その他，この時期には東八王子駅移転なども行われた。この時期の事業の主な展開を表6に挙げる。

　聖蹟桜ヶ丘駅周辺の開発は次のような経過で行われた。同駅は従来は単なる中間駅であったが，京王が開発を手がけた桜ヶ丘団地の最寄り駅であり，1963年の特急運転開始の当初から停車駅とされた。1969年には，桜ヶ丘団地の表玄関として，また周辺開発を目的として駅を移設・高架化し，多摩ニュータウンへの入居が始まると京王電鉄バス・神奈川中央バスにより多摩ニュータウンへの路線バスが設定されて，相模原線が開業するまで

第3章　交通産業経営の市場・行政的側面

表6　1963～1964年における京王電鉄の事業の主な展開

年　月　日	事　項
1963年4月1日	新宿駅・併用軌道地下化，5連運転開始
8月4日	京王線昇圧，5000系入線
10月1日	特急運転開始(所要40分)，西東京バス発足
16日	新宿－高幡不動間6連運転開始
12月11日	東八王子駅を移設（現在の京王八王子駅に）
18日	京王線全線6連運転開始
1964年1月25日	井の頭線3000系ローレル賞受賞
4月21日	多摩川橋梁（聖蹟桜ヶ丘－中河原間）複線化
29日	動物園線開業
4月	京王百貨店地下食品部開業
6月7日	新宿－初台間地下化完成
7月18日	5000系ローレル賞受賞
10月14日	ダイヤ改正，特急37分運転開始
11月1日	京王百貨店全店開業

出所：京王電鉄株式会社総務部編『京王帝都電鉄三十年史』同部，1978年，245頁，および，京王電鉄株式会社広報部編『京王電鉄五十年史』同社，1998年，304～307頁，から作成。

は事実上の玄関口となっていた。この当時から1980年代前半までの聖蹟桜ヶ丘は，高架駅とバスターミナル，および高架下と広場まわりに商業施設があるだけの駅であった。1980年代に入ると大手私鉄各社は郊外駅の中核・拠点化や商業開発を進めるようになったが[83]，京王も1982年に聖蹟桜ヶ丘の再開発計画を発表し，1984年に着手，1986年には商業施設を中心とするビルを開業し，1988年には本社も移転した[84]。

この本社の移転と1990年の相模原線橋本開業を期に，京王は「リフレッシング京王」と称して事実上のCIを実施した。1989年に現行の社章を制定，1990年にコーポレートカラー（京王ブルーと京王レッド）を設定し，京王電鉄バス・タクシーの車体を塗り替え，職員の制服を変更，路線図も変更した[85]。1992年には前述のようにダイヤ改正を行い，相模原線に特急の運転を開始した。

7000系などの従来車に比して全面的な設計変更を行った新型車両も製造された。これが8000系である。新型車両を製造した理由は，

(1)　「リフレッシング京王」に伴い，新形式製造の気運が高まったため，

153

(2) 相模原線橋本開業や府中・北野・長沼各駅の高架化を受けた大幅な
ダイヤ改正を受け，そのための増備とインパクトの強化のため，
(3) 従来車が陳腐化してきたため，

であった。技術的には京王初のインバーター制御を採用し，外観も従来の白地やステンレス地にえんじ色帯ではなく，ステンレス地に京王レッドと京王ブルーを配したものとなった。正面も従来の6000系や7000系とは異なったデザインとした。8000系は当初は本線の特急に使用したが，その後の増備により，本線の急行・通勤快速や相模原線の特急などにも使用している。8000系は通産省から1992年度のGマーク商品（グッドデザイン商品）に選定されている。

なお，2000年末にはその次の9000系が投入された。

3　高尾線とめじろ台開発

鉄道建設と一体のものとして私鉄による宅地開発を行った典型例が，この高尾線建設とめじろ台団地の開発である。規模こそ小さいものの東急の田園都市構想と似た手法であるが，高尾線の場合はさらに観光輸送をも考慮し，また鉄道の建設にあたって過去に休止していた路盤を活用した点が特色である。

前述のように京王電気軌道は1931年に御陵線（北野－御陵前間）を開業したが，戦時中の1945年1月に不急不要路線とみなされて営業を休止し，施設を撤去した。戦後は路盤だけが残り，周囲も現在のめじろ台付近は開発されておらず，片倉・山田付近に集落がある程度であった。しかし高尾山への観光客が増加しており，1960年頃からはのちに高尾線の沿線となる地域に住宅地・工業団地が計画・建設されるようになり，新線建設の要望も出されていた。[86]

高尾線は，この地区の鉄道・宅地一体での開発を目的とするとともに，高尾山への観光輸送も兼ねて建設されたものであった。北野からめじろ台の手前までは御陵線の路盤を活用し，その先は切り通しや高架などで新線

第 3 章　交通産業経営の市場・行政的側面

の建設を行った。めじろ台駅は切り通しで待避設備も置き、駅舎は橋上と(87)した。のちには駅舎の前にロータリーを設置した。また駅を挟んで京王めじろ台マンションを建設した。

　なお、御陵線の御陵前方面の残りの区間は1964年に廃止し、路盤は中央線との交差部分までを一般道路に転用した。現在は西八王子駅南口－めじろ台駅－グリーンヒル寺田・法政大学間の京王電鉄バスが経由している。

　高尾線の建設は着工から1年9カ月で完了し、1967年10月1日に鉄道が営業を始めると同時に、めじろ台住宅地の売り出しも始まった。人気は高く、分譲の2週間前からテントが並び、1970年の第5期分譲まで即日完売が続いた。新宿へ直通する特急も20分間隔で運転され、本線特急(新宿－(88)京王八王子間)と高幡不動で分割併合を行い、めじろ台には当初から特急が停車した。ただし、1969年11月には平日の高尾線特急を廃止し、高尾山(89)口－新宿間の急行に置き換えた。

　社史はめじろ台開発について、「めじろ台の意義は、不動産と鉄道が終始一体となって八王子市南部地区の開発を達成したというところにあるのである。」と総括し、鉄道事業と宅地開発の一体性を意義深いものとして(90)重要視している。

　その後、1978年には京王山田マンションの販売を開始した。また、めじろ台よりもさらに南側の椚田地区の区画整理や都市化・宅地化、寺田団地や館団地などの大規模団地の建設や法政大学・東京家政学院など学校の移転が行われ、その方面への京王電鉄バス路線も開設・延長された。現在のめじろ台駅は、めじろ台団地だけでなく周辺地域の輸送・商業的拠点となっている。(91)

155

III 京王電鉄の経営にみる行政原理の例

1 運賃政策

　京王も,戦後すぐと1961～1968年に設備投資のために社債の発行や増資を行ったほかは,(92)他鉄道と同様に運賃収入や兼業収入により費用をまかなってきた。運賃体系は1934～1974年は対キロ制,それ以降は対キロ区間制であるが,(93)相模原線のうち戦後に建設した京王多摩川－橋本間は通常の運賃に加算運賃を加えている。

　しかし相模原線の収支状況は,この加算運賃や,後述するニュータウン鉄道建設に対する助成措置にもかかわらず厳しく,京王帝都電鉄取締役鉄道事業本部長の土屋知夫氏は1993年に,相模原線の開業当初からの輸送量は「微々たるものです．バスではたいへんですが,鉄道にとって十分な輸送量というわけにはいきません．今でもその事情は基本的には変わりません．」,相模原線は「最近やっと営業係数が100近くになったところです．これまでの累積欠損が大きく,当社の負担はたいへんなものです．(94)」と,相模原線の輸送量が小さいこと,また経営状況が厳しく負担が大きいことを述べている。なお,高尾線も開業から1981年まで加算運賃を適用していた。(95)

　京王は1987年に,東武・西武・小田急・東急と並んで特定都市鉄道整備積立金制度の認可を受けた。ただし他の4社は複々線化などの大規模な工事を主眼としたのに対し京王は複々線化を計画に含めず,内容は「京王線長編成化工事」と「井の頭線車両大型化工事」すなわち京王線の朝通勤時間帯の全列車10両編成化と井の頭線への新型車両導入であった。工事費は京王線が303億円,井の頭線が329億円であり,積立率は双方とも当初は3％,1995年からは制度改正により6％となった。(96)この工事の目標は,工事をしない場合には京王線の下高井戸→明大前間の混雑率が189％から196％

第 3 章　交通産業経営の市場・行政的側面

に，井の頭線の神泉→渋谷間が181%から182%に上昇すると予想されるところをそれぞれ176%と166%に改善すること，および京王線の京王八王子→新宿間の急行による所要時間を67分から64分に短縮することであった。[97]

これに基づき京王は運賃の値上げを実施し，京王線では通勤時間帯の列車長延長のために京王八王子駅の地下化や仙川をはじめとする21駅のホーム延長・改良などの工事や車両の増備を行った。井の頭線には従来の3000系よりも車体長の大きい新1000系車両を新製投入し，それに伴って11駅でのホーム延長などの工事を行い，また朝通勤時間帯の増発を行った。1997年に制度の適用を受けた全ての工事を完了し，1997年には積立金の取り崩しによる運賃の値下げを行っている。[98] 工事費は京王線長編成化工事が290億円，井の頭線車両大型化工事が372億円であった。

2　京王線の複々線化

1962年に都市交通審議会により 9 号線が策定された。これは芦花公園－方南町－新宿－上野－両国－本郷を経て麻布に至る路線であったが，路線が京王線と競合する上に京王線自身の輸送力増強にはならないとして，京王は経路の変更を運輸省に要望した。その経路は，新宿－初台間を地下別線，初台から芦花公園寄りは高架による線増とし，京王線の輸送力増強と立体化を同時に行うものであった。この要望を受けて，1964年に 9 号線は京王案に変更された。

1968年に都市交通審議会は答申路線の再編成を行い，それまでの 9 号線は新しく10号線とされた。10号線は当初は緊急整備路線である芦花公園－住吉町間(20.5km)のみであったが，1972年には西側は調布から多摩ニュータウン内を経て橋本まで，東側は江東地区の再開発なども考慮して都営新宿線を経て千葉ニュータウンの印旛松虫までに延長された。これにより，前述のように経路は橋本－多摩ニュータウン－調布－笹塚－新宿－本八幡－新鎌谷－小室－印旛松虫となり，企業は京王・東京都交通局・千葉県営鉄道の 3 者となった。[99] 京王はこの10号線に基づいて，1968年に東京都交

157

通局との相互乗り入れの基本協定を締結した。京王はまた，輸送力増強やニュータウン輸送を考慮して新宿－調布間の複々線化の申請を行い，1969年に複々線化の認可が下りている。

　京王はこの複々線化の第1期工事として，地下別線により新宿－笹塚間の複々線化を行い，1980年には都営新宿線との直通運転を開始した。また後述する調布－橋本間の相模原線も開通させた。このほか，八幡山は環状8号線道路との立体交差に伴ない，将来の線増の際に手戻りがないように考慮して，1971年に有効長130mのホーム3面を持つ高架駅に改築された。

　しかし，複々線化の残りの区間である笹塚－調布間は，1970年代前半は「当社としても，今回の新宿－笹塚間の線増ならびに都心乗入れ工事に引続き，調布までの全区間を1日も早く完成させたいと考えている。」と重要性を認識していたが，年とともにその認識が低下した。それでも1983年には，「なお複々線は，今後さらに線増連続立体交差事業として相模原線の分岐駅である調布まで延伸されることになる。」と実現を表明していたが，前述したように，特定都市鉄道整備積立金制度においては，京王は複々線化を事業内容とはしなかった。その後も複々線化は事実上の凍結状態にあり，1993年には野口紘一氏が「現在，当社にとって大きな課題の一つが京王線笹塚－調布間の複々線化である．線路容量の増大は運転屋にとって大いに期待しているところであるが，将来にわたって，今までと同様の成長があるかどうかは疑問を残すところである．……慎重な議論と対応が急がれているところである．」と述べているように，「課題」であることは認めつつも態度がより「慎重」になっている。また，青木栄一氏は「笹塚以西の複々線化はこれらの改良事業（京王線長編成化・井の頭線車両大型化工事と渋谷駅改築――筆者注）が完了したあとの着手」と，重要性が低下して後回しにされていることを述べている。

　2000年に出された運輸政策審議会答申第18号では輸送力増強の名目で，既存設備の改良に調布駅改良・平面交差解消が含まれた。しかし調布－笹塚間の複々線化は「今後整備について検討すべき路線（B）」とされ，「目

第3章　交通産業経営の市場・行政的側面

標年次までに整備を推進すべき路線（A）」よりも緊急性が低いものとなった。[107]

さて，京王線と相模原線が分岐する調布駅は，両線の平面交差のために運転上の難点となり，また線路が地上にあるため，地域が分断されるなどの問題が顕著になっている。これらの問題の解消や京王線の複々線化と関連した調布駅高架化事業が，1969年に都市計画決定された。しかし高架化に対する地域の反対や行政の足並みの乱れなどで計画は最近まで凍結状態が続いていた。[108]現在では高架化よりも地下化の方が費用が安くなり，立体化工事が先行していた北野と府中は高架駅としてそれぞれ1992年と1993年に完成したが，[109]調布－国領間は地下化によって，京王線と相模原線の平面交差も解消することになった。調布駅は上下線を分離して京王線・相模原線を方向別とした2段式の地下駅となる予定である。また，各駅の駅前広場の整備などの都市計画事業も行われる。

なお，調布市など関係機関の発表によると，複々線化の際には今回建設する地下線を緩行線とし，新設する急行線の調布－国領間は緩行線よりさらに深い地下別線となり，柴崎駅は緩行線が高架で急行線が地下（駅はない），柴崎－つつじヶ丘間で緩行・急行線とも高架になり，つつじヶ丘は高架駅になるようである。[110]

3　相模原線と多摩ニュータウン建設

現在多摩ニュータウンがある地域は，1960年頃までは，既存の鉄道から遠いことや[111]アメリカ軍の管理する区域があることもあって，都市化や開発が進んでいなかった。

しかし1963年に新住宅都市開発法が公布され，自治体を超えた範囲の地域に住宅開発を行いやすくなった。一方，建設省管轄の首都圏整備委員会や東京都は1960年頃から大規模な宅地開発の検討を行い，1963年には東京都が同区域を選定し，1965年には新住宅市街地開発法に基づく事業として多摩ニュータウンが都市計画決定された。[112]

この地域にはそれ以前から，京王と小田急が新線建設の構想を持っていた。その理由としては，
  (1)　地元自治体が鉄道建設の要請を行っていた，
  (2)　鉄道会社側が，津久井・城山方面への鉄道の建設を考えていた，
  (3)　京王は，高尾線開業後は沿線に開発の余地がなくなっており，新しい開発に対して魅力が感じられた，
ことなどが挙げられよう。小田急も東急時代からこの方面への鉄道建設を考えており，1958年には鶴川－城山間の免許を申請している（1968年に取り下げ）。

　さて，多摩ニュータウン構想の検討が始まると，京王・小田急・西武が路線を申請し，国鉄による新線も検討され，政府は高速道路の整備を検討した。しかし検討の末，道路交通は輸送力が小さいことから高速道路による需要対処は無理とされ，国鉄による新線も財政状況や既設路線との位置関係から困難とされた。結論としては京王・小田急による新線建設・高架線増が優れているとされ，西武の申請も取り下げられた。この京王・小田急による新線が，それぞれ現在の京王相模原線・小田急多摩線である。

　京王相模原線は，以前からあった調布－京王多摩川間の支線を延長してニュータウン鉄道とした路線であり，1964年に京王多摩川－稲城中央（現在の稲城）間，1966年に稲城中央－相模中野間の免許がおりた。当初の計画では，調布－橋本間は複線，橋本－相模中野間は単線で，駅は10個所，200両程度を収容できる車庫2個所の設置を計画した。[113]

　しかし多摩ニュータウンは公的主体による開発であり，私企業による開発利益の享受は禁じられた。この点，私鉄による都市計画・新線建設である高尾線や東急田園都市線とは異なり，建設費が捻出できず見返りも少ないことから，京王・小田急ともに建設には消極的であった。鉄道会社は建設費に対する補助を要請する一方で，工事には着手したものの，京王は1971年4月に京王よみうりランドまでを開業させたにとどまった。鉄道が開業しないまま諏訪・永山地区の入居が始まったため，聖蹟桜ヶ丘までの

第3章　交通産業経営の市場・行政的側面

京王電鉄バス・神奈川中央バスの路線が設定された。

　輸送問題が社会問題化したこともあって行政側も検討を進め，1972年5月には日本鉄道建設公団による建設いわゆる「P線建設」や利子補給金の負担制度，またニュータウン区間内の鉄道建設に当たっての用地確保の便宜や工事費の一部負担などの公的助成策が決定された。

　この決定を受けて，京王は1972年10月に京王よみうりランド－京王多摩センター間の建設に着工し，石油危機による費用の高騰や用地買収の紛糾などの困難に直面したものの，1974年10月には小田急に続いて多摩ニュータウンへ乗り入れ，京王多摩センターまでを開業した[114]。若葉台には車両基地・工場も設けた。

　その後，多摩ニュータウン西部の開発が進んだこともあり，1982年にP線による橋本方面への延長に取りかかり1987年の完成を目指したが，橋本付近での用地買収が困難を極めたりしたため，1988年に南大沢までを暫定開業し，1990年3月に橋本までを開業した[115]。相模原線は橋本で全線開業とされ，橋本－相模中野間は用地難や工事費用の高騰により建設を断念し，免許は1988年に失効，この区間は未完成となった[116]。

　なお，ダイヤは，相模原線建設開始前から京王多摩川－新宿間に運転していた快速を延長し，京王新線の開業とともに相模原線快速・通勤快速は新線新宿の発着となり，都営新宿線との乗り入れ開始後は快速・通勤快速は新宿線へ直通運転を行っている。1992年までは快速は相模原線内も快速運転し，通勤快速は相模原線内は各停とし，日中のダイヤは快速と各停がそれぞれ20分間隔の運転で1時間に3本ずつであった。1992年のダイヤ改正により，快速は全て相模原線内各停運転となり，線内は多摩センターのみ停車する特急，新宿線直通の快速（相模原線と新宿線内は各停運転），京王線新宿直通の各停を，それぞれ20分間隔で運転することになった。

Ⅳ　京王電鉄の経営課題

　今まで京王は，前述したような都市への人口集中と輸送需要の増大，また用地難などの中で輸送の改善に努力してきた。しかし現在も通勤混雑を中心としてさまざまな問題が依然として残されている。

1　輸送力の増強と設備投資

　通勤混雑を解消するためには輸送力の増強が必要であり，そのためには巨額の設備投資が必要である。この設備投資の問題は，私鉄企業における公共性と収益性との間の矛盾が現れた典型例といえよう。
　京王線における運転速度の低下がとくに顕著なのは，前述したように朝通勤時間帯である。調布－新宿間では1時間に10両編成30本を運転して頻度がすでに限界に達しており，これ以上の増発は不可能で，優等列車も速度を上げることができず，たとえば高尾山口→新宿の急行が日中の所要時間が約55分のところを朝通勤時間には約70分を要している。日中から深夜にかけても，本線では優等列車が先行する各停に追いついて速度が上げられない，相模原線特急も本線内(新宿－調布間)では本線急行に続行するために速く走れない，といった状況が日常化している。また，優等列車の増発による各停列車の時間調整・待避の回数や時間も増えており，待避で10分以上停車する例すらある。[117]
　このような状況を解消するには，根本的には調布－笹塚間の複々線化が必要である。[118]これが完成すれば，増発および各停と優等列車との分離によって，混雑の緩和や所要時間の短縮などをはかることができよう。しかし複々線化は千億円単位の費用を要する事業であり，[119]前述した(146頁)京王の利益の規模からいっても負担が大きすぎると思われる。また，複々線化によって列車を増発しても，運賃収入のさほどの拡大は見込めない状況に

第3章　交通産業経営の市場・行政的側面

ある。複々線化は投資の点からみた京王の最大の課題であり，負担軽減のために上下分離方式か公的助成が望まれる。

複々線化を実行する場合には，用地買収が困難であること，複々線のうちの片方の複線を急行線として使用すれば全ての駅にホームを持つ必要はないことを考えると，小田急線のような同一個所での張り付け・高架化よりも，新宿－笹塚間と同様な，甲州街道を利用した別線線増による複々線化の方がすぐれているように思われる。たとえば，明大前は全優等列車が停車する上に井の頭線との接続駅なので，複々線化に対応して現在位置のまま地下化し，明大前－蘆花公園間は甲州街道直下に急行線を新設して在来線はそのまま緩行線として使用，千歳烏山駅を複々線に対応させて地下化し，在来線・新線の接続を取るとする。この場合には急行線経由の列車は桜上水・下高井戸には停車できなくなるが，通勤時間帯に全ての優等列車を両駅に停車させる必要はないであろう。日中は，上下それぞれ1時間に6本運行している特急・準特急だけを急行線で運転することも考えられる。

なお，京王線の列車が速度を上げにくい原因の1つに，線路に急曲線が多いために速度制限のかかる個所が多くて連続高速運転が困難なことがある。これについては，京王も以前から曲線半径の拡大など改良に努めているが，市街地では用地難のために実施が困難なのが実情である。

立体化との関連で外部不経済の観点からしばしば指摘される問題に，踏み切りの存在がある。これは京王だけの問題ではないが，京王電鉄の場合でいえば，新宿－笹塚間は地下化によって，代田橋・八幡山・府中・中河原・長沼・北野・高井戸は高架化によって踏み切りがなくなったが，それ以外は京王本線・井の頭線のほぼ全域にわたって踏み切りが存在し，通勤時間帯を中心に，長い遮断時間が道路交通の障害となっている。渋滞のために発生する自動車の騒音や排気ガス，遮断機自体の騒音も無視できない。以上の区間のうち，調布－国領間は，前述(159頁)の地下化が完成すれば踏み切りの問題は解消するはずである。笹塚－国領間は，全線にわたる在

来線の立体化は望ましいにはちがいないが，費用や用地の関係から連続立体化はかなり困難と思われる。(125)しかし緩行線の立体化ができなくても，上述の複々線化によって優等列車を急行線に移すことができれば，踏み切りの問題は解決しないまでもかなり改善されるはずである。

次に，京王が近年行った設備投資の中で，疑問に思われるもの，不適切と思われるものを指摘しておきたい。井の頭線の車両大型化，同神泉駅の改造，および京王線北野駅の高架化がそれである。

井の頭線はかつては6両編成化の構想があった(79頁)が，それを中止して，前述(157頁)のように新1000系の新製に切り替えた。この切り替えは，それまでの車両製造計画の流れからみて合理性に欠けるように思われる。(126)

神泉駅はホームを延長し駅舎も改築したが，従来のままでもさほどの弊害は感じられなかった。この工事は緊急に必要だったのか疑問に思われる。

一方，北野駅の高架化に関しては，

(1)　京王本線・高尾線の立体交差，
(2)　京王八王子・高尾山口方面からの折り返し列車のための新宿方面への引き上げ線設置(現在は本線上で折り返すか逆線発着を行っている)，
(3)　北野－長沼間にある曲線の緩和，

も併せて行った方がよかったように思われる。資金面の問題からか必要がないと判断したためかは不明であるが，高架化の際に投資額を増してでも上記の項目を行っていれば，京王線・高尾線の平面交差が解消でき，折り返しも容易になるなど，設備としてはるかにすぐれたものになったと思われる。将来に追加投資を行うことになれば，手戻りとなって全体の投資額は不必要に大きいものになるであろう。

今後も，鉄道企業自体にも公的助成にもともに財政に限度があること，また外部不経済・環境面も考えると，手戻りを起こす計画や，不必要・過剰な投資は慎しむべきであろう。

なお，高架化の際には2階に駅舎・改札・コンコースを設置して3階にホームを置くことが多く，京王線では府中・北野がそうなっている。しか

第3章　交通産業経営の市場・行政的側面

しホームが高い位置にあると，乗降が困難になるし，周囲の日照に対する影響などは外部不経済の点でも難点がある。今後の高架化に当たっては，駅舎・改札などは地上に設置してホームは2階に置くといった，低い高架を採用することが望ましい。⁽¹²⁷⁾

2　ダイヤの改善

　京王線の運転・ダイヤ⁽¹²⁸⁾の利用者から見た問題点には次のようなものがある。
(1)　朝のみならず，夕通勤時間帯から深夜の混雑も激しいこと。⁽¹²⁹⁾
(2)　高尾線・動物園線・競馬場線の運転間隔が20分程度と長いこと。
(3)　快速・通勤快速の郊外側に各停区間があること。
(4)　京王線・京王新線・都営新宿線の関係がわかりにくいこと。
　以下，各項について検討する。

　(1)について。京王八王子・橋本方面への列車は夕方から深夜にかけても混雑が激しい。⁽¹³⁰⁾この混雑は，鉄道だけで対処するには増発に頼らざるを得ない。深夜の増発は沿線に対する外部不経済のために困難な面があるが，相模原線は踏み切りが調布付近にしかない上にほぼ全線が掘り割り・高架になっているので外部不経済は発生しにくく，まだ増発の余地はあると考えられる。また，複々線化と立体化が，あるいは少なくとも前者だけでも完成すれば，外部不経済は減少するので，本線も増発が容易になるはずである。

　(2)について。高尾線・動物園線・競馬場線の日中の各停が20分間隔であり，運転間隔が長すぎる。特に高尾線は各停の運転間隔を10分とすることが望ましい。当面の解決策としては，日中の高尾線には急行と各停が1時間に3本ずつそれぞれ20分間隔で運行しているから，高尾線内では急行も各駅に停車させることによって，各停運転の間隔を10分に短縮する方法も考えられよう。⁽¹³¹⁾

　(3)について。優等列車のうちの特急・急行は全区間にわたって快速運転

を行っているが，快速・通勤快速は都心側だけで快速運転を行い，郊外側すなわち京王八王子・高尾山口－東府中間と橋本－調布間では各停運転を行っている。朝通勤時間帯の本線・相模原線，および夕通勤時間帯の高尾線直通の優等列車は，上下ともすべて快速・通勤快速であり，特に朝通勤時間帯はそれ以外の優等列車としてはわずかな本数の高尾線直通急行が間をぬって運行しているにすぎない。そのために時間がかかるだけではなく各駅に停車することも煩わしく，これに対する長距離利用者の不満も多い。[132]本線・相模原線内における快速・通勤快速列車の各停運転は取りやめて，ほぼ全区間で快速運転を行い，[133]代わりに各停列車を増発することが望ましい。そのためにも，調布－笹塚間の複々線化が必要であろう。[134]

なお，京王線は駅間距離が比較的短いにもかかわらず，車両の加速度が前述のように2.5km/h-sであるのはいささか低すぎるようにも思われる。各停用列車は新宿線の加速度と同じ3.3km/h-sに引きあげることが望ましい。井の頭線も同様で，駅間距離が短い割には加速度が低すぎるように思う。

(4)について。京王線複々線区間である笹塚－新宿間は，在来線は途中停車駅なしで終点の新宿駅に至る一方，新線は幡ヶ谷・初台の2駅を経由して新線新宿駅に至り同駅で都営地下鉄新宿線と接続する。都営地下鉄新宿線の区間は新線新宿－本八幡間であるが，地下鉄の列車は大部分が京王新線と直通して本八幡－笹塚間を運行し，一部はさらに京王本線・相模原線を経由して本八幡－笹塚－調布－橋本間を直通運行しており，地下鉄線内だけを運転している列車はごく一部にすぎない。このように京王新線は都営新宿線と一体化したダイヤが設定されている上，車両もほとんどの各停に都10－000型が使われているため，京王新線と都営新宿線の区別がわかりにくく，乗客が京王新線を都営地下鉄の一部と思いこむことによるトラブルが発生している。[135]

ダイヤに関しては，列車の快速・通勤快速・各停などの種類と停車駅との関係がわかりにくい。笹塚－新宿間には営業上は幡ヶ谷・初台の2駅が

存在するが，駅自体が設置されているのは新線上だけで，在来線上にはない。したがって，京王新宿駅を発着する列車はすべて在来線を経由するから各停を含む全列車がこの両駅に止まらない。一方，京王新線を通る列車は快速・通勤快速を含む全列車が両駅に停車する。このように，快速・通勤快速と称しながら両駅に停車する列車がある一方，各停でありながら両駅を通過する列車があって，利用者にはわかりにくい。路線図と運賃表とで表示が異なるのも，このわかりにくさを助長している。なお，都営新宿線内(本八幡－新線新宿間)には独自に急行列車が運行し快速運転を行っているが，この列車は京王線には直通せず，京王線内の急行列車とは無関係である。このことも京王線の優等列車と都営新宿線のそれとの関係をわかりにくくしている。

　以上のわかりにくさを解消するためには，京王線の各停列車をすべて都営新宿線直通とし，新宿線直通の快速・通勤快速は京王新線内の幡ヶ谷・初台を通過させ，新宿線内の急行と一体化して快速運転することが考えられる[136]。これにより京王新宿駅に余裕ができるし，笹塚－新宿間の2重運転も解消できる。ただし，朝通勤時間帯の京王線は全列車が10両編成であるのに対して都10－000型は8両編成であるから，このままで各停列車のすべてを直通運転にすると朝通勤時間帯は輸送力が減少するし，逆に都車両を10連化すると，車両への投資額が増大する上に日中の京王八王子・高尾山口・橋本方面は輸送力が過剰になるおそれがある。しかし日中だけでもこの方法が適用できれば，ダイヤのわかりやすさをより多く必要とするのは通勤者よりも日中の利用者であるから，それなりの効果はあるものと考えられる。

3　駅設備の改善－連続性の確保－

　明大前・新宿・下北沢など古くからある一部の駅は，狭い，わかりにくいなどの構造上の欠点がある。

　一方，聖蹟桜ヶ丘・南大沢・橋本などの新しい駅は，設計の段階で配慮

ができたはずにもかかわらず，改札と他鉄道やバスターミナルとの距離が長すぎる，前述したように(82頁)利用者を商業施設の中を通過させるなど，連続性の配慮に欠けた設計上の問題がみられる。このような連続性の観点からの配慮の欠如，とりわけ乗り換え客を商業施設の中を通らせる設計は，商店の売り上げ促進を考えた営利至上の発想の現れであろうが，そこを通るだけの利用者にとってははなはだ煩わしい。

　既設施設の大幅な変更は困難であろうが，南大沢・聖蹟桜ヶ丘の鉄道－バス乗り換え通路の改善は早急に行うべきであろう。聖蹟桜ヶ丘は，エスカレーターの移設は困難かもしれないが，せめて売り場の改装を行って通行しやすくするべきである。南大沢は，掘り割りの上にバスターミナルを移設すれば，乗り換え距離をかなり縮めることが可能である。今後建設される駅施設については，人間工学的に使いやすい設計を行うことが必要なのはいうまでもない。

　このほか，他鉄道との乗り換えが近年になって不便になった駅もある。[137]京王の他鉄道との乗り換え駅は新宿・渋谷・吉祥寺・下北沢(小田急小田原線)・下高井戸(東急世田谷線)・分倍河原(南武線)・高尾(中央線)・橋本(横浜線・相模線)・京王永山(小田急多摩線)・京王多摩センター(小田急・多摩都市モノレール)・高幡不動(多摩都市モノレール)・多摩動物公園(多摩都市モノレール)であるが，下高井戸は駅舎改造ののち世田谷線との乗り換えが手間どるようになった。分倍河原(京王が管理)・高尾(両鉄道が管理)には当初はなかった乗り換え中間改札が最近になって設置された。現在は中間改札なしで乗り換えのできる駅は下北沢だけである。この中間改札の設置などは一見些細な問題のようであるが，鉄道同士の一体感をなくすばかりか，乗り換えの際に券売機・精算機が混雑することが多く，ただでさえ混雑の激しい乗り換え駅の乗客の流れをいっそう悪くしている。

　連続性の観点から，他鉄道との乗り換え駅における中間改札の撤去が望まれる。

4 利用者の経営参画

　交通行政や鉄道経営に対し，全国・地域規模で政策提言から独自の路線案提示に至るまで積極的な活動をしている運動体の例として，前述したフランスのFNAUT(交通利用者団体全国連合）がある。日本においても「交通権学会」のように交通に関して提言を行っている運動体はあるが，実際に行政や企業経営に反映させるまではなかなかいかないのが実情である。

　個別の問題に対して提言をしたり運動を行っている例もある。京王に関しても，新宿－笹塚間立体化や調布駅付近立体化の際に当初の計画では高架化であったのを地下化に変更させるなど，運動により利用者・住民の主張を反映させた実績がある。しかし，これらの運動はまだほとんどが個々の問題のみに対応したものであり，継続的・組織的な運動には発展していない。

　一方，企業による利用者の意見集約もアンケートや意見募集などの形で行っているが，経営を著しく損ねるものは実行されないであろう。また，従来の形での個別企業による意見集約は，他企業や総合的な交通行政との整合性が取れない，異なる意見同士の交換・議論ができにくい，などの欠点がある。

　利用者・住民の主張を広く反映させるには，さらに運動を広域化・組織化し，京王だけでなく他鉄道・交通機関と比較・検討の上で，幅広く各種交通企業や交通行政・都市計画・国土計画に対して提言ができる運動体となることが望ましい。こうした運動体は，形の上では交通企業や行政から独立した組織であってもいいが，企業の株式を取得したり経営参加制度を作るなどして代表者を派遣することも考えられよう。

　これらの運動を進めていくための土台として，また明快な企業経営のためにも，情報の公開が不可欠である。しかし，企業が従来から行っている情報公開は利用案内・広報活動の域を出ていないのが実情である。京王では，利用に関する問い合わせ以外にも，ポスターなどの広告や広報誌

『KEIONEWS』・ホームページなどで広報活動を行っている。しかしそれらの内容は，既に決定した短期的な計画の広報に限定されがちで，長期的な経営計画や懸案となっている問題，企業にとって不都合なことは発表されにくい。また，それ自体が誰にでも手軽に入手・閲覧できるものではない，という問題もある。[138]マスコミや鉄道雑誌などには長期的な経営に関するものや批判的な記事も掲載されはするが，どうしても企業側の公式発表に偏りがちであるし，詳細までは判りにくいのが実情である。京王の場合には，調布－笹塚間の複々線化やバス分社化の問題が例として挙げられよう。私企業である以上，公表される情報が限定されるのはある程度はやむを得ない，という主張もあろうが，交通が公的な性格を持つ以上，企業内の懸案といったことまで情報公開を行って，社会的な議論を通じて交通計画や経営に反映することが必要であると考えられる。例えば，京王線の複々線化問題については，効果・工事期間・費用などの情報を広く公表して，利用者をはじめとするステークホルダーの意見を取り入れることが必要なのではあるまいか。

注
（１）　以下の歴史に関する記述は，特記しないかぎり，①青木栄一「京王帝都電鉄のあゆみ——その路線網の形成と地域開発」『鉄道ピクトリアル』第33巻第9号，1983年9月，13〜20頁，②青木栄一「京王帝都電鉄のあゆみ［戦後編］——路線網の整備と地域開発」同上誌，第43巻第7号，1993年7月，97〜110頁，③京王帝都電鉄株式会社総務部編『京王帝都電鉄三十年史』同部，1978年（以下，京王『三十年史』と記す），および，④京王電鉄株式会社広報部編『京王電鉄五十年史』同社，1998年（以下，京王『五十年史』），による。
（２）　京王『五十年史』（１④），44頁。より正確には，「北多摩郡立川村大字下立川1469番地に起こり，同村字中古新田3106番地（ロ）に至る」（同上書，285頁）。距離は，青木栄一氏の記述「北多摩郡立川村字下立川－同村中古新田（1.00マイル＝1.6km）」（前掲論文（１①），13頁）によった。
（３）　路線が甲州街道沿いに設定された理由について，当初は甲武鉄道が甲州街道沿いに鉄道建設計画を持っていたものの住民の激しい反対にあい，

第 3 章　交通産業経営の市場・行政的側面

　　また青梅街道でも反対にあったために，甲武鉄道は現在の中央線の位置に鉄道を建設した（1889年に新宿－立川間開業，同年に八王子まで延長），これによって甲州街道沿いは衰退し，それが京王電軌の設立に繋がった，という説が多く見られ，京王電鉄の社史にもそのように書かれている（京王『三十年史』（1③），5～6頁）。しかし，青木栄一氏などのように，甲武鉄道の計画に対する反対については資料が残っておらず疑わしい，とする論者もある（青木栄一「甲州街道宿場町の鉄道忌避伝説」野田正穂・原田勝正・青木栄一・老川慶喜編『多摩の鉄道百年』，日本経済評論社，1993年，53頁）。
（4）　この4.5フィートという軌間は世界では極めて少ないが，東京近郊では1882年開業の東京馬車鉄道がこの軌間を採用し，それが東京市電に引き継がれた。京王電気軌道がこの軌間を採用したのには，その影響があったと思われる。玉川電気鉄道，京成電気軌道，王子電気軌道などもこの軌間を採用した（加藤新一「「東京ゲージ」をめぐる鉄道史」『地理』第41巻第11号，1996年11月，48～49頁）。加藤新一氏がこの軌間を「東京ゲージ」と呼ぶことを提唱しているのを受けて，本論文では「東京軌間」と呼ぶことにしたい。
（5）　玉南電鉄の計画時点では，北野駅は現在の位置ではなく，やや東八王子寄りの，現在は横浜線と近接している地点が予定されたが，地元から要望があり，土地の提供を受けて現在地に変更になった（清水正之『八王子　長沼町・北野町わが街』私家版，1987年，86頁）。北野駅が当初計画の位置に設けられていたならば御陵線との接続は困難だったはずで，御陵線や戦後の高尾線の建設，また駅周辺の開発にも大きな影響があったと思われる。
（6）　皇族の参拝用に貴賓車500型も作られたが，皇族はもっぱら国鉄を利用したのでほとんど使われず，1938年に一般用に改造されたのち戦災で原型がなくなった（青木栄一，前掲論文（1①），16頁，および，清水正之「武蔵中央電気鉄道と御陵線」『鉄道ピクトリアル』第33巻第9号，1983年9月，112頁，参照）。
（7）　京王『三十年史』（1③），18頁（欄外）。これらの新線は，御陵線建設が優先されたために実現しなかったという（清水正之『八王子のりもの百年史』私家版，1989年，139頁，参照）。府中－国立間の新線は甲州街道・大学通りを利用するもので，1926年に申請，1927年に特許がおりた。当時の国立は，中央線は未開通で，南武線もなく，国立で土地開発を行っていた箱根土地は京王線の新線に期待をかけたようである。しかし

1930年には工事施工認可申請期限延長願いが不認可になり失効した。(旧)西武鉄道も東京商科大学の要請によって淀橋－谷保－立川間の免許を1927年に取得したが，開業しなかった（白土貞夫「駅名が地名に　国立駅ものがたり」『鉄道ピクトリアル』第49巻第9号，1999年9月，65頁，参照）。箱根土地による住宅地開発，および(旧)西武鉄道と現在の西武鉄道の関係については，第2章注(65)を参照。

(8)　これらのバス事業者には個人企業同然のものや個人企業から出発した企業もみられた。

(9)　中川浩一「『みみずのたはこと』が描く京王沿線」『鉄道ピクトリアル』第33巻第9号，1983年9月，141頁。

(10)　東京山手急行の株式募集の案内には路線図も掲載されていた（宮田道一・林順信『鉄道と街・渋谷駅』大正出版，1985年，28～29頁）。この路線図では，州崎から先は市営地下鉄道予定線と連絡して国鉄東京駅に到っている。

(11)　当初の免許申請の区間は渋谷－吉祥寺－東村山間であったが，西武鉄道が箱根ヶ崎－東村山－田無－武蔵野村間に持っていた鉄道敷設権と重複し，また西武軌道(のちの都電，新宿－荻窪間)の特許線のうちの未開通区間である荻窪－田無間とほぼ並行するために免許は却下され，重複しない渋谷－吉祥寺間に短縮したものである（益井茂夫「京王帝都電鉄井の頭線前史」『鉄道ピクトリアル』第43巻第7号，1993年7月，158～159頁，参照）。

(12)　宮田道一・林順信，前掲書(10)，28頁。ただし，同一系列でありながら車両構造や製造所・信号方式などの技術面はまったく異なっていた（生方良雄「井の頭線のむかし」『鉄道ピクトリアル』第43巻第7号，1993年7月，193～194頁，参照）。

(13)　資金難が原因と推測される。そのために沿線では無秩序な都市化が進んだという指摘がある（青木栄一，前掲論文(1①)，17頁，参照）。

(14)　永福町車庫が飛行機の格納庫に似ていることから，車庫から永福町駅のあたり一帯が激しい空襲を受けたのは航空施設を狙ったものだという流言が広がった（吉川文夫「井の頭線戦災記――空襲　そして戦後の井の頭線について」『鉄道ピクトリアル』第23巻第5号，1973年5月，60頁）。確かに井の頭線沿線は渋谷のほかは永福町周辺の消失が激しい（東京空襲を記録する会『コンサイス東京都35区区分地図帖　戦災消失区域表示（復刻版）』日地出版，1985年，参照。原本は，『コンサイス東京都35區區分地圖帖　戰災消失區域表示』，日本地圖，1946年）が，航

第3章　交通産業経営の市場・行政的側面

空施設と鉄道施設を間違えるとも考えにくいから，鉄道施設を狙った爆撃であった可能性が高いと筆者は考える。
(15)　京王線は，かつて東京市電や東急世田谷線と接続していた時代があったが，現在は都営新宿線としか接続していない。
(16)　ただし，五島昇氏は1957年から死去する1989年まで非常勤取締役に在任し続けた（京王『五十年史』（1④），184〜185頁）。
(17)　現社名は神奈川中央交通。小田急の系列企業である。
(18)　これらの車両は改軌を前提とした台車を使っており，のちに改軌して京王線に転出したものもある。
(19)　京王『三十年史』（1③），63頁，および，上田幸雄「吉祥寺駅周辺再開発の経過」多摩の交通と都市形成史研究会編『多摩　鉄道とまちづくりのあゆみⅡ』東京市町村自治調査会，1995年，211〜212頁。
(20)　益井茂夫，前掲論文(11)，160頁，および，益井茂夫「新宿駅の移り変わり」『鉄道ピクトリアル』第43巻第7号，1993年7月，144頁。
(21)　則武晋「新線建設の足跡」『鉄道ピクトリアル』第33巻第9号，1983年9月，72〜73頁，および，益井茂夫，前掲論文(20)，144頁。地下急行線が建設された際には，在来線は緩行線として使用する計画であった。
(22)　京王『三十年史』（1③），82頁。
(23)　当時の新宿駅の京王線入口には「多摩動物公園・野猿峠・高尾山」の文字とそれをイメージした絵が掲げられていた。野猿峠は後の宅地開発でハイキングコースとしての魅力は薄れたが，多摩動物公園についてはその後も積極的で，1984年にコアラが公開されたときには一部の電車に装飾を行った。もっとも，その装飾電車は車体にコアラの絵のシールを貼っただけであり，筆者の記憶によれば，京王線を利用して通学する沿線の中学生・高校生には「ダサイ」とか「やっぱり八王子のイナカ電車だ」とか甚だ不評であったようである。
(24)　1997年に京王バスが企業として設立される前は京王帝都電鉄直営のバスを「京王バス」と呼んでいたが，現在は京王電鉄直営のバスを「京王電鉄バス」，子会社の京王バスを「京王バス」と呼んでいる。しかし，この使い分けは紛らわしいので，本論文では1948年の京王帝都電鉄の設立時にさかのぼって，直営バスを「京王電鉄バス」の呼称で統一することにする。
(25)　多摩地区では，京王電鉄バスは1960年，西東京バスは1963年からワンマン化を始め，1970年頃にはほぼ完了した（鈴木文彦「私鉄資本とバス事業」野田・原田・青木・老川編，前掲書（3），224頁）。都区内の京王

電鉄バスのワンマン化はこれよりも遅れて，1965年に始まり，1976年に完了した（京王『三十年史』（1③），140頁，および，京王電鉄のホームページ）。

(26) 赤・クリーム・白の3色からクリーム・赤帯に変更。塗装時間・手間・資材の節約が目的であった（京王『五十年史』（1④），108頁）。

(27) 戦前には五日市鉄道(1925年創立，1940年に南武鉄道と合併した。「多摩地方の鉄道網発達史年表」野田・原田・青木・老川編，前掲書(3)，303頁）の系列企業であった時期もあり，南武鉄道の系列下に移ったが，南武鉄道国有化後の1954年に小田急グループに入った（鈴木文彦「バス路線網の展開」多摩の交通と都市形成史研究会編，前掲書(19)，196〜197頁）。現在の車体色は小田急バスとほぼ同一である。

(28) もとは奥多摩自動車というバス会社で，青梅電気鉄道に買収された。

(29) 京王電鉄バスがCIによって車体色や制服を変更した現在でも，西東京バスは赤・クリーム・白のかつての京王電鉄バスの車体色（現在からみて2代前に当たる）や制服を使っている。

(30) なお，青梅市内の西武バスはほとんどが都営バスに移管された（鈴木文彦，前掲論文(25)，223〜224頁）。また逆に，八王子市内の都営バス路線（八王子北口－日野－立川間）は京王電鉄バスに移管され，都営バスは八王子から撤退した。

(31) 京王『三十年史』（1③），97頁，には開通祝賀列車と称する写真が掲載されているが，車両形式(5000系)やヘッドマークから，これは翌年の新宿－初台間連続地下化完成祝賀列車の写真と推定される。新宿駅地下化当時はまだ昇圧しておらず，祝賀列車も2100系だったからである（巴川享則「京王帝都電鉄　思い出アルバム」『鉄道ピクトリアル』第43巻第7号，1993年7月，167頁，および，高橋孝一郎「5000系物語」同上誌，同号，205頁，参照）。

(32) 八王子市の都市計画道路建設によるものである。

(33) 東京オリンピック前の完成を目指し，また建設大臣の要請によって開業を繰り上げるなど，技術的・日程的に極めて厳しい工事であった（京王『三十年史』（1③），101頁，参照）。1983年には地下区間は笹塚まで延長され，地上区間は京王線(在来線)の一部だけとなり，踏み切りも1個所だけになった。地上の軌道跡は遊歩道・公園・道路・駐車場などに転用された。

(34) 運輸省鉄道局監修『数字でみる鉄道'99』運輸政策研究機構，1999年，129〜130，133〜134頁。

第3章　交通産業経営の市場・行政的側面

(35) 2000年8月28日に与党（自民・公明・保守）が233件の公共工事抜本的見直し・中止勧告を打ち出し，このうち24件だけ具体名が公表されたが，後者には「県営鉄道北千葉線本八幡－小室間（千葉）」が含まれ，その理由は「99年度予算で休止」と記されている（『朝日新聞』2000年8月29日）。
(36) 再開発直後の聖蹟桜ヶ丘と多摩ニュータウン・桜が丘団地付近の様子は，アニメ映画『耳をすませば』（柊あおい原作，宮崎駿脚本・絵コンテ，近藤喜文監督，1995年）に舞台として忠実に描かれているとされるが，現在はさらに開発が進んでいる（おかだえみこ「耳をすませば」『スタジオジブリ絵コンテ全集⑩月報』徳間書店，2001年，5～6頁，参照）。なお，京王は施設・車両が映像媒体の被写体・舞台になることに積極的で，多くのテレビドラマ・CMに登場するが，刑事ドラマで列車が乗っ取られるなど京王のイメージ向上に繋がるか否か疑わしいものもある（もっとも，この列車の行き先は都営新宿線の岩本町であった）。
(37) 筆者の記憶では，CI実施の頃から，車内放送などでも「京王帝都」の語を使わなくなり，井の頭線ですら「京王をご利用いただきまして……」と放送することが多くなっていた。
(38) 実際には「京王線」の呼称はさまざまな意味で使われる。本論文では主として1．の意味に用いたが，誤解のおそれのない場合には2．の意味で用いた場合もある。
　1．井の頭線以外の路線，すなわち京王線・相模原線・高尾線・競馬場線・動物園線を総称する場合。
　2．新宿－京王八王子間の路線だけを指し，相模原線や高尾線などは一切含まない場合。ただし，他路線を含む1．および3．以降と紛らわしいことがあるので，特に必要な場合は「京王本線」または「本線」と呼ぶようである。新宿－京王八王子間の特急を「八王子特急」と呼ぶことはある（道村博・諸河久『日本の私鉄⑬　京王帝都』保育社，1993年，56, 60頁，など）が，京王本線を「八王子線」とは呼ばない。
　3．井の頭線・相模原線以外の路線を指す場合。
　4．井の頭線・相模原線・高尾線以外の，京王線・競馬場線・動物園線を総称する場合。
　5．新宿－笹塚間の複々線区間において，複々線化の際に建設された新線（新線新宿－笹塚間）を「京王新線」と呼ぶのに対し，途中無停車となった在来線を特に区別して呼ぶ場合。新線の新宿駅を「新線新宿」，これに対して在来線のそれを「京王線新宿」と呼ぶこともある。

6．まれに，井の頭線をも含めた京王電鉄全路線を指す場合（京王帝都電鉄株式会社運輸部営業課編『京王線・井の頭線時刻表　1997・12・24ダイヤ改正号』同課，1997年，折り込み路線図）。

(39)　ただし，過去に井の頭線の車両を改軌・台車交換して京王線に転用した例はあった。現在でも部品の融通は行っており，井の頭線の機器類検修の一部は京王線の若葉台工場へ陸送して行っている。なお，京王線内でも京王新線は車両限界が異なっているし，都営新宿線への直通運転は信号・保安機器の関係で一部の車両(6000系30番台)しかできない。また，競馬場線は競馬輸送のない時にはワンマン改造車により運転していて，他路線とは運用を分離している。以上は，京王帝都電鉄(株)車両部検査課「工場・車両基地の概要」『鉄道ピクトリアル』第43巻第7号，1993年7月，51～55頁，および，同車両課「車両総論」同上誌，同号，34～42頁，による。

(40)　3000系など比較的古い2ハンドル車はブレーキ弁とATS電源とが連動しており，ブレーキハンドルの挿入により自動的にASTの電源が入る（合葉博治「ハイテク・電車ファン入門　PART. 5　制御回路をたどる」『Rail Magazine』第41号，1987年5月，116頁）。

(41)　1950年には八王子市の都市計画により京王線の国鉄八王子への乗り入れが計画されたが，計画の縮小により実現しなかった（清水正之，前掲書(7)，61頁）。

(42)　都営新宿線(新宿－本八幡)は，経営主体は東京都交通局，路線長23.5km，全線複線。軌間・電気方式は京王線と同じである。京王新線(新宿－笹塚)の路線長は3.9kmである。

(43)　各社の営業所・支社は以下の通りである（「車庫」・「支所」・「センター」の付かない名称は営業所。加藤佳一編『バスジャパンニューハンドブックス27　京王電鉄　京王バス　西東京バス』BJエディターズ，1999年，30頁，および，西東京バスのホームページ，による）。

　1．京王電鉄バス：中野・永福町・高速バス永福町・府中・小金井車庫・多摩・桜ヶ丘車庫・八王子・寺田車庫・南大沢支所。

　2．京王バス：調布・永福町。

　3．西東京バス：楢原・中野学園車庫・恩方・青梅・氷川車庫・五日市・観光バスセンター（中野学園車庫は，明大中野八王子中学・高校の送迎バスを特定事業として1994年に受託したもの）。

　4．多摩バス：青梅。

　なお，京王電鉄は関東バスの筆頭株主であるが，関東バスは京王グル

第3章　交通産業経営の市場・行政的側面

ープには含めない。関東バスは主として武蔵野市・三鷹市・杉並区・中野区の中央線より北側で事業展開を行っている。主なターミナルは三鷹・吉祥寺・荻窪・中野などである。

(44)　京王のホームページ『京王電鉄50年史』は「1988年に従業員1人あたりの生産性の向上策として，ダイヤ編成基準の改定を実施し，ワンマン手当てなどの削減を図りました。」と述べている。1997年に東京都区部・武蔵野市・三鷹市・調布市などの運賃均一区間において，他社私営バスは210円に値上げしたが，京王電鉄バス・京王バスは都営バスと並んで200円に据え置いた。

(45)　新会社移行に伴う運転士の労働条件の変化は次の通りである（『しんぶん赤旗　日曜版』2000年9月3日）。
　　１．賃金：年収は738.4万円 → 586.7万円，昇給・手当・退職金は廃止。
　　２．労働時間：所定は7時間50分/日 → 8時間/日，拘束は通常9時間30分（最高15時間）→ 16時間以内，時間外は350～450時間/年 → 630時間/年。
　　３．乗務前の車点検：25分 → 20分。
　　４．特別休暇（祝日休暇）：18日 → 0日。
　　解雇による新会社への転籍は違法であるとの指摘もある（尾林芳匡「「分社化で解雇」は違法」同上紙，同号）。

(46)　加藤佳一編，前掲書(43)，31頁。

(47)　京王『五十年史』（1④），117頁。

(48)　京王ホームページ，2000年9月4日。

(49)　京王プラザホテル八王子は，国鉄八王子駅北口前にあった京王電鉄バス八王子営業所の土地の有効利用を兼ねて，同営業所を移転させた跡地に開業した（京王『五十年史』（1④），154～155頁）。1976年に開業した京王プラザホテル高松はもとは高松プレジデントホテルを買収したものであったが，1997年に閉鎖し，会社も解散した（同上書，123，130頁）。

(50)　出崎宏「私鉄車両めぐり[149]　京王帝都電鉄」『鉄道ピクトリアル』1993年7月，第43巻第7号，224～238頁，および，京王『五十年史』（1④），239頁，参照。

(51)　京王ではこの事業のための積立金制度に基づいて，1988年5月18日の運賃改定の際には3％，1995年9月1日の改定の際には6％を上乗せして積み立てを行ったが，1997年12月28日には工事完了に伴う積立金の取り崩しによって9.1％の運賃値下げを実施した。この事業の内容につい

ては，本文156頁～157頁，および，京王『五十年史』（1④），145～152頁，参照。また，京王帝都電鉄発足以来の旅客運賃の変遷については，同上書，230頁，参照。
- (52) 同社社史の「損益計算書の推移」には1962～1978年度は費目「不動産事業」に営業収益・営業費用・営業利益が記載されている（京王『五十年史』（1④），194～201頁）が，ここでは運輸省の統計（表5の「出所」，参照）によった。
- (53) 若林進一「国電中央線 イメージアップ作戦」『鉄道ジャーナル』第21巻第4号，1987年4月，59頁。なお，引用文には「昭和38年に新宿－京王八王子間に特急の運転を開始」とあるが，これは誤りで，特急運転が開始された10月1日には八王子側終点は東八王子駅であった。駅を約200メートル新宿寄りに移転して駅名を「京王八王子」に変更したのは同年12月11日である（本文124頁および表6，参照）。
- (54) 土屋知夫・今城光英「対談：京王帝都電鉄の鉄道事業を語る」『鉄道ピクトリアル』第43巻第7号，1993年7月，21頁。
- (55) 京王『三十年史』（1③），25頁。
- (56) 同上書，25～26頁。
- (57) 同上書，31頁。
- (58) 清水正之，前掲書（7），102頁。
- (59) 電気車研究会編『国鉄電車発達史訂補』電気車研究会，1977年，100頁。新宿－浅川間無停車で，車両も横須賀線の混雑時増結用や阪神電用として新製されたものを用いた。「円電」の通称は料金が1円だったことによる。
- (60) 京王『三十年史』（1③），72頁。
- (61) 同上書，73頁。
- (62) 同上書，99頁。中央線のことにはまったく触れず，ただ「武蔵野を矢のように走る特急列車は，躍進する京王帝都を象徴する新しい点景であった。」と，イメージを強調しつつ自画自賛的に描写している。
- (63) 中川浩一「京王帝都電鉄の系譜」『鉄道ピクトリアル』第23巻第5号，1973年5月，16頁。
- (64) 京王帝都電鉄社長の西山廣一氏は，「民鉄との競合路線については通常運賃よりも安い「特定運賃」を政策的に設け，民鉄の経営を圧迫している。」（西山廣一「論壇 総合交通税に異議あり」『朝日新聞』1997年11月10日）と，国鉄・JRの特定運賃を批判した。
- (65) 鉄道ジャーナル取材班「国電中央線の問題個所」『鉄道ジャーナル』

第3章　交通産業経営の市場・行政的側面

第18巻第3号，1984年3月，31～39頁，および，若林進一，前掲論文(53)，58，61～62頁，参照。もっとも中央線には，長距離列車である特急の運行のために快速の待避回数・時間が増えざるをえない，という不利な点はある。これは有料特急のために待避回数・時間が増える小田急と事情が似ているといえよう。

(66)　当時は，たとえば，西武国分寺線の列車が国分寺駅に到着する直前に中央線快速東京行きが発車するため次の列車まで10分程度は必ず待たされる，三鷹・武蔵小金井で特急・特快の待避を受けた中央線下り快速が国分寺駅に到着する直前に西武国分寺線が発車し次まで20分待たされる，などの状態が日常化していた。

(67)　ただし，2001年のダイヤ改正では，新宿－京王八王子間の特急の所要時間は再び短縮されて，日中は下りが34分で上りが35分，夕通勤時間帯はそれぞれ36分と40分となった。

(68)　支線沿線に居住する利用者の本線を通しての輸送，という問題を抱えているのは京王線だけではない。中央線も，八王子・高雄方面だけではなく青梅線・五日市線方面からの利用者の輸送も考慮しなければならないが，青梅線・五日市線との直通列車が僅かしか運転されていない，立川駅での中央線との乗り換えは混雑が激しい上に別ホームになっているので面倒な上に時間がかかる，青梅線自体も混雑が激しい上にほとんどの列車が各停で所要時間が長いなど，利用者の不満は大きい。同様のことは，小田急の多摩方面の輸送についてもいえるようである。

(69)　青木栄一「鉄道の輸送力強化」野田・原田・青木・老川編，前掲書（3），240頁，および，若林進一，前掲論文(53)，57頁，参照。

(70)　青木栄一，前掲論文(69)，244頁。

(71)　同上論文，245～246頁。立川－三鷹間の利用者の逸走については，松尾定行氏も随筆の中で述べている（松尾定行「中央線　二五時」宮脇俊三・松尾定行著『中央線各駅停車』保育社，1985年，137頁）。

(72)　立川－中野間のダイヤで利用者の利便性に対する配慮を欠いている顕著な例として，特快列車の停車駅の選定がある。特快を乗降客が多く井の頭線との乗り換え駅でもある吉祥寺ではなく隣の三鷹に停車させるようにしたため，特快運転開始時に利用者・住民の反発を招いたが，諸施設を既にそのようにつくったために停車駅の変更ができず，妥協策として三鷹－中野間の複々線区間において快速(中央線)と各停(総武線・東西線)の双方を全駅に停車させることになった。結局，当初計画していた快速運転は取り止めになり，三鷹－中野間が複々線であるにかかわら

179

ずその機能が充分に発揮できぬまま今日に到っている（島原琢『都市交通はこのままでいいのか――利用者からの改革案』東京図書書出版会，2002年，35〜36頁，および，朝日新聞社会部編『中央線　東京の動脈いまむかし』朝日ソノラマ，1975年，166〜168頁，参照）。このほかにも，私鉄との接続の悪さ（注(66)参照），特快と快速の接続の悪さ，逆線発着（以上，注(73)参照）など，利用者の利便性軽視の例は枚挙にいとまがない。

　なお，立川－中野以外の区間でも，利用者に対する配慮が充分に払われてきたとは言い難い。たとえば八王子駅も，1983年の駅舎改築の際にホームの増設を行わなかったし，ホームの混雑が激しいにもかかわらず1999年まではホームの分離をせずに上下線で同じホームを共用していた。また，現在でも豊田折り返し列車が終日多数運転され，需要の多い八王子折り返しがほとんど設定されていないなど，不可解な面が少なくない。

(73)　といっても，国分寺で接続が取られるようになったのは東京－高雄間の「中央特快」だけで，青梅線直通の「青梅特快」は当初は国分寺に停車せず，停車するようになった現在でも快速との接続をしていない。また，武蔵小金井における通過待避も夕方の時間帯には残って完全には解消されていず，途中駅における逆線発着も解消されていない。

　なお，特快の運転時間拡大などの積極策が取られるようになったのは分割民営化の直後からではなく，かなり経ってからであることを，ここで指摘しておきたい。分割民営化の前後は，ダイヤが「改正」によってかえって不規則になる，列車が車両故障のために頻繁に遅延するなど，かえって利用しにくい状況がおこった。また，酔客などが多くて混雑の激しい金曜日の深夜は「花金」と称して列車を増発する一方，正午で終業する会社員や中学・高校生が多くて混雑が激しい土曜日の昼間は平日ダイヤのまま全く増発を行わないなど，サービスの歪みがみられた。

(74)　ただし，中央線は1995年頃からダイヤの乱れや長時間の不通が目立つようになっている。

(75)　永井信弘「京王5000系」『鉄道ファン』第35巻第4号，1995年4月，14頁。

(76)　越沢明『東京の都市計画』岩波書店，1991年，112頁。1932年には淀橋浄水所の移転や区画整理などを中心として新都心の形成を目指す都市計画が立てられた。戦後の副都心計画はそれを引き継いで拡張したものといえる。

(77)　永井信弘，前掲論文(75)，14頁。ハイキング向けの不定期特急はそれ

第3章　交通産業経営の市場・行政的側面

　　　以前から従来の車両を使用して運転されていた。
(78)　今までに京王線でクロスシートを採用したのは，御陵線開業を控えて1929〜1930年に製造された京王電軌150型だけであり，この150型も1938年にロングシートに改造された（同上論文，17頁）。
(79)　同上論文，19頁。
(80)　京急の特急運転開始に刺激を受けたという説もある（永井信弘「戦後の私鉄ダイヤと現在までの変遷」『鉄道ピクトリアル』第49巻第1号，1999年1月，68頁，参照）。
(81)　京王『三十年史』（1③），97〜98頁。
(82)　清水豊夫「京王帝都電鉄の施設（軌道・駅・トンネル・橋りょう）」『鉄道ピクトリアル』第23巻第5号，1973年5月，49頁。
(83)　たとえば，西武は従来から西武園・西武所沢球場など所沢付近の開発を進めており，1986年には本社も所沢に移転した。
(84)　地震などの大災害が懸念されることや狭隘化・老朽化のために1986年に移転を決定し，初台・調布・府中・聖蹟桜ヶ丘の候補地の中から聖蹟桜ヶ丘が選定された（京王『五十年史』（1④），133頁）。なお，これと前後して，「関連各社の業績低下」（同上書，128頁）を止めるために，1986年からはグループ内の業種の再編や映画事業からの撤退，1987年には関連会社の役員の定年制の導入など，グループの企業体質強化が行われ，「脆弱な財務体質からの脱却」（同上書，130頁）のために，1985年には初の外債発行，1987〜1990年には固定資産の償却方式を定額法から定率法へと変更した。
(85)　列車種別に割り当てている色を変更（特急：赤，急行・通勤急行：橙，快速・通勤快速：青，各停：緑・黄緑，から，特急：赤，急行：緑，快速・通勤快速：青，各停：灰色，に）し，路線のゾーン・カラーも設定した。しかし筆者のみるところでは，路線図の変更やゾーン・カラーの設定はさしたる効果を上げていないように思える。特に路線図は，一時期はかえって見づらくなっていた。
(86)　清水正之，前掲書（5），91〜92頁。
(87)　しかし，この待避設備はほとんど使用されず，のちに撤去された。
(88)　京王『三十年史』（1③），132〜135頁。
(89)　特急は，京王が開発しためじろ台団地の中心にあるめじろ台には停車するにもかかわらず，背後に多くの団地をかかえ乗降客の多い北野には停車しなかった。このため，北野周辺の利用者にははなはだ不評であった。

(90) 京王『三十年史』(1③),135頁。
(91) めじろ台駅は改札のすぐ前にバスターミナルが置かれ,乗り換えには比較的便利であるが,ターミナルそのものは,バスが数分間隔の運行であるにもかかわらずロータリーの出入り口が狭く,ハンドル操作が過大になる,無駄な動きも増えるなど,設計上の欠陥がある。また周辺にも,マンションと商店街との間に交通量の多い道路を通すなど生活環境と通過交通を区分していないために,信号機の数がいたずらに増えてバスが赤信号で頻繁に止められる,その割には歩行者も回り道になって使いづらい,商店街を利用するための路上駐車が多くバスの運行が妨げられる,などの欠陥がみられる。
(92) 1961～1968年の増資について,社史は「投資に要する資金調達には腐心した。建設ラッシュの中,市中の資金は国策でもあった鉄鋼や自動車産業に流れ,当社に貸し出す余力が銀行側にもなかった。銀行を渡り歩き金策に回る羽目になり,借り入れては他の銀行への返済に回す,自転車操業的金策に陥った。／さらに,同業他社に比べ経営基盤が脆弱な当社は,他社よりも借入れの金利が高く,これらの金利負担が重荷になっていた。利益を出すのに汲々としていた中で,車両などの投資は待ったなしだったのである。」(京王『五十年史』(1④),65頁)と,資本主義経済下にありながら資金調達が実質的には「国策」に強く支配されて難航したことを述べている。
(93) 同上書,230頁。
(94) 土屋知夫・今城光英「対談:京王帝都電鉄の事業を語る」『鉄道ピクトリアル』第43巻第7号,1993年7月,15～16頁。
(95) 京王『五十年史』(1④),230頁。
(96) 社史では,京王本線の複々線化も検討したが「10年間では工事完了が難しいことや複々線化以外の方法でも十分混雑率の緩和が見込めることなどから」実施をしなかった,としている(同上書,146頁)。
(97) 同上書,146頁,および,運輸省鉄道局監修,前掲書(34),129～130頁,参照。実際には,京王八王子→新宿の急行は運転されなかった。
(98) 値下げ率は平均9.1%であった。積立金の取り崩しについては,「還元は10年間で行い,還元終了後には,この積立分3.1%に見合う値上げが必要になる。」(京王『五十年史』(1④),152頁)と,将来の値上げを示唆している。
(99) その後の計画縮小については,125頁および注(35),参照。
(100) 都営新宿線との直通運転のための交渉が数十回も行われ,軌間・ダ

第 3 章　交通産業経営の市場・行政的側面

　　　イヤ・編成などが問題となった。特に軌間に関する交渉は難航し，東京
　　　軌間ではなく国際標準軌を規格とすることを東京都は主張し，運輸省か
　　　らも要請があったが，京王線の輸送量が大きく運転間隔が短いことから
　　　改軌は困難と判断され，軌間は変更しないことに決定した（永井信弘
　　　「京王線80年の運転のあゆみ」『鉄道ピクトリアル』第43巻第 7 号，1993
　　　年 7 月，115～116頁，参照）。なお，京王線の2010系と5000系の台車は
　　　改軌を考慮して国際標準軌への改軌が可能な設計になっていたが，6000
　　　系は製造時点で既に軌間が決定されていたので改軌を考慮していない
　　　（出崎宏，前掲論文(50)，230，231，235頁，参照）。
(101)　当初は初台－笹塚間は高架とする予定であったが，日照や騒音など
　　　の問題で沿線から地下化の要望が出され，現在のように連続地下線によ
　　　る複々線となった（京王『五十年史』（1④），99～100頁）。
(102)　清水豊夫，前掲論文(82)，49頁。
(103)　木村圭介「新宿－笹塚間線増と相模原線建設」『鉄道ピクトリアル』
　　　第23巻第 5 号，1973年 5 月，44頁。当初は，調布－笹塚間は高架による
　　　複々線化を考えていたようである（吉田崇「都営地下鉄10号線につい
　　　て」『鉄道ファン』第12巻第 2 号，1972年 2 月，86頁，参照）。
(104)　則武晋，前掲論文(21)，74頁。
(105)　野口紘一「"輸送と運転"近年の変遷と現状」『鉄道ピクトリアル』
　　　第43巻第 7 号，1993年 7 月，33頁。
(106)　青木栄一，前掲論文（1②），109頁。
(107)　「目標年次までに整備を推進すべき路線（A）」は「目標年次までに
　　　開業することが適当である路線（A1）」と「目標年次までに整備着手す
　　　ることが適当である路線（A2）」に分けられる。小田急線の東北沢－喜
　　　多見間の複々線化は A1，小田急線の和泉多摩川－新百合ヶ丘間と中央
　　　線の三鷹－立川間の複々線化は A2である。
(108)　この高架化事業が都市計画決定された当時は高架化よりも地下化の
　　　方が費用が高く，また第 1 次石油危機による財政の悪化で国や東京都が
　　　資金を出せなくなったという事情がある。しかしこのほかに，鈴木忠氏
　　　が「この事業の実施に当たっては，本来は行政が窓口になって，東京都，
　　　国との協力体制のもとに進めなければいけないものを，調布市議会が窓
　　　口になったんです。特別委員会を作って，東京都の職員，国の職員が議
　　　会側に説明をさせた。こういうことを繰り返したために，東京都，国は
　　　調布市に対して相当な反発がありました。」（鈴木忠「調布の都市開発と
　　　交通」多摩の交通と都市形成史研究会編，前掲書(19)，247頁）と述べ

ているような行政間の反目も，計画の凍結の一因になったようである。その後，調布市の担当者が建設省に出向いても相手にされなかったり嫌味を言われるなど屈辱的な扱いを受けたこともあったという。また，これ以外にも，
　　１．建設省との連携がないと事業ができない，
　　２．事業を緊急度の高さに従って平行して行うことができず，計画が止まると後回しにされる，
　　３．立体交差事業の大前提としてまず高架化があった，
などの行政側の硬直した体制も事業が進まなかった要因であると思われる（同上論文，245〜250頁）。
　なお，小田急の複々線・立体化でも，高架化か地下化かの議論があった。高架化を主張する小田急電鉄や東京都・世田谷区は，喜多見－梅ヶ丘間で高架による事業費が1900億円なのに対して地下化では3000〜3600億円かかるから高架化の方が安い，と説明しているが，社会的費用を内部化した高架の総費用が3406億円であるのに対して地下化ならば1952億円ですむ，との指摘もある（本間義一「小田急複々線連続立体交差事業の怪」『週刊金曜日』第59号，1995年，22〜23頁，および，力石定一「小田急複々線化計画は地下方式を」同上誌，同号，同頁，参照）。小田急の立体化について小田急元会長の利光達三氏と面談した永井英慈氏は「社長ほか二〜三名の役員も同席されていた席で，私は持論の電車の地下鉄化のメリットを訴えた。／すると、利光会長は素早く反応し、激しく鋭い反論を返してきた。／「誰が何と言おうが鉄道は地上です。高架以外は考えられません。地下鉄化なんて絶対ダメなんです。とんでもないことです」／いつもは柔和で笑顔を絶やすことのない紳士だったが、珍しく険しい表情をし、語気を荒げるほどだった。……同席の役員も沈黙を守ったままだった。」（永井英慈『私の電車主義宣言』プレジデント社，1998年，97〜98頁）と，小田急の高架化にかける頑なぶりを回想している。小田急が戦前に開業した際には地下鉄を計画したことを考えると，高架化に固執する元会長のこの発言と態度は奇異な感じがするが，以上のような状況を総合して考えると，小田急の高架化は経済的合理性以外に理由があって進められているのではないかと筆者には感じられる。
(109)　北野－長沼間の高架化は北野を通過する国道16号線バイパス（自動車専用有料道路）建設とも関連していた。京王線の高架化により踏み切りは撤去されたが，16号バイパスが地上を通るために道路による地域の分断が発生した。また駅周辺にビルが乱立するなど，かなり無秩序な開発

第3章　交通産業経営の市場・行政的側面

が進んだため，全体的にみて環境が改善されたとは筆者には思えない。このバイパス建設に対しては沿道の一部では反対運動もあったが，盛り上がらないまま，それほどの抵抗も受けずにバイパスが完成した。

(110)　東京都・調布市・京王電鉄『都市高速鉄道第10号線　京王電鉄京王線・相模原線(調布駅付近)の連続立体交差化計画等について』(2000年2月に調布市で行われた住民説明会のための配付資料)，参照。調布付近の地下化が完成したのちは，続いて柴崎－つつじヶ丘間の立体化と複々線化を望みたい。

(111)　北野と南大沢の間の鑓水の一帯には，かつて南津鉄道という鉄道の建設計画があった。1925年に一ノ宮(現在の聖蹟桜ヶ丘と百草園の間)－津久井郡川尻(現在の城山)間の免許を取り，1927年に会社を設立，同年に一ノ宮から国分寺方面への延長の免許を取得したが，着工はしたものの不況による資金難のために工事は挫折，1933年に会社は解散，1934年に全区間の免許が失効した(山田俊明「南津電気鉄道物語――京王相模原線の「ルーツ」を探る」『鉄道ピクトリアル』第39巻第8号，1989年8月，104～108頁，参照)。

(112)　以下は，佐藤信之「多摩ニュータウンと鉄道」『鉄道ピクトリアル』第43巻第7号，1993年7月，145～150頁，参照。

(113)　木村圭介，前掲論文(103)，46頁，参照。

(114)　小田急多摩線は，小田急永山までの開業は1974年6月と京王に先行したが，小田急多摩センターまでの延長は1975年4月にずれ込んだ。多摩線は当初は城山までの延長が計画されていたが中止し(1987年に免許失効)，これに代えて1990年にニュータウン計画地区の境界に近い唐木田まで1.5kmを延長，唐木田に車両基地を建設した。なお，小田急はニュータウン輸送には消極的なようで，列車は基本的には多摩線内折り返し運転の各停のみである(青木栄一「多摩ニュータウンの建設と鉄道」野田・原田・青木・老川編，前掲書(3)，204～205頁)。2000年末のダイヤ改正で，唐木田→綾瀬(千代田線直通)の急行を朝に1本，新宿→唐木田の有料特急を夜に1本運転するようになったが，前者は平日の代々木上原到着が9時13分であり(『おだきゅう』2000年10月号，5頁)，通勤時間帯から外れている。

(115)　南大沢まで暫定開業した当時は，通勤時間帯の通勤快速(相模原線内は各停運転)は南大沢まで運転したものの，日中は，快速は京王多摩センターで折り返し運転を行い，南大沢までは各停のみが運転していた。橋本までの開通に伴って，本線から直通の快速を運転するようになった

が，このときは京王多摩センター－橋本間は無停車，1991年に都立大学の南大沢移転に備えて南大沢にも停車するようになった。ついで1992年に，相模原線内の各停が20分間隔で不便なことを補うために，本線から直通の快速も相模原線内では各停運転をするようになった。以上は，京王『五十年史』（1④），143頁，および，野口紘一，前掲論文(105)，31頁，参照。

(116) 京王『五十年史』（1④），143頁，参照。ただし，橋本－相模中野間は1973年の時点では「計画区間」とされていたが，1983年には「未定」とされている（木村圭介，前掲論文(103)，45頁，および，則武晋，前掲論文(21)，70頁，参照）。なお，終点の橋本駅自体は延長を考慮した構造になっている。

(117) これは1997年改正のダイヤについてであり，土曜・休日ダイヤの日中時間帯には，新宿→京王八王子の各停がつつじヶ丘で，本線特急・競馬場線直通臨時急行・橋本行き快速の3本を待避するため11分間停車する例があった。この長時間の待避は2001年の改正では解消したが，しかしこの改正ダイヤでも同駅で6～7分間待避することは少なくない。

(118) 特定都市鉄道整備積立金制度の導入時に複々線化を事業内容に含めなかったことは注(96)の通りであるが，逆にいえば設備を「安かろう悪かろう」にしたともいえる。なお，近年の京王は，下北沢など混雑の激しい駅でのホーム駅員の配置を一部廃止するなどのコスト削減につとめているが，乗客がドアに挟まっても車掌に伝わらず，危険な上に列車の遅れも出るなどの弊害が目立つようになっている。また一部の小駅では，これも人件費削減の影響と思われるが，駅員が見あたらないために精算の方法や車椅子を通す方法がわからなくて困っている乗客を見かけることがある。

(119) 運輸省鉄道局監修，前掲書(34)，129～130頁，によれば，特定都市鉄道整備事業計画では，小田急小田原線の東北沢－和泉多摩川間は2563億円，西武池袋線の桜台－石神井公園間は925億円の工事費を予定している。

(120) 緩行・急行線を分離する複々線化は，中央線(立川－三鷹間)・西武新宿線(上石神井－西武新宿間)で計画された。前者は在来線を高架化してから地下急行線を新たに建設し，後者は在来線はそのままで地下に急行線を建設する予定であった。しかし，中央線は急行線の建設は未着手であり，西武新宿線は一度は特定都市鉄道整備積立金制度の認定を受けたものの延期となった。

第3章　交通産業経営の市場・行政的側面

(121) 調布−つつじヶ丘間の複々線化計画については，本文159頁および注(110)，参照。
(122) 複々線化の際にほぼ全区間を緩行・急行線とも甲州街道直下に移し併せて立体化を行う方法も考えられるが，その場合には，新駅が現在の駅とかなり離れる個所ができるという難点がある。
(123) 清水豊夫，前掲論文(82)，48頁。ただし，土屋知夫氏も述べているように，軌間が広い点は運転速度の向上に有利である（土屋知夫・今城光英，前掲対談(94)，21頁）。
(124) 踏み切りが存在すれば，道路の交通渋滞が起こるだけでなく，事故の危険性がたえず付きまとうことは言うまでもない。京王本線では1979年に，武蔵野台駅付近の踏み切りでトラックが積み荷を線路上に落としたために上下2本の列車が衝突・脱線し，沿線のアパートに突入しかけた事故が発生したし，井の頭線でも踏み切り事故で車両が破損して代替新造した例がある。また，踏み切りがあると運転の際に運転士の疲労が増加するといった問題もある。
(125) 将来の全線立体化に向けて，八幡山駅がすでに高架化されていることを利用して，蘆花公園−八幡山間を先行して高架化するのも一案であろう。その場合には，八幡山にすでに設置してある留置線を本線に転用して，立体化にあわせて同区間の曲線緩和を図ることを望みたい。
　なお，井の頭線については，池ノ上駅付近で線路が地上にあり，また下北沢駅が狭い上に構造が入り組んでいるから，下北沢−池ノ上間を連続地下化するとともに下北沢駅も拡張して待避線を設けることを望みたい。その際，できうれば，小田急小田原線の東北沢−梅ヶ丘間も井の頭線とあわせて地下化することを望みたい。営団千代田線の建設と代々木上原−東北沢間の複々線化を行った時点で，小田急線の参宮橋−梅ヶ丘間と井の頭線の双方を全て地下化し，同時に待避線を設置していれば，駅の状況や周囲の都市環境が大幅に改善されていたと思われるが，当時は大規模な地下化工事は費用の点から困難であったのだろうか。
(126) 全ステンレス車体で寿命が長いはずの3000系の新製を1988年(事故廃車による代替新造は1991年)まで続けていたが，1995年には新1000系を導入した(運転開始は1996年)。新1000系は大型車で乗客を多く運ぶことができ，保守・管理や運転も容易なように設計されてはいるが，輸送力増強や車体内装・機械の更新という点からいえば，3000系のまま中間車の増備による6連化でも対応できたはずである。また，どうしても車両の大型化が必要であれば，1984年に全廃された旧1000系や1900型以前の

旧車輛を新1000系の導入まで使い続けていれば，3000系の増備を打ち切ってから数年後には廃車を始めるような手戻りは避けられたであろう。

なお，廃車された3000系の多数は地方私鉄に譲渡されて再使用されている（一部は解体）が，3000系は運転台と運転台後部客室扉とが離れているために，地方私鉄でしばしば行われている整理券方式によるワンマン運転がしにくいことを，ここで指摘しておきたい。

また，京王線についても，5000系は先頭車のみを地方私鉄に売却することによって廃車を押さえつつ長編成化を図ったように思える。また，6000系10番台が都営新宿線直通改造のための準備工事がされていたにもかかわらず改造せずにそのまま使用し続ける一方で，新宿線に直通可能な6000系30番台と直通できない7000系を1988～1990年にわたって両方とも増備し続けるなど，一貫性の欠如を感じさせる投資がなされている。6000形と7000形に関しては，6000系10番台を30番台に改造し，新車増備は7000系のみにすれば，手戻りが防止できて費用の節減になったのではあるまいか。

(127) たとえば小田急線の狛江駅などはそのような構造になっている。

(128) 主として1997年改正のダイヤについて述べ，2001年改正のそれについては注で触れるにとどめる。京王帝都電鉄株式会社運輸部営業課編『京王線・井の頭線時刻表 1997・12・24ダイヤ改正号』同課，1997年，および，『同 2001. 3／27ダイヤ改正号』，2001年，参照。

(129) もっとも，深夜まで混雑が続くのは深夜に至るまで異様といえるほど利用客が多いからであり，その原因の一半は，都心に立地する事業所の従業者が「サービス残業」などを含む長時間勤務を強いられているためと思われる。したがって，深夜の混雑は本来は労働問題として対処すべき問題であろう。

(130) 井の頭線に関しても，明大前－渋谷間の混雑はほとんどすべての時間帯にわたって激しく，下北沢駅では日中でも積み残しが出ることがある。

(131) この案は本文(3)に述べた筆者の主張と矛盾するようであるが，北野－高尾山口間の急行列車の標準所要時間は12～14分(途中停車駅2か所)，各停列車のそれは13分(停車駅5か所)であるから，急行がこの区間で各停運転をしても所要時間が増えるという問題はおこらない。なお，2001年のダイヤ改正で高尾線の急行は準特急に格上げされたが，日中の高尾線内に関しては状況は変わっていない。

(132) 1992年以前は，通勤快速列車は高尾線内で，快速列車は相模原線内で快速運転を行っていた。しかし各停の運転間隔が20分であったため，

第3章　交通産業経営の市場・行政的側面

　　　それを補う目的で両区間内を各停運転に変更したという（野口紘一，前掲論文(105)，31頁）。このように優等列車が郊外側で各停運転を行うことは中央線・西武各線などにも例があるが，所要時間が増えたり快適さが低下したりするだけでなく，利用者にとって快速運転区間と各停運転区間の区別がわかりにくいという問題もある。

(133)　1997年改正のダイヤでは快速・通勤快速・急行の快速運転区間(笹塚－府中間）における停車駅はほとんど同一（快速のみ下高井戸に停車）である。郊外側における各停運転を取りやめれば，これらを急行に統合して全体のダイヤをわかりやすくすることも可能であろう。

(134)　2001年の改正ダイヤは，本線・相模原線・都営新宿線間の接続に細かな配慮が払われていること，各停列車の待避時間の短縮につとめたこと(注(117)参照)など，利用者の利便性に対する配慮においてすぐれているように感じられる。しかし，当然のことながらダイヤの改正だけによる問題の解決には限界があり，通勤時間帯における所要時間の短縮や本文(1)に挙げた混雑の解消のためには，調布－笹塚間の複々線化という抜本的な対策が不可欠であろう。

　　　なお，この改正で本線・高尾線内に「準特急」という優等列車を新たに設定したのは，ダイヤのわかりやすさに逆行するように思われる。準特急は途中停車駅が特急よりも分倍河原・北野と2か所多く，新宿－京王八王子間の所要時間が2分間長い。しかし，分倍河原がJR南武線との接続駅であり，北野が高尾線との接続駅である上に周囲に多数の団地を控えて利用客が多いことを考えると，所要時間の2分間の短縮にこだわるよりも，この2駅を特急の停車駅に加えて両者を統合し，特急・準特急を1時間に3本ずつ走らせるかわりに特急だけを1時間に6本走らせた方がよかったのではあるまいか。

(135)　京王新線も都営新宿線の一部だと思いこんだ乗客が，地下鉄からTカードやSFメトロカードで入場して京王新線の駅で出場しようとしたところ，自動改札で通れなくなり，乗車駅に戻ってカードの入場記録を抹消しないとカード自体も使用できなくなるという例があった（曽根悟「鉄道と交通のシームレス化」『鉄道ピクトリアル』第50巻第10号，2000年10月，11～12頁）。

(136)　2001年のダイヤ改正では，相模原線の急行列車が新宿線に乗り入れて新宿線内の急行と一体化し，橋本－本八幡間を通して快速運転が行われる（ただし笹塚－新線新宿間は各停）ようになった。これで，京王線の急行は新宿線内でも急行，京王線の快速・通勤快速は新宿線内では各

189

停と，わかりやすくなったわけである。ただし，わずかな本数ではあるが，京王線の急行で新宿線内では各停という列車が残っている。
(137) 京王では本線と支線との直通運転を比較的積極的に行っており，本線と支線の乗り換えも階段の昇降なしにできる場合が多い。西武は幹線が池袋線・新宿線と2本ある上に路線が複雑なこともあって，直通が少なくて支線の折り返し運転が多く，しかも乗り換えに階段の昇降を伴う場合が多い。
(138) 情報誌や広告は沿線居住者でないと入手しにくい。このほか資料として社史があるが，通常は入手が困難である。
(139) 「旅客輸送量(千人キロ)」の1980～1982年度の数値を下に示す。

		京王帝都電鉄	京王線	井の頭線
1980年度	定期	3,511,552	2,842,484	669,068
	定期外	1,575,572	1,238,779	336,793
	計	5,087,124	4,081,263	1,005,861
1981年度	定期	3,636,851	2,709,831	162,294
	定期外	1,575,757	1,147,095	55,424
	計	5,212,608	3,856,926	217,718
1982年度	定期	3,676,637	2,991,124	685,513
	定期外	1,631,259	1,282,183	349,076
	計	5,307,896	4,273,307	1,034,589

(140) 『京王電鉄五十年史』の「運輸収入の推移」および「輸送人員・車両走行キロ数の推移」の諸表には，「暦年」と記されている。しかし，昭和30年「暦年」以降の数値が『私鉄統計年報』，『民鉄統計年報』および『鉄道統計年報』に記載された数値と一致することから，それ以前を含めて，正しくは「年度」であろうと推定した。この点については京王電鉄広報部に照会したが，回答は得られなかった。なお，表5に記載した営業収支関係の数値については『京王電鉄五十年史』にも「年度」と記されており，かつ，『私鉄統計年報』などの数値とも一致している。

むすび

　これまで行ってきた分析を簡単にまとめると次のようになる。
　「はじめに」では，交通政策として行政重視・計画重視と市場重視・競争重視の2つの主張があること，そして交通問題の解決・改善のためには2つのどちらによるべきか，またいずれでもない新しい考えを要するかどうかを考察する必要があることを述べた。
　まず第1章では交通と公共交通の定義づけを行ったのち，公共交通が産業として持つ特質を述べた上で，公共交通が公共性と市場性を持ち，行政による規制のために市場原理と行政原理の双方から影響を受けることを明らかにした。それをふまえ，交通の一種として欠かすことのできない鉄道の定義と鉄道が持つ特質を述べ，鉄道も他の公共交通と同様に市場原理と行政原理の双方の影響を受けることも明らかにした。
　ついで，第2章では，日本では過去に鉄道の国有化政策が行われたにも関わらず都市交通を中心として私鉄が重要な役割を果たし，「日本型鉄道経営」と称される世界でも独自の事業展開，すなわち鉄道だけでなく不動産業・観光業・流通業など幅広い事業を行ってきたこと，その一方で混雑に代表される交通問題が存在していることを述べた。
　最後に第3章では具体例として日本の大手私鉄の1社である京王電鉄を取り上げ，京王も他の私鉄と同様に市場原理と行政原理の双方の影響を受けつつ「日本型鉄道経営」に則って事業展開を行ってきたことを明らかにした。すなわち，運賃規制を受けるほか，行政によって計画された多摩ニュータウンの輸送を行政の計画にほぼ従って行い，一方では中央線との競争を行ったり宅地開発や観光輸送・開発を手がけ，またグループの商業展開に影響された鉄道事業を行ってきたことである。しかし依然として混雑などの輸送問題は解決せず，投資不足すなわち消極的な鉄道経営がみられることも述べた。

さて，近年は交通政策を含めて経済政策全般が全世界的に規制緩和と市場重視の方向にあり，鉄道企業も含めた交通企業もこの流れに則って今まで以上の効率化を図ろうとしている。しかし少なくとも交通については，本論中で分析したように，市場重視の流れは必ずしも利用者にとっての利益にはつながらないように思われる。

　輸送問題の原因の1つである人口の集中は規制緩和や市場重視の政策では解決されず，根本的な解決には人口の分散が必要であること，投資の促進のためには大島藤太郎氏が指摘している「生産の社会性と私的所有の矛盾・対立」の緩和・解決が必要であること，交通企業にとって良好な市場を確保し有利な環境を整備する必要があることを考えると，交通政策は基本的に行政重視・計画重視の立場を優先すべきであると思われる。ここにいう行政重視・計画重視の交通政策には，直接的な規制によるものだけではなく，交通企業が自立的な経営努力を起こしやすくする良好な交通市場の整備といった間接的な誘導も含まれる。

　ただし，行政重視・計画重視の政策が，公共事業の問題に典型的にみられるように「政府の失敗」の可能性を含んでいることもまた確かであろう。そこで，行政重視・計画重視の政策を，従来の「産業優先」の政策から，清水義汎氏が述べているような「公共性と安全性，無公害性を基礎に置いた」政策へと転換させる必要がある。さらに従来の行政重視・計画重視と市場重視・競争重視という2つの考え方の他に，利用者・沿線住民・地方自治体関係者など交通のステークホルダーを交通政策の立案や企業経営に参加させるという新しい形態を導入し，それによって交通問題の解決・改善を図ることが望ましいと考えられる。この政策・経営参加には2つの形がありうる。

(1)　市民運動などの運動体の広域化と組織化。
(2)　交通企業への経営参加などの構造化。

　さらに，交通政策や企業経営に関する情報公開もまた必要である。
　具体例として取り上げた京王に関しては，複々線化や立体化など個々の

むすび

問題点について，市民運動など外部からの運動によって計画の方針転換をした例がある。この経験を生かし，組織的で他の鉄道路線や都市計画全般に関わる問題とも連携した政策立案・経営への参加が望まれるところである。

最後に，今後の課題とした事柄について挙げておきたい。

本論文中で考察した輸送問題は，鉄道，その中でも混雑などの問題を抱えている都市の通勤輸送を中心とした。日本の交通はこのほかにも，バス企業やローカル線の経営に見られるようにさまざまな問題を抱えている。国鉄などの公企業による交通経営の歴史や問題点も重要な課題である。しかしこれらについては，本論文では私鉄との関連で若干言及しただけで，踏み込んだ考察を行うことはできなかった。

ごく近年になって，日本の都市構造や人口分布，さらには経済構造や政治状況なども従来とは異なった様相を示しているという指摘がなされている。このことは都市交通にも影響を与えると思われる。この問題については，情勢の変化を見きわめつつ検討を進めたい。

本論文では京王電鉄を事例に取りあげたが，詳細な投資構造については充分な考察を行うことができなかった。京王もごく近年，過度の合理化が行われるなど企業の体質が変わっているとの指摘もある。この問題については本論文中でも多少触れたが，今後の検討課題としたい。

ステークホルダーの経営参加という新しい考えを述べたが，独立した組織とするか構造的な参加とするかなど参加方法についてはまだ考察が不充分であり，検討を続ける必要がある。

以上の事柄は，今後の研究課題として研究を進めていきたいと考えている。

参考文献

　本論文の作成に役立った文献は，直接引用をしなかったものも含め掲載した。ただし，辞書および六法全書は省いた。個々の論文は記載せず，それらが掲載された編書・雑誌・新聞などを記載するにとどめた。
　配列は，書籍は著者・編者名による五十音順，定期性刊行物・パンフレットなど書籍以外のものは刊行物名による五十音順とした。

【日本語文献】
書　籍
合葉博治・池田光雅『日本の私鉄⑪　京王帝都（重版）』保育社，1987年
青木栄一・老川慶喜・野田正穂編『民鉄経営の歴史と文化　東日本編』古今書院，1922年
「赤旗」国鉄問題取材班『岐路にたつ国鉄』新日本出版社，1985年
朝日新聞社会部編『中央線　東京の動脈いまむかし』朝日ソノラマ，1975年
吾孫子豊『交通問題の法的研究』運輸調査局，1971年
安部誠治・自治体問題研究所編『都市と地域の交通問題──その現状と政策課題』自治体研究社，1993年
天野光三編『都市交通のはなしⅠ』技報堂出版，1985年
天野光三編『都市交通のはなしⅡ』技報堂出版，1985年
飯島巌・森本富夫・荒川好夫『私鉄の車両⑰　京王帝都電鉄』保育社，1986年
五十嵐敬喜・小川明雄『都市計画　利権の構図を超えて』岩波書店，1993年
石井一郎『最新交通工学（第2版）』森北出版，1987年
石井晴夫『交通産業の多角化戦略』交通新聞社，1995年
石坂悦男・渡部與四郎編著『地域社会の形成と交通政策』東洋館出版社，1997年
井手口一夫『経済学者と現代⑥　マーシャル』日本経済新聞社，1978年
井上俊・上野千鶴子・大澤真幸・見田宗介・吉見俊哉編『現代社会学26　社会構想の社会学』岩波書店，1996年
今城光英編著『鉄道改革の国際比較』日本経済評論社，1999年
今田保・坂正博・結城喜幸編『東京の国電』ジェー・アール・アール，1981年
今田保・坂正博・結城善幸・結城学編『大阪の国電』ジェー・アール・アール，1984年

植草益『公的規制の経済学』筑摩書房，1991年
植田和弘・落合仁司・北畠佳ास・寺西俊一『環境経済学』有斐閣，1991年
内橋克人『浪費なき成長』光文社，2000年
内山顕『京王帝都電鉄概論』音羽オフィス，1999年
運輸省自動車交通局企画課道路交通活性化対策室監修『バス路線運行維持対策事例集　バスの利便性向上とバス活性化を促進した好事例』運輸経済研究センター，1995年
大井一哲『憲政を破壊する政黨政治』日本社會問題研究所，1932年
大島藤太郎『現代日本の交通政策』新評論，1975年
大橋英五『独占企業と減価償却』大月書店，1985年
岡並木『都市と交通』岩波書店，1981年
小川貴三郎『都市の交通問題について』法政大学卒業論文，1993年
奥村宏『会社本位主義は崩れるか』岩波書店，1992年
小倉正男『日本の「時短」革命　GNP大国から生活大国へ』PHP研究所，1992年
小田急沿革史編纂委員会編『小田急二十五年史』小田急電鉄，1952年
角本良平『都市交通』有斐閣，1963年
角本良平『都市交通──21世紀に向かって』晃洋書房，1987年
角本良平『国鉄改革　JR10年目からの検証』交通新聞社，1996年
加藤佳一編『バスジャパンニューハンドブックス27　京王電鉄　京王バス　西東京バス』BJエディターズ，1999年
金本良嗣・山内弘隆編『講座・公的規制と産業④　交通』NTT出版，1995年
上岡直見『鉄道は地球を救う』日本経済評論社，1990年
上岡直見『交通のエコロジー』学陽書房，1992年
上岡直見『乗客の書いた交通論』北斗出版，1994年
上岡直見『クルマの不経済学』北斗出版，1996年
川島令三『東京圏通勤電車事情大研究』草思社，1986年
川島令三『関西圏通勤電車事情大研究』草思社，1987年
川島令三『新東京圏通勤電車事情大研究』草思社，1990年
川島令三『日本「鉄道」改造論』中央書院，1991年
川島令三『私の戦後「電車」史　1955−1995』PHP研究所，1995年
川島令三『全国鉄道事情大研究　東京西部・神奈川編①』草思社，1998年
川島令三『鉄道はクルマに勝てるか』中央書院，1998年
関西鉄道協会都市交通研究所編『鉄道経営ハンドブック』清文社，1980年
九州公共交通問題研究会編『公共交通の崩壊か再生か──九州からの提言』法

律文化社，1984年
久保田博『鉄道工学ハンドブック』グランプリ出版，1995年
久保田博『鉄道用語事典』グランプリ出版，1996年
熊谷尚夫『厚生経済学』創文社，1978年
京王帝都電鉄株式会社総務部編『京王帝都電鉄三十年史』京王帝都電鉄総務部，1978年
京王帝都電鉄株式会社総務部総務課編『10年のあゆみ』京王帝都電鉄，1958年
京王電鉄株式会社広報部編『京王電鉄五十年史』京王電鉄，1998年
京浜急行電鉄株式会社総務部広報課編『京浜急行90年史　写真でつづる最近10年のあゆみ』京浜急行電鉄，1988年
交通権学会編『交通権――現代社会の移動の権利』日本経済評論社，1986年
越沢明『東京都市計画物語』日本経済評論社，1991年
越沢明『東京の都市計画』岩波書店，1991年
小林尚智・諸河久『日本の私鉄⑫　西武』保育社，1990年
近藤禎夫・安藤陽『日本のビッグ・ビジネス19　西武鉄道・近畿日本鉄道』大月書店，1997年
斎藤峻彦『交通市場政策の構造』中央経済社，1991年
斎藤峻彦『私鉄産業――日本型鉄道経営の展開』晃洋書房，1993年
坂正博・今田保・結城喜幸編『101系通勤形電車』ジェー・アール・アール，1984年
阪田貞之『列車ダイヤの話』中央公論社，1964年
桜井徹『ドイツ統一と公企業の民営化――国鉄改革の日独比較』同文館，1996年
島恭彦『日本資本主義と國有鐵道』日本評論社，1950年
島原琢『都市における公共旅客交通の重要性と振興について』法政大学卒業論文，1994年
島原琢『都市交通はこのままでいいのか――利用者からの改革案』東京図書出版会，2002年
清水正之『八王子　明神町わが街』私家版，1980年
清水正之『八王子　長沼町・北野町わが街』私家版，1987年
清水正之『八王子のりもの百年史』私家版，1989年
清水義汎編『交通政策と公共性』日本評論社，1992年
社会経済国民会議編『分割・民営化はなぜ必要か――国鉄改革の核心をさぐる』社会経済国民会議，1986年
鈴木文彦『日本のバス年代記』グランプリ出版，1999年

鈴木守『外部経済と経済政策』ダイヤモンド社，1974年
角谷登志雄『日本株式会社』新日本出版社，1992年
関崇博・池田光雅・荒川好夫『国鉄の車両⑲　首都圏各線』保育社，1984年
全運輸省労働組合編『生活交通の現状——行政現場からの報告』勁草書房，1982年
全建設省労働組合編『問われる公共事業』大月書店，1982年
曽根悟『新しい鉄道システム——交通問題解決への新技術』オーム社，1987年
園部敏『法律学全集15　交通通信法（改訂再版）』有斐閣，1967年
高野登『中央線各駅停車』椿書院，1976年
高野登・石井恒男『西武新宿線各駅停車』椿書院，1976年
高橋俊夫編著『コーポレート・ガバナンス——日本とドイツの企業システム』中央経済社，1995年
高橋俊夫・大西健夫編『ドイツの企業』早稲田大学出版部，1997年
立山学『JRの光と影』岩波書店，1989年
田中角榮『日本列島改造論』日刊工業新聞社，1972年
多摩の交通と都市形成史研究会編『多摩　鉄道とまちづくりのあゆみⅠ』東京市町村自治調査会，1995年
多摩の交通と都市形成史研究会編『多摩　鉄道とまちづくりのあゆみⅡ』東京市町村自治調査会，1995年
多摩の交通と都市形成史研究会編『多摩　鉄道とまちづくりのあゆみ［資料編］』東京市町村自治調査会，1996年
玉村博巳編著『民営化の国際比較』八千代出版，1993年
電気車研究会編『国鉄電車発達史訂補』電気車研究会，1977年
東京急行電鉄株式会社広報室・車両部編『東急の電車たち』東京急行電鉄・電車とバスの博物館，1984年
東京空襲を記録する会『コンサイス東京都35区区分地図帖　戦災消失区域表示（復刻版）』日地出版，1985年（原本は，『コンサイス東京都35區區分地圖帖　戰災消失區域表示』日本地圖，1946年）
東京市町村自治調査会編『駅空間からのまちづくり——多摩駅白書』ぎょうせい，1996年
東京大学工学部交通工学研究共同体編『東京の交通問題』技報堂出版，1993年
富永祐治・石井昭正編著『鉄道経営論』有斐閣，1956年
富永祐治著作集刊行会編『富永祐治著作集　第二巻　交通における資本主義の発展——日本交通業の近代化過程』やしま書房，1990年
富永祐治著作集刊行会編『富永祐治著作集　第三巻　交通研究ノート抄』やし

ま書房，1990年
永井英慈『私の電車主義宣言』プレジデント社，1998年
中島廣・山田俊英『韓国の鉄道』JTB，1998年
中西健一『日本私有鉄道史研究――都市交通の発展とその構造』日本評論新社，1963年
中西健一『現代日本の交通政策――批判的考察』ミネルヴァ書房，1973年
中西健一・廣岡治哉編著『日本の交通問題――経済成長と国内交通』ミネルヴァ書房，1967年
中西健一・廣岡治哉編著『新版 日本の交通問題――交通経済の構造と動態』ミネルヴァ書房，1973年
中西健一・廣岡治哉編著『三版 日本の交通問題――低成長下の交通経済』ミネルヴァ書房，1980年
中村太和『検証・規制緩和』日本経済評論社，1998年
成田修身『減価償却の史的展開』白桃書房，1985年
西尾恵介・井上広和『日本の私鉄② 西武（重版）』保育社，1984年
日本科学者会議編『今日の交通』水曜社，1977年
日本科学者会議東京支部編『これでいいのか東京―― 一極集中を検証する』白石書店，1991年
日本共産党（共産党ブックレット）『国鉄問題 「分割・民営化」の真相』日本共産党中央委員会出版局，1986年
日本国有鉄道編『鉄道辞典 上巻』日本国有鉄道，1958年
日本国有鉄道編『鉄道辞典 下巻』日本国有鉄道，1958年
日本地図センター編『地図で見る多摩の変遷』日本地図センター，1993年
野添操『西東京バスのあゆみ――創業から3社合併まで』まるのや乗合書籍部，1996年
野田正穂・原田勝正・青木栄一・老川慶喜編『多摩の鉄道百年』，日本経済評論社，1993年
野々村一雄編『社会主義経済』有斐閣，1986年
橋本昌史編著『ＥＣの運輸政策』日通総合研究所，1994年
八王子事典の会『八王子事典』かたくら書店，1992年
原田勝正『日本の国鉄』岩波書店，1984年
原田勝正・青木栄一『日本の鉄道 100年の歩みから』三省堂，1973年
林敏彦編『講座・公的規制と産業③ 電気通信』NTT出版，1994年
廣岡治哉『近代日本交通史』法政大学出版局，1987年
廣岡治哉『市民と交通』有斐閣，1987年

廣岡治哉編著『現代交通の理論と政策』日本評論社，1975年
広瀬道貞『補助金と政権党（文庫版）』朝日新聞社，1993年
深川和夫『京王線各駅停車』椿書院，1974年
藤本武『世界からみた日本の賃金・労働時間』新日本出版社，1991年
降旗節雄『日本経済の構造と分析』社会評論社，1994年
古川哲次郎・秋山義継『公益事業論』成山堂書店，1986年
ふるさとバス白書検討委員会編著『ふるさとバス白書』技報堂出版，1992年
ふるさとバス白書検討委員会編著『新・ふるさとバス白書——未来志向の暮らしの交通』技報堂出版，1998年
古谷博『八王子の近代史』かたくら書店，1985年
松尾光芳『日本交通政策論序説（第二増補版）』文真堂，1991年
松本典久『軽便鉄道（重版）』保育社，1983年
丸山昇『国鉄民営化残酷物語』エール出版社，1986年
三島富士夫・生方良雄『鉄道と街・新宿駅』大正出版，1989年
道村博・諸河久『日本の私鉄⑬　京王帝都』保育社，1993年
三本和彦『クルマから見る日本社会』岩波書店，1997年
宮川暢三ほか編『標準高等地図——現代世界とその歴史的背景』帝国書院，1995年
宮田道一・林順信『鉄道と街・渋谷駅』大正出版，1985年
宮田道一・焼田健『日本の私鉄　東急』保育社，1997年
宮本憲一『都市経済論——共同生活条件の政治経済学（第2版）』筑摩書房，1980年
宮本憲一『現代資本主義分析4　現代資本主義と国家』岩波書店，1981年
宮本憲一『社会資本論（改訂版）』有斐閣，1976年
宮脇俊三・松尾定行『中央線各駅停車』保育社，1985年
村井藤十郎『運輸・交通法の基本問題』成文堂，1968年
村井敬吉(編集長)『オルタ4　クルマ社会からのテイク・オフ』アジア太平洋資料センター，1993年
村松一郎・天澤不二郎編『現代日本産業発達史22　陸運・通信』現代日本産業発達史研究会，1965年
森谷英樹『私鉄運賃の研究　大都市私鉄の運賃改定1945〜1995』日本経済評論社，1996年
山上徹『現代交通サービス論』地域産業研究所，1996年
山田玉成・諸河久『日本の私鉄21　都営地下鉄』保育社，1982年
山本弘文編『交通・運輸の発達と技術革新——歴史的考察』国際連合大学，

1986年
吉川文夫編『小田急　車両と駅の60年』大正出版，1987年
吉村光夫『京浜急行今昔物語』多摩川新聞社，1995年
和久田康雄『日本の私鉄』岩波書店，1981年
和久田康雄『日本の地下鉄』岩波書店，1987年
和久田康雄『やさしい鉄道の法規――JRと私鉄の実例（四訂版）』成山堂書店，1999年
渡辺新三・松井寛・山本哲『都市計画要論（第2版）』国民科学社，1989年
渡部与四郎編著『21世紀への育都論――都市は人間によって創られる』技報堂出版，1980年

年報・白書・要覧など（編者・監修者・発行所などに変更のあったものが多いが，記載は代表的なものにとどめた）
『運輸経済統計要覧』(現，『交通経済統計要覧』) 運輸省運輸政策局情報管理部編，運輸政策研究機構
『運輸白書』(現，『国土交通白書』) 運輸省編，大蔵省印刷局
『韓国・北朝鮮総覧』環太平洋問題研究所編，原書房
『国勢調査報告』総務庁統計局編，総務庁統計局
『事業所統計調査報告』(現，『事業所・企業統計調査報告』) 総務庁統計局編，総務庁統計局
『数字でみる鉄道』(旧，『数字でみる民鉄』) 運輸省鉄道局監修，運輸政策研究機構
『鉄道統計年報』(旧，『民鉄統計年報』，『私鉄統計年報』) 運輸省鉄道局監修，政府資料等普及調査会
『鉄道要覧』(旧，『民鉄要覧』，『私鉄要覧』) 運輸省鉄道局監修，鉄道図書刊行会
『都市交通年報』運輸省運輸政策局監修，運輸経済研究機構
『日本国勢図会』矢野恒太郎記念会編，国勢社
『八王子市政要覧』八王子市広報課編，八王子市
『陸運統計要覧』(旧，『自動車統計年報』) 運輸省大臣官房情報管理部編

列車時刻表
『京王線・井の頭線時刻表』(旧，『京王時刻表』，『京王帝都電鉄時刻表』)，京王電鉄運輸部営業課
『時刻表』，JTB

雑誌

『交通権』，交通権学会
『時刻表イクスプレス』，平原社
『社会労働研究』，法政大学社会学部学会
『週刊金曜日』，金曜日
『世界』，岩波書店
『地理』，古今書院
『鉄道ジャーナル』，鉄道ジャーナル社
『鉄道ピクトリアル』，鉄道図書刊行会
『鉄道ファン』，交友社
『バスラマインターナショナル』，ぽると出版
『三田評論』，慶應義塾
『労働の科学』，労働科学研究所
『Rail Magazine』，ネコ・パブリッシング

新聞

『朝日新聞』，朝日新聞東京本社
『しんぶん赤旗』，日本共産党中央委員会

広報・その他

『おだきゅう』，小田急電鉄広報部
『KEIONEWS』，京王電鉄広報部

『市報国分寺』，国分寺市
『市報こだいら』，小平市
『市報ちょうふ』，調布市
『調布市議会だより』，調布市議会
『都議会だより』，東京都議会

『京王線沿線（調布駅付近）における道路および駅前広場の都市計画素案について』，調布市，（発行年不詳）
『スタジオジブリ絵コンテ全集⑩月報』，徳間書店，2001年
『中心市街地街づくり総合計画のあらまし──にぎわいとやすらぎのまち』，調布市，2000年
『都市高速鉄道第10号線　京王電鉄京王線・相模原線（調布駅付近）の連続立

体交差化計画等について』，東京都・調布市・京王電鉄，2000年
『パスネット　10月14日スタート』，共通乗車カードシステム導入検討協議会，2000年
『まちに電車がやってきた――京王線と日野市の軌跡』，日野市ふるさと博物館，2000年

【中国語文献】
『全国鉄路時刻表』鉄道部運輸局供稿，中国鉄道出版社
『全国鉄路旅客列車時刻表』鉄道部運輸局供稿，中国鉄道出版社
『中国統計年鑑』国家統計局編，中国統計出版社

【朝鮮語文献】
『韓國統計年鑑』經濟企劃院調査統計局，經濟企劃院調査統計局

【英語文献】
Mishan E. J., *Growth : The Price We Pay*, Staples Press, 1969（都留重人監訳『経済成長の代価』岩波書店，1971年）
Snell, Bradford C., *American Ground Transport : A Proposal for Restructing the Automobile, Truck, Bus, and Rail Industries*, U.S. Government Printing Office, 1974（安楽知子・戸田清・冨田修司・福冨信義訳『クルマが鉄道を滅ぼした――ビッグスリーの犯罪』緑風出版，1995年）
Vuchic, Vukan R., *Urban Public Transportation Systems and Technology*, Prentice-Hall, Inc., 1981（田仲博訳『都市の公共旅客輸送　そのシステムとテクノロジー』技報堂出版，1990年

事項索引

あ 行

浅川電化 148
アメリカ 24, 29, 41, 55, 56, 95
アルゼンチン 29
案内軌条式鉄道 20
飯山(鉄道) 28
イギリス 19, 24, 29, 41, 55, 105
池袋線(西武) 103
伊豆急行 57, 60
伊豆箱根鉄道 57
イタリア 29
五日市鉄道 174
伊那(鉄道) 28
井の頭線 121, 128
井の頭線車両大型化工事 156, 164
井の頭線6両編成化工事 79, 164
胆振(鉄道) 28
飲食業 63
インフラ(ストラクチャー) 13, 16, 23
上田交通 57
宇部(鉄道) 28
運転速度の低下 60, 162
運輸政策 76
運輸政策審議会答申 37, 77, 158
営団 49, 51, 53
営団の民営化 30
エクアドル 34
エネルギー供給事業 64
江ノ島電鉄 60
円電 148
王子電気軌道 171
近江鉄道 57
青梅電気鉄道 28, 174
オーストラリア 29, 105
大手(大手私鉄, 大手民鉄) 24, 50, 58
大手私鉄の問題点 60

か 行

奥多摩自動車 174
奥多摩振興 67, 124
奥多摩(鉄道) 28
小田急電鉄(小田急) 51, 59, 61, 67, 81, 121, 160, 179, 184, 185
小田原急行鉄道 120
小野田(鉄道) 28

開発(公的主体による) 109, 160
開発計画 17, 22
外部経済 17, 37, 71
外部経済効果 24
外部不経済 61, 71, 113, 163, 165
ガス供給事業 64, 123
過疎 19, 48, 72, 73
過疎地の交通 18, 30, 34, 112
神奈川中央バス 152
カナダ 29, 95
貨物鉄道 51
貨物輸送の交通手段別分担率 43
川越鉄道 104, 108
観光事業 63, 68
観光鉄道 51
観光鉄道タイプ 56
観光バス 63
韓国 33, 41
関東乗合自動車 121
関東バス 121, 177
規制 10, 16, 24, 26
規制緩和 18, 19, 29, 31, 112
北九州(鉄道) 28
北朝鮮 91
軌道 20, 51
軌道法 20
鬼怒川水力電気 120
貴賓車 171

205

キャリア　18,23
9号線　157
教育・文化事業　64
行政重視　2
行政的側面　16
競争　18,48,146
競争重視　2,19
共通運賃制度　62,100
玉南電気鉄道　118,147
近畿日本鉄道（近鉄）　51,59
軍事統制　17
軍事輸送　17,27
京王アートマン　63
京王沿線の人口の推移　75
京王閣遊園地　119
京王新線　127
京王ストアー　69,130
京王線　119,126
京王線営業距離の推移　135
京王線長編成化工事　156
京王線と中央線の競争　146
京王線と都営新宿線の直通運転　158,182
「京王線」の呼称　175
京王線の車両大型化　138
京王線のダイヤの問題点　165
京王線の特急運転開始　124,148,152
京王線の複々線化　157,162,182
京王線旅客輸送収入の推移　138
京王線旅客輸送量の推移　131,134
京王線列車走行距離の推移　136
京王線列車平均編成長の推移　137
京王帝都電鉄　51,66,121,126
京王テニスクラブ　63
京王電気軌道（1905～1944年）　117
京王電鉄（京王）　51,59,81
京王電鉄営業収支の推移　142
京王電鉄全事業経常損益　146
京王電鉄の輸送力増強　162
京王電鉄の歴史　115
京王電鉄の路線図　116

京王電鉄バス　123,126,128,152,176
「京王電鉄バス」の呼称　173
京王のイメージアップ計画　152
京王の観光開発　69,123
京王の新線建設計画　122
京王のバス事業　118,119,122,124,128,140
京王の不動産業　124,129,144
京王の流通業　130
京王のレジャー・サービス業　130
京王バス　126,128,176
京王百貨店　130,152
京王プラザホテル　130
計画重視　2
京急　→京浜急行電鉄
京成電気軌道　171
京成電鉄（京成）　51,59,83
京帝砂利　102
競馬場線　128
京阪電気鉄道（京阪）　51,59,61,108
芸備（鉄道）　28
京浜急行電鉄（京急）　51,59,79,121,181
兼業　24,56,67,88,98
兼業の位置づけ　62
懸垂式鉄道　20
建設・不動産業　63
公営　51,53
公益事業　10,22
公益的統制　24
公共交通に要求される条件　14
公共交通の定義　10
公共交通の特色　10
公共性　16,24
公共性と営利性の矛盾　77
公共性と収益性の矛盾　79,108,162
公共性を重視した行政　90
公共性を重視した交通政策　2
公共輸送　8
鋼索鉄道　20,51,53
甲州街道乗合自動車　119

事項索引

高速バス　48, 129
交通権　15
交通権学会　90, 169
交通施設　→施設
交通手段別分担率　41
交通政策　2
交通の定義　7
交通利用者団体全国連合　→ FNAUT
公的助成　22, 88, 161, 163
弘南電鉄　54
甲武鉄道　171
公有化　25
五王自動車　67, 124
国際交通　16
国鉄　49, 61, 63, 77, 79, 99, 108, 160
国鉄改革　49, 56
国鉄分割民営化　29, 30, 49
国分寺線（西武）　81, 108, 149
国有化　26, 27, 55, 101
国有・公有化　24, 25
小倉（鉄道）　28
跨座式鉄道　20
コスト削減　18, 29, 128, 186
小平学園分譲地　67
五島育英会　64
5方面作戦　61, 77
御陵線　119, 148, 154, 171
混雑　60, 72, 74, 76, 99, 162, 165
混雑緩和　62, 113, 138
混雑緩和の目標　78, 85
混雑対策　76, 83, 86, 162

さ 行

相模（鉄道）　28
相模鉄道（相鉄）　51, 59
相模原線　118, 124, 125, 127, 135, 149, 160
相模原線の収支状況　156
桜ヶ丘団地　123, 152
産業セメント（鉄道）　28
産業優先の政策　2, 78

三信（鉄道）　28
山陽鉄道　28
山陽電気鉄道　60
三陸鉄道　39
自家用車　43, 48
信楽高原鐵道　34
事業所・人口の集中　69
事業所・人口の分散　86
市場重視　2, 18, 30
市場的側面　17, 29
静岡鉄道　60
施設　13, 21, 23
自然独占　22, 25
私的交通　48, 88
私鉄　49, 50
私鉄間の格差　58
自転車　48, 76, 87, 111
自転車の撤去費用　111
信濃（鉄道）　28
しなの鉄道　54
渋谷急行電鉄　120
下河原線　101
下北交通　54
社会資本　22, 84
砂利採取事業　64
収益性　18
従業者の労働条件　12, 89
10号線　125, 157
集積不利益　71
集積利益　70, 86, 88
首都圏への集中　69
準大手　53
上下分離　23, 36, 37, 54, 86, 163
白棚（鉄道）　28
新幹線　48, 56
新京成電鉄　60
新交通システム　20, 53
人口の集中　69, 73, 76, 110
人口の分散　84, 86
新宿駅の改良工事　77

207

新宿線(西武)　81, 103, 151
新宿線(都営)　127, 158, 166, 176, 182
新宿ターミナル　118, 121
新宿ターミナルの抜本的改良　151
新線新宿駅　127
スウェーデン　29
スーパー(マーケット)　63, 69
ステークホルダーの参加　90, 170, 193
スポーツ観戦事業　63, 68
スポーツクラブ　63
聖蹟桜ヶ丘駅　82, 168
聖蹟桜ヶ丘再開発　125, 153
西武軌道　172
西武鉄道(西武)　50, 57, 59, 61, 63, 68, 79, 81, 160, 181, 190
西武鉄道(旧)　104, 172
西武鉄道グループ　96
西武鉄道成立までの沿革　103
西武農業鉄道　104
設備投資　77, 79, 83, 88, 162
設備投資(不適切な)　164
戦時買収　28, 55

た　行

第三セクター　30, 39, 49, 53
大都市高速鉄道　51
大都市通勤鉄道タイプ　56
大都市輸送　56, 59
大陸横断鉄道タイプ　56
高尾自動車　67, 124, 147
高尾線　124, 127, 135, 149, 154
高尾登山鉄道　57, 130
多角化　56, 57, 67, 96
高島平団地　109
高幡乗合自動車　119
タクシー　63
宅地開発　16, 67, 68, 81, 106, 109, 123
立川バス　67, 124
多摩川線(西武)　65, 81
玉川電気鉄道(玉電)　65, 171

多摩湖線(西武)　81, 103, 108, 149
多摩湖鉄道　103
多摩線(小田急)　160, 185
多摩鉄道　65
多摩田園都市開発　68
多摩動物公園　69, 123, 173
多摩ニュータウン　82, 125, 152, 159
多摩バス　124, 128, 176
地下鉄　53, 94, 99
千葉県営鉄道　125, 157
地方公共交通　73
地方中小私鉄　58, 60, 73
地方旅客鉄道　51
中央線　146, 179
中央線の特快　148, 180
中央線旅客輸送量の減少　150
中国　33, 41
中国(鉄道)　28
中小(中小私鉄，中小民鉄)　51, 57, 60
調布駅の立体化　90, 159, 169
通勤混雑　→混雑
通勤対策　61, 79, 84
通勤輸送　60, 76, 99, 115
通路　13, 18
つつじヶ丘団地　123
鶴見臨港(鉄道)　28, 95
帝都高速度交通営団　51, 53
帝都線　121
帝都電鉄(1927〜1942年)　120
鉄道国有法　28, 55, 93
鉄道事業者の分類　52
鉄道事業法　20, 93
鉄道の定義　19, 34
鉄道の分担率　43, 46
手戻り　164
田園調布　68, 103
田園都市(株式会社)　68
田園都市線(東急)　68
電気局　65
電力国家管理　65

208

事項索引

ドイツ　23, 24, 26, 29, 41, 55, 90
東急解体期成同盟　121
東急グループ　97
東急ハンズ　63
東京軌間　118
東京急行電鉄（東急電鉄，東急）　51, 57, 59, 61, 68, 81, 120, 121
東京急行電鉄成立までの沿革　97
東京ゲージ　171
東京郊外鉄道　120
東京市電　25, 57
東京砂利鉄道　65, 101
東京大空襲　121
東京都交通局　98, 125, 157, 176
東京馬車鉄道　171
東京山手急行鉄道　98, 120
東京横浜電鉄　68
東武ガス　64
動物園線　124, 127
東武鉄道（東武）　50, 59, 61, 79, 81
東北本線を守る会　90
東横百貨店　121
道路輸送　41, 46
ドーナツ化現象　71, 74
特定都市鉄道整備積立金制度　61, 79, 125, 156, 186
都市間輸送　56, 67
都市基盤整備公団　53, 96, 125
都市計画　12, 17, 22, 82, 89, 159
都市交通　12
都市交通審議会　123, 125, 157
富山（鉄道）　28
豊川（鉄道）　28
豊橋鉄道　57
トロリーバス　20, 53

な　行

内部経済　37
長崎電気軌道　60
名古屋鉄道（名鉄）　51, 57, 59

南海電気鉄道（南海）　51, 59, 82, 108
南津鉄道　98, 185
難波駅　82
南部縦貫鉄道　54
南部（鉄道）　28
南武鉄道　28, 67, 174
新潟臨港（鉄道）　28
西東京バス　67, 124, 128, 176
西日本鉄道（西鉄）　28, 51, 59
日本　24, 26, 29, 41, 91
日本型鉄道経営　3, 57, 59, 62, 81
日本型民鉄経営　57
日本国有鉄道　29, 49
日本鉄道　28
日本電気鉄道　117
日本の私鉄　24, 55, 58, 62
二面性　3
ニュージーランド　29, 34
認可　16
根津育英会　64
乗り換え　62, 168, 190

は　行

配電事業　64, 65, 118
配電統制令　64, 120
バイパス的路線　150
ハイヤー　63
箱根土地（株式会社）　67, 103, 171
バス事業　63, 66, 122
派生需要　12
八王子市街自動車　147
八王子ニュータウン　129
8000系新型車両　153
バリアフリー・シームレス輸送　62
阪急電鉄（阪急）　51, 59, 67
播州（鉄道）　28
阪神電気鉄道（阪神）　51, 59, 63, 67
東八王子駅　119, 124, 152
百貨店　63, 67, 69
広島電鉄　60

福井鉄道　57
複々線化　61,79,151,157,162,184
複々線化(別線線増による)　163
富士急バス　129
藤沢自動車　119,121
富士身延(鉄道)　28
浮上式鉄道　20
普通鉄道　20
不動産業　63,67,81,98
不動産業についての否定的評価　83,88
踏み切り　60,163,187
フランス　41,55,92,105,169
ペルー　29
鳳来寺(鉄道)　28
北総開発鉄道　125
北海道(鉄道)　28
ホテル　63
香港　38
本線(京王本線)　126

ま　行

松本電鉄　33
マレーシア　29
御岳登山鉄道　130
三田線(都営)　109
南大沢駅　168
箕面有馬電気軌道　67
宮城(鉄道)　28
民営鉄道　50
民衆からの統制　89
民鉄　49,50,94
無軌条電車　20,51,53
武蔵中央電気鉄道　98,119
武蔵電気軌道　117

武蔵野鉄道　103
名鉄　→名古屋鉄道
目黒蒲田電鉄　68
めじろ台団地　124,154
モノレール　20,51,53

や　行

山口線(西武)　35
遊園地　67,68
遊戯物の鉄道　21,35
輸送量増強対策　85
輸送力の不足　60
ヨーロッパ　41,55,56
横荘(鉄道)　28

ら　行

「リフレッシング京王」　125,153
利便性への配慮の欠除　100,149,179,180
流通業　63,130
留萌(鉄道)　28
レジャー・サービス業　63,130
路線バス　63
路面電車　51

わ　行

わかりやすさ　15,167,189
割り引き運賃　62,147
割り引き切符　48
ワンマンカー　124

ローマ字

FNAUT　90,169
JR　49,50,53,94,99
OX ストアー　69

人名索引

あ 行

青木栄一　150, 158, 171
我孫子豊　36
池田清　72
石井晴夫　60, 96
井手口一夫　37
井上勝　27
今城光英　43
上野正紀　15
大島藤太郎　28, 58, 74, 79, 99, 192
岡並木　6, 14, 15
岡野行秀　2, 3

か 行

角本良平　83, 110
加藤新一　171
金本良嗣　7
上岡直見　83, 85
川島令三　82
北畠佳房　26
久保田博　34, 36
越沢明　67
五島慶太　68, 121
五島昇　173
小林一三　67, 104
近藤禎夫　96

さ 行

斎藤峻彦　21, 50, 56, 57, 58, 59, 60, 81, 94, 95
斎藤一　106
阪田貞之　110
桜井徹　23, 29
塩原三郎　33
渋沢栄一　68
島恭彦　24, 26, 28, 36
清水義汎　2, 192

正司健一　7, 25
鈴木忠　183
曽根悟　78, 84, 107

た 行

田中角榮　77
田中幸徳　33
土屋知夫　147, 156, 187
堤康次郎　104
寺田一薫　100
利光達三　184
利光鶴松　120
富塚三夫　39
富永祐治　11, 12, 13, 14, 22, 26, 27

な 行

永井英慈　111, 184
中曽根康弘　39
中西健一　14, 84
中野和夫　34
中村太和　112
中村英夫　73
西村弘　72, 98
西山廣一　178
野口紘一　158
野田正穂　103

は 行

パークス　27
原田勝正　27
ハンゼンマン，ダーヴィド　36
ハンチントン，ヘンリー　98
ビスマルク　26
廣岡治哉　8, 11, 12, 23, 38, 43
舩橋晴俊　89, 91
古川哲次郎　10, 12, 22, 25
堀真之助　72

ま 行

マーシャル　37
松尾定行　179
ミシャン　37
宮田道一　97
宮本憲一　71
村井藤十郎　9, 13, 14, 21
森谷英樹　61, 72, 86

や 行

焼田健　97
山内弘隆　7, 46, 48
山上徹　6, 11, 14, 15

ら 行

ラミス，ダグラス　111

わ 行

若林進一　146
和久田康雄　49, 50, 55, 65, 66, 67, 93, 94, 95

後　記

　本書の著者，島原　琢は昨2002年3月31日に他界した私の長男である。
　故人は1994年3月に法政大学社会学部を卒業した。その前後から，将来は交通関係の評論やエッセイを書くことを職業にしたいと志すようになったらしい。卒業後は出版社や予備校に勤めながら交通問題や都市問題に関するエッセイを書く一方，交通権学会の会員になり同学会の交通研究会に加えていただいて勉強をしていたが，さらに日本大学の大学院に進学して，交通研究会でもお世話になった桜井徹教授のご指導を仰ぐことになった。大学院では論文「鉄道産業経営における市場・行政2元論の限界——京王電鉄を事例に」を作成し，これによって2001年3月に商学修士の学位をいただくことができた。
　それから他界するまでの1年間，故人は書き溜めていたエッセイに新たに書いたものを加えて本にまとめる仕事を進める一方，修士論文にしきりに手を加え，将来それを発展させるための心覚えと思われるメモを書いていた。前者はさいわい原稿を出版社に渡す段階まで本人の手で行うことができ，『都市交通はこのままでいいのか——利用者からの改革案』（東京図書出版会，2002年）として出版された。後者はさらに年月をかけ多くの調査・考察を加えて完成させるつもりであったと思われる。しかしそれが不可能になったいま，故人の努力の結果をなんらかの形で世に残してやりたいと考え，あえてこのような形で出版することにした。刊行にあたっては，本人が遺した書き込みとメモにしたがって統計データを補い字句を加除修正して，存命であれば本人が目指したであろうものに少しでも近づけるよう努めたつもりであるが，私は故人の専門分野にはまったくの門外漢である，解釈の誤りゆえに改悪した個所があるかもしれないことを怖れている。
　本書の刊行までには多くの方々にお世話になった。
　日本大学の桜井教授には，大学院でご指導をたまわっただけでなく，本

書の校正刷りに目を通していただいた上，序文を頂戴した。故人とともに心からお礼を申しあげる次第である。修士論文の作成に関しては，故人が，桜井教授への謝辞につづいて「桜井徹先生の海外出張中には慶応義塾大学商学部教授の植竹晃久先生からご指導を賜った。このほか，日本大学商学研究科の教授・助教授・院生の方々や交通権学会会員の皆さまから貴重なご助言を頂いた。ここに深くお礼を申しあげたい。」と記している。各位に対して，私からもお礼を申しあげたい。また，本書には法政大学社会学部舩橋晴俊教授の論文が引用され，舩橋ゼミの先輩である小川貴三郎氏の卒業論文が「参考文献」に上げられている。このことは故人のものの考え方の形成に舩橋ゼミに在籍したことが大きく与っていることを示すものであろう。舩橋教授と舩橋ゼミの先輩・同級の方々に，本書の刊行を機に故人とともにあらためてお礼を申しあげたい。また，若年の研究をこのような単行本として出版することができたのは，八朔社代表取締役片倉和夫氏のご厚意があればこそであった。同氏および，雑然とした原稿を立派な本に仕立ててくださった同社の田島純夫氏に感謝申しあげる。

　故人はこの研究をより完成した形で世に問いたかったにちがいないと思う。死によって中断せざるを得なかったことは，さぞかし残念であったろう。私自身としてもこの段階で刊行することには若干の逡巡がないわけではない。本書が同じ方面を研究する方にとっていくらかでも役に立つことを願うばかりである。

　　　2003年5月

　　　　　　　　　　　　　　　　　　　　　　　　　　島原　健三

[著者略歴]

島原　琢（しまはら　たく）

1969年－2002年．
法政大学社会学部卒業．出版社および予備校勤務を経て，日本大学大学院商学研究科博士前期課程修了．商学修士．交通権学会会員．

著　書
『都市交通はこのままでいいのか――利用者からの改革案』東京図書出版会，2002年．

鉄道事業経営研究試論
　　　京王電鉄を中心として

2003年7月10日　第1刷発行

著　者　　　島　原　　琢
発行者　　　片　倉　和　夫
発行所　株式会社　八　朔　社
　　　　　　　　　　　　（はっ　さく　しゃ）
東京都新宿区神楽坂2-19 銀鈴会館内
振　替　口　座　・　00120-0-111135番
Tel 03-3235-1553　Fax 03-3235-5910

©島原健三, 2003　　　印刷・製本　藤原印刷
ISBN4-86014-015-X

―― 八朔社 ――

野田正穂・老川慶喜 編
日本鉄道史の研究
政策・経営 金融・地域社会
五五〇〇円

下平尾勲
現代地域論
地域振興の視点から
三八〇〇円

梅本哲世
戦前日本資本主義と電力
五八〇〇円

藤井秀登
交通論の祖型 関一研究
四二〇〇円

佐藤昌一郎
陸軍工廠の研究
八八〇〇円

福島大学地域研究センター・編
グローバリゼーションと地域
21世紀・福島からの発信
三五〇〇円

定価は本体価格です